高等职业教育"十二五"精品规划教材

计算机应用基础案例教程

主　编　包杰军　邹凌彦　高　旻
副主编　李季生　王兆霞
主　审　章　锐

天津大学出版社
TIANJIN UNIVERSITY PRESS

内容摘要

本书通过案例的形式，详细介绍了计算机的识别与安装，Windows XP 的应用、文字处理软件的应用、电子表格处理软件的应用、演示文稿制作软件的应用、计算机网络与 Internet 技术等内容。本书以培养职业能力为目标，本着“做学合一”、“理论与实践并行”、“知识与技能并重”的教育思想，将实际操作案例与教学内容紧密结合，全书结构清晰、内容翔实、图文并茂、实用性强。

本书可作为高等职业技术学院、高等专科学校学生的教材，也可作为社会各界人士学习计算机应用的指导用书。

图书在版编目（CIP）数据

计算机应用基础案例教程/包杰军，邹凌彦，高旻主编．—天津：天津大学出版社，2012.6（2016.8 重印）
高等职业教育“十二五”精品规划教材
ISBN 978-7-5618-4388-8

Ⅰ.①计…　Ⅱ.①包…②邹…③高…　Ⅲ.①电子计算机－高等职业教育－教材　Ⅳ.①TP3

中国版本图书馆 CIP 数据核字（2012）第 134897 号

出版发行　天津大学出版社
地　　址　天津市卫津路 92 号天津大学内（邮编：300072）
电　　话　发行部：022-27403647
网　　址　publish.tju.edu.cn
印　　刷　廊坊市海涛印刷有限公司
经　　销　全国各地新华书店
开　　本　185mm × 260mm
印　　张　14.5
字　　数　362 千
版　　次　2012 年 6 月第 1 版
印　　次　2016 年 8 月第 4 次
印　　数　1 - 3 000
定　　价　28.00 元

前　言

目前，我国正处于推进第三次高等职业教育课程改革的过程中，特别是在高职示范校中推动的“基于工作过程”的课程模式，正在成为引领和推动全国高等职业教育课程改革的主流模式。而目前高职高专计算机应用教学缺少与基于工作过程的课程模式相适应的教材。

从学生接受知识的过程看，知识来源于实践，在实践中得到感性认识，经过反复实践才能上升到理性认识，并回到实践中去。学生通过自主学习获得的知识能被更好地理解，独立实施所形成的技能可以更有效地被掌握。较之于被动学习，通过自主学习获得的东西可以更有效地应用于各种实际场合。

本书以培养职业能力为目标，本着“做学合一”、“理论与实践并行”、“知识与技能并重”的教育思想，在编写方法上打破传统教材以知识点为目标的编写方式，以工作过程为导向，每个案例都按照“任务布置→分组学习讨论→学生集中汇报→教师点评或总结”的教学过程进行编写，把知识点渗透到完成工作任务的过程中，充分发挥学生的主体作用和教师的主导作用，注重分析问题、解决问题能力的培养，从完成某一方面的“任务”着手，通过引导学生完成“任务”，实现教学目标，从而有利于职业能力（专业能力、社会能力、方法能力）的形成。

本书将实际操作案例与教学内容紧密结合，结构清晰、内容翔实、图文并茂、实用性强。全书共分6章，第1章为计算机的识别与安装，主要介绍了计算机的组成和应用；第2章为Windows XP的应用，主要介绍了Windows XP操作系统的使用；第3章为文字处理软件的应用，主要介绍了Word软件的使用方法；第4章为电子表格处理软件的应用，主要介绍了Excel软件的基本操作；第5章为演示文稿制作软件的应用，主要介绍了PowerPoint软件的使用方法；第6章为计算机网络与Internet技术，主要介绍了Internet的基本知识、收发邮件等内容。通过对本书的学习，可以提高读者对计算机的应用能力。

本书的编者均来自计算机教学的第一线，有丰富的计算机教育、教学经验。本书由包杰军、邹凌彦、高旻担任主编，李季生、王兆霞担任副主编，其中李季生编写了第1章，包杰军编写了第2、3章，邹凌彦编写了第4、5章，王兆霞编写了第6章，参加编写的还有张红丽、刘畅、马修辉、贲珊、高旻等。本书由章锐担任主审。

本书力求准确和完善，但由于编者水平有限、时间紧迫，书中难免有疏漏之处，敬请读者批评指正。

编者

2012年6月

前 言

目　录

第 1 章　计算机的识别与安装

随着科学技术的发展，计算机的应用越来越广泛，计算机已经与人们的工作、学习和生活息息相关，成为人们基本的生活必需品和不可替代的得力助手。本章从计算机的硬件出发，先认识计算机的主要硬件及选购方法，再介绍硬件、软件的安装。

案例 1　计算机硬件的识别

🕮案例描述

一台计算机的外观如图 1-1 所示，认识和识别计算机的硬件是为了更好地了解和使用计算机。计算机的硬件主要包括机箱、主板、CPU、显卡、硬盘、内存、光驱、显示器、键盘等。

图 1-1　计算机外观

通过本案例的学习，应基本做到以下几点。

(1) 认识并能识别机箱中的主要硬件。

(2) 了解硬件的主要技术参数和选购要点。

(3) 掌握个人计算机硬件系统的组成。

(4) 掌握不同数制之间的转换方法。

(5) 掌握计算机中信息的表示和编码方法。

(6) 了解计算机使用的语言种类及其特点。

🕮案例实现

1. 机箱的识别

机箱由金属钢板和塑料面板制成，为电源、主板、各种扩展板卡、光盘驱动器、硬盘驱动器等设备提供安装空间，并通过机箱内的支架、各种螺丝或卡子、夹子等连接件将这些部件牢固地固定在机箱内，如图 1-2 所示。机箱是电脑配件的家，在 CPU、显卡、硬盘功耗越来越大的今天，选择一款散热性能好、扩展性能强、结实又耐用的机箱是很重要的。

机箱按外观样式可以分为立式机箱和卧式机箱，如图 1-3 所示。

(1)立式机箱。立式机箱的内部空间相对较大,散热性较好,样式多,通用性强,在挂接多个硬盘方面有优势,但是体积较大,不适合在狭小的环境中使用。

(2)卧式机箱。卧式机箱占用空间小,显示器还可以摆放在机箱上面,但易用性和散热性不如立式机箱。

图 1-2　机箱内结构

图 1-3　立式机箱与卧式机箱外观

对机箱的选购建议如下。

(1)看材料。好的机箱,前面的塑料面板采用 ABS 工程塑料制作,结实稳定。如果机箱采用的塑料不够硬,或者很脆,容易折裂,则不宜选购。金属部分首选镀锌钢板或是铝材,材料的厚度应不小于 0.8 mm,这样才能保证机箱能够抵挡一般的碰撞,并且在防电磁辐射和防锈方面都有一定效果。

(2)看做工。一看金属框架部分是否有毛刺、锐口,好机箱往往都经过包边处理,最起码也要经过打磨处理;二看机箱框架是否坚固稳定,将机箱提起来用力摇一摇,如果出现晃动甚至变形,则不能选购;三看内部制作是否专业,比如机箱上的打孔位置、孔的大小与相应的主板是否匹配,驱动槽和插卡位定位是否准确等。

(3)看扩展性。在扩展性方面,建议购买一通到底结构设计的机箱。一通到底的结构设计,不但扩展性能非常优秀,能够多装设备,而且,该设计能使得机箱的结构更加稳固,起了一个上下支撑的作用。

(4)看散热。首先,机箱的内部空间要大,大的空间有利于空气的流通,最好在机箱的前后都有风扇(没有风扇,要有风扇预留位),这样,一个风扇在前窗抽冷风,后窗的风扇排热风,散热效果非常好。

图 1-4　机箱电源

(5)看电源。机箱上的电源是计算机的电力供应设备,如图 1-4 所示,选购时注意其功率应满足要求,而且插口要多(因为现在好多显卡和多加的硬盘光驱等都需要电源插口),另外静音效果要好,最好选择航嘉、金河田、爱国者等品牌电源。

2. 主板的识别

主板是计算机系统中最大的一块集成电路板。它包括 CPU 插槽、内存插槽、CPU 电源、IDE 插槽、显示卡插槽、PCI 插槽、I/O 接口等。每种设备都要通过相应的插槽与主板连接。主板结构如图 1-5 所示。

图 1-5　主板结构

对主板的选购建议如下。

选购主板的原则是实用，一般选用与 CPU 兼容的产品，选购时应注意主板的芯片组、主板的扩展性以及主板的品牌。另外，在选购主板的时候，还要考虑厂商的售后服务，如厂商能否提供完善的质保服务、产品售出时是否有质保卡、承诺产品的保换时间的长短、产品的本地化工作如何（包括提供详细的中文说明书）、配件是否齐全等。

3. CPU 的识别

CPU（英文全称 Central Processing Unit）即中央处理器，是一台计算机的运算核心和控制核心。CPU 由运算器、控制器和寄存器构成，通常将它们做在一块半导体芯片上。常见的 CPU 如图 1-6 所示。

图 1-6　几种 CPU 类型

CPU 性能技术指标的主要参数如下。

（1）主频。主频也叫时钟频率，单位是 MHz（或 GHz），用来表示 CPU 运算、处理数据的速度。CPU 的主频 = 外频 × 倍频系数（外频就是系统总线的工作频率，而倍频则是指 CPU 外频与主频相差的倍数）。一般来说，一个时钟周期完成的指令数是固定的，所以主频越高，CPU 的速度也就越快。

（2）缓存。缓存大小也是 CPU 的重要指标之一，而且缓存的结构和大小对 CPU 速度的影响非常大，CPU 内缓存的运行频率极高，工作效率远远大于系统内存和硬盘。实际工作时，CPU 往往需要重复读取同样的数据块，而缓存容量的增大，可以大幅度提升 CPU 内部读取数据的命中率，而不用再到内存或者硬盘上寻找，以此提高系统性能。

（3）字长。字长指 CPU 在一次操作中能处理的最大的二进制数位数，体现了一条命令所能处理数据的能力。

对 CPU 的选购建议如下。

（1）看使用寿命和可靠性。CPU 的使用寿命，由于远大于 CPU 的技术寿命，所以很少被人们所重视。但 CPU 的可靠性，则是人们考察 CPU 品质时首先要关心的内容。CPU 的可靠性有两种含义，一是它的运算准确性，一是它的无故障运行时间。前者主要取决于 CPU 的线路设计，后者主要取决于 CPU 工作频率和它对周围的温湿度环境、电磁环境的耐受能力。

（2）看功耗和散热。CPU 的功耗是 CPU 的一项重要技术指标，由于 CPU 集成度的增加，功耗增加，故均需要外加散热器或散热风扇才能正常运行。功耗在 5 W 以下的 CPU，可以只加散热器；功耗在 5 W 以上的 CPU，必须安装散热风扇以帮助 CPU 降温。

（3）看供电电压。CPU 的供电电压，从 586 级芯片开始，普遍降至 3 V 左右，以适应低功耗和节能等环保要求。

（4）看使用温湿度和存储温湿度。CPU 的使用温湿度和存储温湿度是制作 CPU 的半导体材料的性能指标，取决于制作 CPU 的半导体材料的成分。据此性能，CPU 被分为军用级、工业级和民用级 3 个档次，耐受温度在 75 ℃以上的为军用 CPU，耐受温度在 75～45 ℃之间的为工业级 CPU，耐受温度在 45 ℃以下的为民用级 CPU。

4. 内存的识别

内存是计算机中重要的部件之一，它是数据与 CPU 进行沟通的桥梁。计算机中所有程序的运行都是在内存中进行的，因此内存的性能对计算机的影响非常大。通常情况下，内存容量越大，程序运行的速度就越快。内存按照性能和特点可分为只读存储器（ROM）、随机存储器（RAM）。

（1）只读存储器（ROM）。ROM（Read Only Memory）表示只读存储器，在制造 ROM 的时候，信息（数据或程序）就被存入并永久保存。ROM 只能读出信息，不能写入信息，即使机器停电，这些数据也不会丢失。ROM 一般用于存放计算机的基本程序和数据，如 BIOS ROM。其物理外形一般是双列直插式（DIP）的集成块。

（2）随机存储器（RAM）。RAM（Random Access Memory）为随机存储器，既可以从中读取数据，也可以向其写入数据。当机器电源关闭时，存于其中的数据就会丢失。我们通常购买或升级的内存条就可作为计算机的内存，内存条（SIMM）就是将 RAM 集成块集中在一起的一小块电路板，将其插在计算机中的内存插槽上，可减少 RAM 集成块占用的空间。

高速缓冲存储器位于 CPU 与内存之间，是一个读写速度比内存更快的存储器。当 CPU 向内存中写入或读出数据时，相关数据也被存储进高速缓冲存储器中。当 CPU 再次需要这些数据时，就从高速缓冲存储器中读取数据，而不是访问速度较慢的内存。如果所需要的数据在 Cache 中没有，则 CPU 再去读取内存中的数据。

内存的主要技术参数如下。

(1) 内存的总线频率。通常所说的 DDR 400、DDR 667 中的 400 和 667 指的就是内存的总线频率(单位为 MHz)。

(2)容量。单条内存的容量通常为 512 MB、1 GB、2 GB 等。

(3)数据宽度和带宽。内存的数据宽度是指内存同时传输数据的位数,以 bit 为单位;内存的带宽是指内存的数据传输速率。

(4) 速度。内存速度一般用存取一次数据所需的时间(单位为 ns(纳秒)作为性能指标,时间越短,速度就越快。

对内存的选购建议如下。

(1)看品牌。一般来说,一些久负盛名的内存芯片在出厂的时候都会经过严格的检测。另外一些名牌厂商的产品通常会给最大时钟频率留有一定的宽裕空间,所以有的人说超频是检验内存好坏的一种方法也不无道理。

(2)看类型。目前主板支持的内存型号有 DDR、DDR2 等。DDR 内存的针脚数为 184,电压为 2.5 V,在一个时钟周期内传输两次数据;DDR2 内存的针脚数为 240,电压为 1.8 V,在一个时钟周期内传输 4 次数据。DDR 与 DDR2 内存的金手指密度不同,芯片外观不同,DDR 芯片为长方形,DDR2 芯片为正方形,如图 1-7 所示。

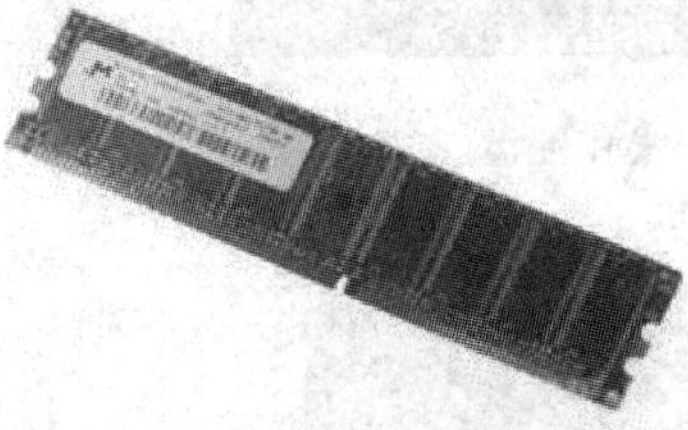

DDR内存

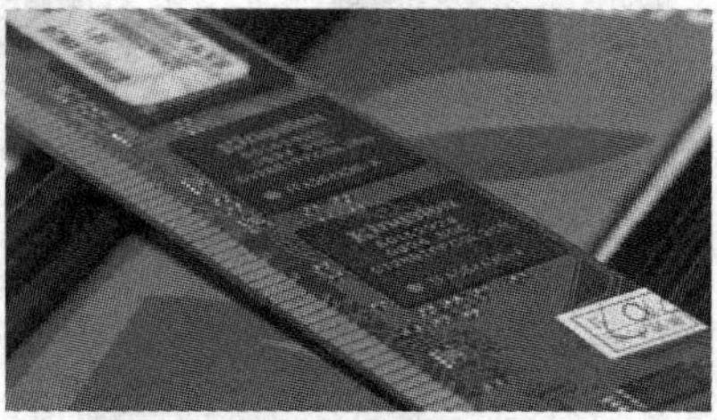

DDR2内存

图 1-7　DDR 内存和 DDR2 内存

(3)看 PCB(印刷电路板)。PCB 对内存性能也有很大的影响。决定 PCB 好坏有几个因素,首先就是板材,一般来说,如果内存条使用四层板,在工作过程中由于信号干扰所产生的杂波就会很大,有时会产生不稳定的现象。而使用六层板设计的内存条相应的干扰就会小得多。另外好的内存条表面有比较强的金属光洁度,色泽也比较均匀,部件焊接也比较整齐划一,没有错位;金手指部分也比较光亮,没有发白或者发黑的现象。

5. 硬盘的识别

硬盘是微机的主要外部存储设备,目前台式机一般配置 3.5 英寸的硬盘,如图 1-8 所示,容量可达 500 GB,转速一般为 7 200 r/min。常见的有希捷、钻石、三星等品牌。

硬盘的主要性能指标如下。

(1)容量。容量指硬盘存储数据的大小,单位为 GB 或 TB。

(2)转速。转速指硬盘电机主轴的转速。转速是决定硬盘内部传输速度和持续传输速度的关键因素之一,它的大小在很大程度上影响了硬盘的速度,同时转速的大小也是区分硬盘档次的重要标志之一。目前硬盘的转速一般有 5 400 r/min 和 7 200 r/min 两种。

(3)缓存容量和速度。缓存是硬盘与外部总线交换数据的场所。硬盘读数据的过程是

图 1-8 硬盘

将磁信号转化为电信号后,通过缓存一次次地填充与清空一步步按照 PCI 总线的周期送出。可见,缓存的容量和速度对计算机的性能影响很大。

(4)硬盘接口。目前有 IDE 硬盘接口和 SATA 硬盘接口。IDE 接口的数据线和硬盘如图 1-9 所示,SATA 接口的数据线和硬盘如图 1-10 所示。

图 1-9 IDE 接口的数据线和硬盘

图 1-10 SATA 接口的数据线和硬盘

对硬盘的选购建议如下。

建议家庭选购容量为 250 ~ 500 GB、转速为 7 200 r/min、SATA 接口的硬盘,可选购希捷、钻石、三星等知名品牌。

6. 显卡的识别

显卡又称显示适配器,是计算机的重要组成部分,如图 1-11 所示。

显卡分为独立显卡和集成显卡。集成显卡集成在主板上,需要占用计算机的 CPU 和内存资源,但是成本较低。独立显卡是独立的,通过主板接口连接到计算机上,这种显卡有独立的 GPU 和显存,功能比集成显卡强大,需要单独购买。

显卡的主要性能参数如下。

(1)显示芯片 GPU。GPU 在显卡中的作用相当于 CPU 在计算机中的作用。采用何种显示芯片大致决定了显卡的档次和基本性能,同时它也是 2D 显示卡和 3D 显示卡区分的依

独立显卡　　　　集成显卡

图 1-11　独立显卡和集成显卡

据。2D 显示芯片在处理 3D 图像和特效时主要依赖 CPU 的处理能力，这称为“软件加速”。而 3D 显示芯片是将三维图像和特效处理功能集中在显示芯片内，即所谓的“硬件加速”。现在市场上的显卡大多采用 nVIDIA 和 ATI 两家公司的图形处理芯片，如图 1-12 所示。

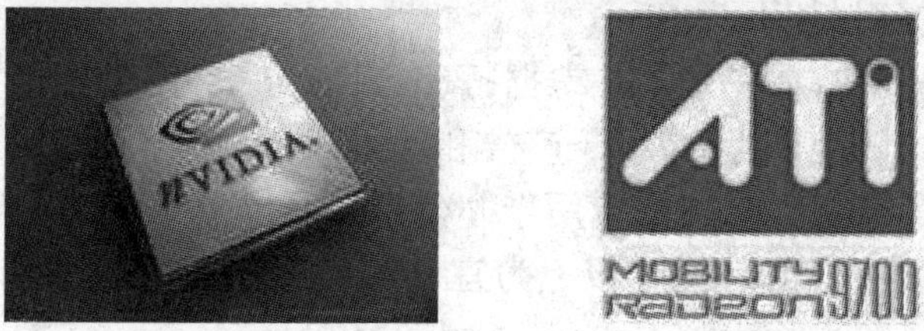

图 1-12　nVIDIA 和 ATI 的显示芯片

(2) 显存。显存全称为显示内存，与主板上内存的功能基本一样，通常用来存储显示芯片所处理的数据信息。显存的速度以及带宽直接影响一块显卡的速度，即使显卡显示芯片功能强劲，显存如果达不到要求，处理过的数据也无法即时传送。显存的性能指标主要有位宽、容量、速度、频率等。显存速度以 ns 为计算单位，现在常见的显存速度多在 2 ~ 6 ns 之间，数字越小说明显存的速度越快。

(3) 核心频率。这是指显卡核心的工作频率，其工作频率在一定程度上可以反映出显卡核心的性能，在同样级别的芯片中，核心频率高的性能要强一些。

对显卡的选购建议如下。

如果是做图形处理、多媒体开发用，则建议选用 ATI 或者 nVIDIA 的显示芯片，同时显卡的显存速度要快，核心频率要高。

7. 显示器的识别

显示器是计算机必不可少的输出设备，负责将计算机处理的数据、计算结果等内部信息转换为人们习惯接收的信息形式（如字符、图像、声音等）。显示器由监视器和显示适配器两部分组成。

显示器分为两大类：一是阴极射线（CRT）显示器，二是液晶（LCD）显示器，如图 1-13 所示。衡量显示器性能的主要技术指标是分辨率，其用整个屏幕上光栅的列数和行数的乘积来表示。乘积越大，分辨率越高，图像越清晰。常用分辨率为 800 × 600、1 024 × 768、1 280 × 1 024 等。

对显示器的选购建议如下。

如果计算机用于专业设计，推荐选用 CRT 显示器，而不推荐 LCD 显示器。虽然 LCD 显

图 1-13 CRT 显示器和 LCD 显示器

示器的制作技术越来越好，但是在对比度、色彩还原等方面，LCD 和 CRT 的差距还是很明显的。对于一般用户来说，建议选用 LCD 显示器，不仅节省空间，而且辐射小、环保。

8. 打印机的识别

打印机是计算机的输出设备，常用的有针式、喷墨式和激光式 3 种，如图 1-14 所示。

对打印机的选购建议如下。

针式打印机价格比较高，一般用在票据打印方面，如银行、税务等办公系统中。喷墨打印机价格低廉，可输出彩色图形，常用于广告和美术设计，适合家庭使用。激光打印机具有高速度、高精度、低噪声的特点，广泛应用于办公系统及印刷系统。选购激光打印机时应注意它的分辨率，一般以 1 200 ×1 200 以上为宜。

针式　　　喷墨式　　　激光式

图 1-14 打印机

9. 鼠标和键盘的识别

鼠标有光电式和机械式两种，目前大多使用光电式鼠标，光电式鼠标还分有线和无线两类。键盘也分有线和无线两种。有线鼠标接口有 USB、PS/2 两种接口，键盘有 AT、PS/2、USB 等 3 种接口，其中 USB 接口支持热插拔，其他两种接口必须在断电后才可插拔。鼠标和键盘如图 1-15 所示。

图 1-15 鼠标和键盘

对鼠标和键盘的选购建议如下。

鼠标建议选用有线光电式鼠标，因为无线鼠标除了价格较贵外，还要额外加装电池。推荐选购罗技、微软等品牌。键盘建议选用有线USB接口键盘，价格在几十元至几百元不等，在保证性能的同时，也要考虑使用的舒适性，推荐明基(BenQ)、罗技等品牌。

🕮知识技能要点

1. 计算机的发展简史

在人类文明发展的历史长河中，计算工具也经历了从简单到复杂的过程，如曾有“结绳记事”的结绳、算筹、算盘、计算尺、手摇机械计算机等。它们在不同的历史时期发挥了各自的作用，而且也孕育了电子计算机的设计思想。

英国数学家图灵(1912—1954年)是计算机理论和人工智能的奠基人之一，在1936年他提出了著名的“图灵机”模型，探讨了现代计算机的基本概念，理论上证明了研制通用数字计算机的可行性。正是由于图灵在计算机的理论和模型上的贡献，美国计算机协会ACM决定设立计算机界的第一个奖项——图灵奖，以纪念这位计算机科学理论的奠基人。图灵奖也被称为“计算机界的诺贝尔奖”。

1945年，匈牙利数学家冯·诺依曼(1903—1958年)提出了在数字计算机内部的存储器中存放程序的思想。这是所有现代计算机的范式，被称为“冯·诺依曼结构”，按这一结构制造的计算机被称为存储程序计算机，又称为通用计算机。冯·诺依曼的设计思想可以简要地概括为以下3条：①计算机应包括运算器、控制器、存储器、输入设备和输出设备五大部件；②计算机应采用二进制表示指令和数据；③存储程序，即把程序存入内存，计算机不再需要操作人员干预就能自动地执行程序。

1946年，人们公认的世界上第一台电子计算机由宾夕法尼亚大学两位年轻的工程师埃克特和莫克利开发出来，它的名字是“ENIAC”，如图1-16所示。它由1.8万多个电子管组成，占地面积约170 m^2，重30多吨，耗电150 kW/h，运算速度为5 000次/秒。尽管它的功能远远赶不上现在的微型计算机，但它开创了一个计算机时代，引发了一场由工业化社会发展到信息化社会的新技术产业浪潮，从此揭开了人类历史发展的新纪元。

图1-16　ENIAC电子计算机

从ENIAC问世至今，计算机的结构发生了很大的变化，应用领域也不断拓宽。根据计算机所采用的电子元件不同，计算机的发展历程可分为以下4个阶段。

(1)第一代计算机(1946—1958 年)。

第一代计算机是电子管计算机,采用电子管作为主要元器件。其主要特点是机器体积大、功率大、结构简单、运算速度低、存储容量小、可靠性差且价格昂贵。它主要用于科学计算,其运行速度为 1 000 ~ 10 000 次/秒。

(2)第二代计算机(1959—1964 年)。

第二代计算机是晶体管计算机,其特征是逻辑电路元件采用了比电子管更先进的晶体管。这一改变不仅使得计算机的体积缩小,同时也提高了机器的稳定性和运算速度,而且使计算机功耗减小,价格降低。其运行速度为 10 万次 ~ 100 万次/秒,主要用于科学计算。

(3)第三代计算机(1965—1970 年)。

第三代计算机是中小规模集成电路计算机,其特征是采用半导体中小规模集成电路作为基本电子元件,通过半导体集成技术将许多逻辑电路元件集中在只有几平方毫米的硅片上,使计算机的体积显著减小,而计算速度和存储容量有较大的提高,其运行速度为 100 万次 ~ 1 000 万次/秒。这一时期在软件方面也取得了重大进展,出现了操作系统,使计算机的操作更为简便,可靠性也大大加强,应用范围更为广泛,计算机技术的应用进入到许多科学技术领域。

(4) 第四代计算机(1971 年至今)。

第四代计算机是大规模、超大规模集成电路计算机,其特征是以大规模和超大规模集成电路为计算机的主要功能部件。大规模、超大规模集成电路的出现,使计算机进一步向高速小型化方向发展。计算机的体积越来越小,价格越来越低,而可靠性则越来越高,操作越来越简单。此外,应用软件也越来越丰富,使用户可以更加方便地使用计算机。

现在人们正在研制人工智能计算机,其目标是使计算机像人一样具有听、看、说和思考的能力。

2. 计算机的特点

1)运算速度快

现在计算机的运算速度已达每秒几百万次到上千万次,大型计算机的运算速度甚至可达每秒万亿次。

2)运算精确度高

计算机的数值计算可根据需要获得千分之一到几百万分之一甚至更高的精确度。计算机的运算精度取决于字长,字长越长精度越高。目前微型计算机的字长有 16 位、32 位、64 位等,精度数字可达十几位甚至几十位有效数字。

3)存储容量大

计算机的存储器类似于人的大脑,可以“记忆”大量的数据和信息。随着微电子技术的发展,计算机内存储器的容量越来越大。目前硬盘容量可达几十吉字节甚至上百吉字节。

4)具有记忆和逻辑判断功能

这是计算机最突出的特点之一,计算机运算时可以把原始数据、中间结果及最终结果保存(记忆)起来,供以后调用,还可以对运算的中间结果或最终结果进行分析判断以决定下一步执行的命令。

5)运行自动化

用户只要将编制好的程序输入计算机,然后发出执行指令,计算机就能自动完成一系列预定的操作。可以利用计算机这一特点完成人类难以胜任的工作,如利用计算机控制机器人或自动化机床完成一些枯燥乏味的重复性劳动,也可以让计算机控制机器到有毒害的作业场所去完成任务等。总而言之,在工业、农业、服务业和其他各个行业中都可以利用计算机实现生产控制和事务管理的自动化,这样既可以节省人力,提高劳动效率,又可以提高产品质量,增加效益。

6)通用性强

应用计算机可以处理任何领域的数据,进行不同的信息处理。

3. 计算机的分类

1)按工作原理分类

根据工作原理可将计算机分为数字计算机和模拟计算机。

数字计算机的主要特点是:参与运算的数值用断续的数字量表示,其运算过程按数字位进行计算,数字计算机由于具有逻辑判断等功能,以近似人类大脑的"思维"方式进行工作。

模拟计算机的主要特点是:参与运算的数值由不间断的连续量表示,其运算过程是连续的。模拟计算机由于受元器件质量的影响,计算的精度较低,应用范围较窄,常用于工业设备的自动化控制。

2)按应用范围分类

按应用范围不同可将计算机分为专用计算机和通用计算机。

专用计算机针对某类问题能显示出最有效、最快速和最经济的特性,但它的适应性较差,不适于其他方面的应用。在导弹和火箭上使用的计算机大都是专用计算机。

通用计算机适应性很强,应用面很广,但其运行效率、速度和经济性依据不同的应用对象会有所不同。

3)按规模与功能分类

按规模与功能可把通用计算机分为巨型机、大型机、中型机、小型机、微型机及单片机。这些类型的计算机在体积大小,结构复杂程度、功率消耗、性能指标、数据存储容量、指令系统和设备、软件配置等方面有所区别。

一般来说,巨型计算机的运算速度很高,每秒可执行几亿条指令,数据存储容量很大,规模大,结构复杂,价格昂贵,主要用于大型科学计算。它也是衡量一个国家科学实力的重要标志之一。单片机则只由一片集成电路制成,体积小,质量轻,结构十分简单。性能介于巨型机和单片机之间的就是大型机、中型机、小型机和微型机,它们的性能指标和结构规模相应地依次递减。

4. 计算机的应用

1)科学计算

科学计算也称数值运算,是指用计算机来解决科学研究和工程技术中提出的复杂的数学问题,具有很高的运算速度和精度,使得过去用手工无法完成的计算成为现实。利用计算机进行数值计算,可以节省大量时间、人力和物力。科学计算是计算机的一个重要的应用领域,如在天气预报、航天飞机的轨道设计、导弹的弹道设计等领域中计算机承担着重要的计算任务。

2)信息处理

利用计算机可对大批数据进行加工、分析及处理。目前计算机应用已深入人们工作和生活的各个方面。计算机在科学计算、信息处理、过程控制三大应用中,80%左右的应用属于信息处理。

3)过程控制

利用计算机对生产过程进行自动控制,不仅可以减轻劳动强度,而且可以大大提高自动控制的水平、产品的质量和合格率。

4)计算机辅助技术

计算机辅助技术包括计算机辅助设计(CAD)、计算机辅助制造(CAM)、计算机辅助教学(CAI)等。

5)人工智能

在人工智能的研究和应用方面,可利用计算机模拟人脑的一部分功能,如计算机辅助诊断、分析病情并开出药方等。

6)计算机网络与通信

计算机网络与通信是计算机应用十分广泛的领域。人们可以通过计算机彼此通信,如收发电子邮件、进行文件的传输、拨打 IP 电话等。

5. 计算机中的数制

计算机的主要功能是处理信息,信息在计算机内都是以二进制的数字化编码形式进行存储、处理和传送的。而在日常生活中人们最习惯使用的是十进制数。在编程中,为便于阅读和书写,人们还常用八进制数和十六进制数。

1)数制中的概念

计数的方法有多种,在日常生活中最常用的,是国际上通用的计数方法——十进制计数法。所谓十进制,就是逢十进一。除了十进制外,还有很多计数制,如一天 24 小时,称之为二十四进制;1 小时是 60 分钟,称之为六十进制,这些统称为进位计数制。

在数制中有如下几个常用术语。

(1)数码。数码是一组用来表示各种数制的符号,如 1、2、3、4、A、B、C、D 等。

(2)基数。数制所使用的数码个数称为“基数”,常用“R”表示,称为 R 进制。

(3)位权。位权指数码在不同位置上的权值。在不同进制中,处于不同数位的数码代表的值不同。例如十进制数 111,个位上的 1 权值为 10^0,十位上的 1 权值为 10^1,百位上的 1 权值为 10^2。

2)十进制

十进位计数制简称十进制,有 10 个不同的数码符号:0、1、2、3、4、5、6、7、8、9。每个数码符号根据它在这个数中所处的位置(数位),按“逢十进一”来决定其实际数值,即各数位的位权是以 10 为底的幂次方。例如:

$$(312.48)_{10} = 3\times10^2+1\times10^1+2\times10^0+4\times10^{-1}+8\times10^{-2}$$

除了使用脚码的形式表示十进制数,还可以使用字符“D”表示十进制,例如312.48D。在计算机中,数据的输入和输出一般采用十进制数。

3)二进制

二进位计数制简称二进制,有两个不同的数码符号:0、1。每个数码符号根据它在这个数中所处的位置(数位),按“逢二进一”来决定其实际数值,即各数位的位权是以 2 为底的幂次方。例如:

$$(1101.01)_2=1\times2^3+1\times2^2+0\times2^1+1\times2^0+0\times2^{-1}+1\times2^{-2}=(13.25)_{10}$$

可以使用字符“B”表示二进制数,例如1101.01B。

计算机中数的存储和运算都使用二进制的形式,主要有以下原因。

(1)运算简单。

(2)硬件动作易实现。要表示二进制数据,只需要逻辑元器件具有两个稳定状态,例如电流的导通与阻塞、开关的接通与断开、脉冲的有与无、电压的高与低、电灯的亮与灭等。上述状态正好可以表示二进制数中的0和1。反之,用逻辑元器件实现十进制数的10个数码则是很困难的。

(3)工作可靠。二进制数在数据传送和加工过程中不容易出错,从而使工作安全可靠。

(4)逻辑性强。计算机的工作原理是基于逻辑代数的思想,而二进制的两个数码1和0正好可以代表逻辑代数中的“真”和“假”。

4)八进制

八进位计数制简称八进制,有8个不同的数码符号:0、1、2、3、4、5、6、7。每个数码符号根据它在这个数中所处的位置(数位),按“逢八进一”来决定其实际数值,即各数位的位权是以8为底的幂次方。例如:

$(352.4)_8 = 3\times8^2 + 5\times8^1 + 2\times8^0 + 4\times8^{-1} = (234.5)_{10}$

可以使用字符“O”表示八进制数,例如352.4O。

5)十六进制

十六进位计数制简称十六进制,有16个不同的数码符号:0、1、2、3、4、5、6、7、8、9、A、B、C、D、E、F。每个数码符号根据它在这个数中所处的位置(数位),按“逢十六进一”来决定其实际数值,即各数位的位权是以16为底的幂次方。例如:

$(3AC.48)_{16} = 3\times16^2 + 10\times16^1 + 12\times16^0 + 4\times16^{-1} + 8\times16^{-2} = (940.281\,25)_{10}$

总结以上4种进位计数制,可以将它们的特点概括为:每一种计数制都有一个固定的基数,每一个数位可取基数中的不同数值;每一种计数制都有自己的位权,并且遵循“逢基数进一”的原则。表1-1是常用计数制数的对应关系。

表1-1 常用计数制数的对应关系

十进制	二进制	八进制	十六进制
0	0	0	0
1	1	1	1
2	10	2	2
3	11	3	3
4	100	4	4
5	101	5	5
6	110	6	6
7	111	7	7
8	1000	10	8
9	1001	11	9
10	1010	12	A

续表

十进制	二进制	八进制	十六进制
11	1011	13	B
12	1100	14	C
13	1101	15	D
14	1110	16	E
15	1111	17	F
16	10000	20	10

6)BCD 码

BCD 码是用二进制编码表示的十进制数,即二 - 十进制。二进制与十进制的对应关系,是将十进制数直接按二进制的位权分配各位数值的大小,形成二进制数的 0000 ~ 1111。但是,由于十进制数只有 10 个基数,因而 BCD 码只取二进制数的前 10 个数,即二进制数的 0000 ~ 1001。

"8421"BCD 码(简称 8421 码),从高位起各位权分别是 2^3、2^2、2^1、2^0,即 8、4、2、1。如果未加特别说明,一般所讲的 BCD 码就是指 8421 码。此外,常见的 BCD 码还有余 3 码、2421 码、格雷码等。

7)不同数制间的转换

(1)二进制数转换为十进制数。

例:将二进制数 $(1011.101)_2$ 转换成等值的十进制数。

$$\begin{aligned}(1011.101)_2 &= 1\times 2^3 + 0\times 2^2 + 1\times 2^1 + 1\times 2^0 + 1\times 2^{-1} + 0\times 2^{-2} + 1\times 2^{-3}\\ &= 8 + 0 + 2 + 1 + 0.5 + 0 + 0.125\\ &= 11.625\end{aligned}$$

结果为 $(1011.101)_2 = (11.625)_{10}$。

(2)八进制数与二进制数之间的转换。

由于 $2^3 = 8$,因此,要将八进制数转换成二进制数,只需以小数点为界,向左或向右每一位八进制数用相应的 3 位二进制数取代即可。如果不足 3 位,可用零补足。反之,二进制数转换成相应的八进制数,是上述方法的逆过程,即以小数点为界,向左或向右每 3 位二进制数用相应的一位八进制数取代即可。

例如:将八进制数 $(573.216)_8$ 转换成二进制数。

$$\begin{array}{ccccccc} 5 & 7 & 3 & . & 2 & 1 & 6\\ \underline{101} & \underline{111} & \underline{011} & & \underline{010} & \underline{001} & \underline{110} \end{array}$$

即 $(573.216)_8 = (101111011.01000111)_2$

将二进制数 $(1101011110.10110001)_2$ 转换成八进制数。

$$\begin{array}{cccccccc} \underline{001} & \underline{101} & \underline{011} & \underline{110} & . & \underline{101} & \underline{100} & \underline{010}\\ 1 & 5 & 3 & 6 & . & 5 & 4 & 2 \end{array}$$

即 $(1101011110.10110001)_2 = (1536.542)_8$。

(3)十六进制数与二进制数之间的转换。

由于 $2^4 = 16$,因此,要将十六进制数转换成二进制数,只需以小数点为界,向左或向右每一位十六进制数用相应的 4 位二进制数取代即可。如果不足 4 位,可用零补足。反之,二进制数转换成相应的十六进制数,是上述方法的逆过程,即以小数点为界,向左或向右每 4 位二进制数用相应的一位十六进制数取代即可。

例如:将十六进制数 $(3AB.8CD)_{16}$ 转换成二进制数。

3	A	B	.	8	C	D
0011	1010	1011	.	1000	1100	1101

即 $(3AB.8CD)_{16} = (1110101011.100011001101)_2$。

例如:将二进制数 $(1101101011001.001101001)_2$ 转换成十六进制数。

0001	1011	0101	1001	.	0011	0100	1000
1	B	5	9	.	3	4	8

即 $(1101101011001.001101001)_2 = (1B59.348)_{16}$。

(4)十进制数转换为二进制数。

十进制数转换为二进制数时,分为整数部分和小数部分进行转换。整数部分采取“除 2 取余法”,直到商为 0,最先得到的余数排在最低位;小数部分采取“乘 2 取整法”,即逐次乘以 2,每次乘积的整数部分为二进制数小数各位的数码,直到小数为 0,最先得到的整数排在最高位。

例如:将 225.25 转换为等值的二进制数。

整数部分转化			小数部分转化		
2⌊225		低位	0.24		
2⌊112	……1	↑	× 2		
2⌊56	……0		0.48	……0	高位
2⌊28	……0		× 2		↓
2⌊14	……0		0.96	……0	
2⌊7	……0		× 2		
2⌊3	……1		1.92	……1	
2⌊1	……1		× 2		
0	……1	高位	1.84	……1	低位

结果为 $(225.25)_{10} = (11100001.01)_2$。

6. 字符的编码

1)ASCII 码

在计算机中,最常用的是英文字符,其编码为 ASCII 码(American national Standard Code for Information Interchange,美国信息交换标准码),它原为美国的国家标准,1967 年被确定为国际标准。

在 ASCII 码中,用 7 个二进制位表示 1 个字符,共可以表示 $2^7 = 128$ 个字符,其中 95 个为可打印或显示的字符,其他的则为不可打印或显示的字符。在 ASCII 码的应用中,也经常用十进制表示 ASCII 码,如空格为 32,数字 0 ~ 9 为 48 ~ 57,大写字母 A ~ Z 为 65 ~ 90,小写字母 a ~ z 为 97 ~ 122。ASCII 码字符编码表见附录 A。

2)汉字编码

由于汉字具有数量多、字形复杂的特点,因此其编码方式与西文相比也复杂得多。因为一个字节最多可以保存256个编码，只用一个字节显然无法保存众多的汉字编码，所以，汉字编码采用双字节保存，即用两个字节表示一个汉字。

(1) 汉字信息交换码(国标码)。

为了解决汉字的编码问题，1981年，我国制定了《中华人民共和国国家标准信息交换汉字编码》(GB 2312—80)，这种编码被称为国标码，是所有汉字编码都必须遵循的一个共同标准。

在该标准的汉字编码表中，汉字和符号按区位排列，共分成了94个区，每个区有94个位。一个汉字的编码由它所在的区号和位号组成，称为区位码。

书写汉字的区位码时，区码在前，位码在后，一般用十进制表示，也可以用十六进制表示。

近年来，为便于和加强国际的信息交流，国家制定了新的汉字编码标准GB 13000，国际上称为ISO/IEC 10646，这种汉字编码用3个字节表示一个汉字，汉字编码容量大大增加。

(2) 汉字机内码。

保存一个汉字的区位码要占用两个字节，区号、位号各占一个字节。区号、位号都不超过94，所以这两个字节的最高位仍然是"0"。为了避免汉字区位与ASCII码无法区分，汉字在计算机内的保存采用了机内码，也称汉字的内码。

全部汉字字码的集合叫汉字库。汉字库可分为软字库和硬字库。软字库以文件的形式存放在硬盘上(现多用这种方式)，硬字库则将字库固化在一个单独的存储芯片中，再和其他器件组成接口卡，插接在计算机上，通常称为汉卡。

用于显示的字库叫显示字库。显示一个汉字一般采用16×16点阵、24×24点阵或48×48点阵。已知汉字点阵的大小，可以计算出存储一个汉字所需占用的字节空间。例如：用16×16点阵表示一个汉字，就是将这个汉字用16行、每行16个点表示，一个点需要一位二进制代码，16个点需用16位二进制代码(即2个字节)，共16行，所以需要16行×2个字节/行=32个字节，即16×16点阵表示一个汉字，字形码需用32 B的字节空间，即字节数=点阵行数×点阵列数/8。

用于打印的字库叫打印字库，其中的汉字比显示字库多，而且工作时也不需调入内存。

可以这样理解，为在计算机内表示汉字而采用统一的编码方式形成的汉字编码叫内码(如国标码)，内码是唯一的。为方便汉字输入而形成的汉字编码为输入码，属于汉字的外码，输入码因编码方式不同而不同，是多种多样的。为显示和打印输出汉字而形成的汉字编码为字形码，计算机通过汉字内码在字模库中找出汉字的字形码，实现其转换。

提示：机内码用于统一不同系统所使用的不同汉字输入码，各种汉字输入码进入系统后，一律转换为机内码，使不同系统的汉字信息可以相互转换。

(3) 汉字输入码。

汉字输入码是为了实现在标准的英文打字键盘上快速输入汉字而设计的编码。汉字输入法就是以汉字输入码为基础而建立的汉字输入方法。汉字输入码也称为汉字的外码。汉字输入码目前有上千种，真正被人们广泛使用的有十几种，最常用的一般不外乎以下4种。

① 按汉字的排列顺序形成的编码(流水码)：如区位码。

② 按汉字的读音形成的编码(音码)：如全拼、简拼、双拼等。

③ 按汉字的字形形成的编码(形码)：如五笔字型、郑码等。

④ 按汉字的音、形结合形成的编码(音形码):如自然码、智能 ABC 等。

输入码在计算机中必须转换成机内码,才能进行存储和处理。

(4) 汉字字形码。

汉字字形码又称汉字字模,它是指一个汉字供显示器和打印机输出的字形点阵代码。要在屏幕上或打印机上输出汉字,汉字操作系统必须输出以点阵形式组成的汉字字形码。在汉字的字库中,包含了每一个汉字的字形码。用输入码将汉字输入计算机,计算机再通过软件从中取出汉字的字形码,然后显示或打印出来。

汉字的字形码一般都比较复杂,占用的字节数较多,因此汉字字体库都很庞大。一般有以下 3 种类型的字库。

①点阵字库中的字形码直接以点阵的形式构造而成。汉字点阵有多种规格:简易型 16 × 16 点阵、普及型 24 × 24 点阵、提高型 32 × 32 点阵、精密型 48 × 48 点阵,点阵规模越大,字形越清晰美观,在字模库中所占用的空间越大。

②矢量字体库中的字形码用一系列的直线段来描述字形的外轮廓,在这种字库中,字形码是一组直线段的坐标。

用矢量描述字形较之用点阵描述字形是一个很大的进步。这种字形可以任意放大缩小而不会出现锯齿,可以任意进行旋转、拉伸等变形处理,很受用户欢迎。

③在曲线字库中,汉字的字形码由若干个直线段和若干个曲线段组成。曲线段采用二次曲线函数或三次曲线函数描述,其中最典型的是 Adobe Type 1 字库(采用三次贝塞尔曲线来描述)和 True Type 字库(采用二次贝塞尔样条曲线来描述)。曲线字的导入,不仅大大改善了字模的质量,减少了字库的存储空间,且有利于字的无限变倍、字形算法的改进等,从根本上改变了字的质量。目前,在 Windows 操作系统中所使用的汉字字库,如宋体、楷体和黑体等,都是 True Type 曲线字体。

案例 2　个人计算机硬件的组装

🕮案例描述

对计算机的硬件及技术参数有所了解后,应着手实际组装一台个人计算机。通过本案例的学习,应基本做到以下几点。

(1)正确组装个人计算机。

(2)正确连接计算机中各硬件的电源连线及数据线。

(3)进一步加深对计算机硬件的了解。

本案例需要完成以下操作。

(1)进行计算机组装前的准备工作。

(2)安装 CPU 和 CPU 的散热器。

(3)安装内存条。

(4)安装主板、电源等。

(5)安装硬盘和光驱。

(6)安装显卡。

(7)连接外部设备。

🕮案例实现

1. 进行安装前的准备工作

在组装计算机前应检查硬件是否齐全,工具是否齐备。对计算机硬件要轻拿轻放,注意防静电,在安装前手按接地的导体或洗一下手,去除身体静电。在组装过程中要使用正确的组装方法,不明白的地方要及时查找资料或请教专业人员。避免液体进入计算机内部,插拔数据线要对准接口并注意用力方向。常用的工具有十字螺丝刀、一字螺丝刀、尖嘴钳子、导热硅脂、绑线卡等,如图 1-17 所示。

导热硅脂主要用于填充散热器与 CPU 表面的空隙,以便更好地散热。

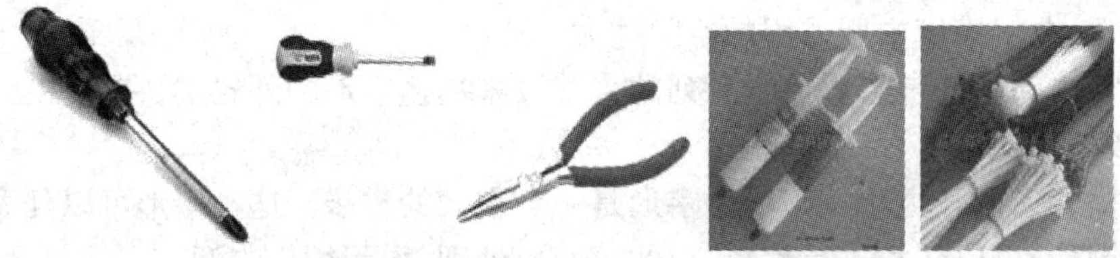

图 1-17　常用的装机工具

2. 安装 CPU

根据所选的 CPU 类型,选择相匹配的主板,用力拉起 CPU 插槽边上的拉杆,如图1-18所示。将 CPU 一角上的三角标志与主板 CPU 插槽上的三角标志对齐,将 CPU 放入插槽中,然后将扣盖压上,如图 1-19 所示。

图 1-18　拉起拉杆

图 1-19　CPU 安装完毕

3. 安装 CPU 的散热器

在 CPU 的表面均匀地涂上导热硅脂,将散热器的四角对准主板的相应位置,用力压下扣具即可,如图 1-20 所示。安装好后,将风扇的电源插头插到主板的相应位置,如图 1-21 所示。

4. 安装内存条

安装内存条时,将主板上内存插槽两端的扣具打开,将内存条引脚上的缺口对准插槽上的凸起,然后向下摁,听到“啪”的一声后,内存条安装完成,如图 1-22 所示。

5. 安装主板

双手平持主板,将主板放入机箱中,机箱背部挡板位置应与主板的位置相适应,确定安装到位后,固定螺丝,如图 1-23 所示。

图 1-20　安装散热器

图 1-21　插接散热器电源

图 1-22　安装内存条

图 1-23　安装主板

6. 安装电源

电源的安装非常简单,将电源固定在托架上,再将两条电源线分别插入对应的主板接口即可,如图 1-24 所示。

7. 安装硬盘

(1)将硬盘放入托架里,拧紧螺丝,如图 1-25 所示。

(2)连接硬盘与电源的电源线。

(3)连接硬盘与主板的数据线。

8. 安装光驱

(1)拆除机箱面板的挡板,将光驱插入。

(2)将光驱放入托架里,拧紧螺丝,如图 1-26 所示。

(3)连接光驱与电源的电源线。

(4)连接光驱与主板的数据线。

9. 安装显卡

在主板上找到 AGP 显卡槽,将显卡与槽对齐,压入位,将显卡固定,如图 1-27 所示。

提示:目前大部分主板上集成了网卡、声卡等,可以不配置网卡、声卡。

10. 连接外部设备

(1)将显示器的信号线一端连接到显示器上,另一端连接到主机的显卡上,固定两端的

图 1-24 安装电源

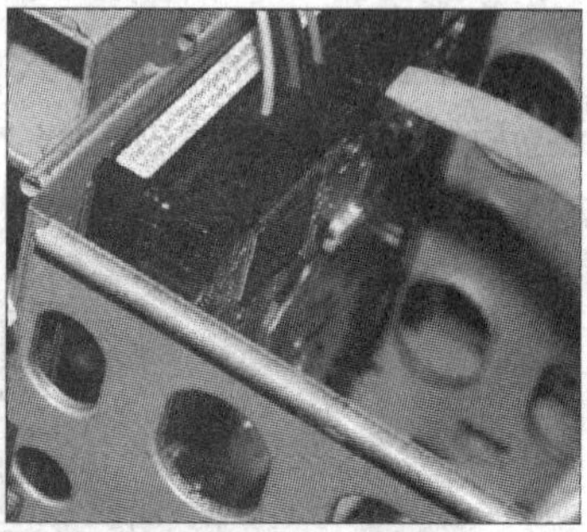

图 1-25 安装硬盘

图 1-26 安装光驱

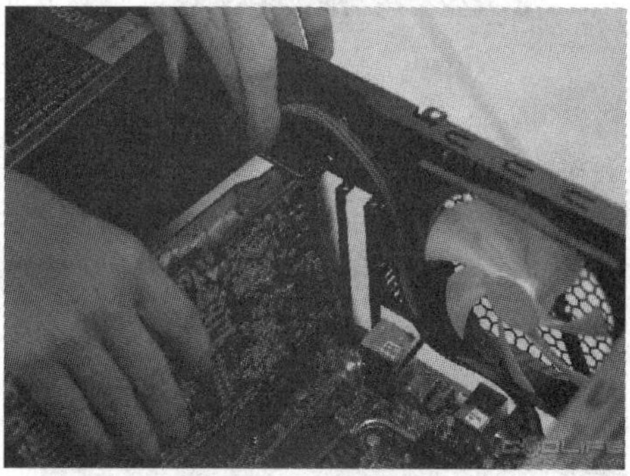

图 1-27 安装显卡

螺丝。

(2)连接键盘、鼠标、音箱、打印机等。

提示:键盘、鼠标若是 PS/2 接口,按照数据线颜色连接到主机后置的对应接口,若是 USB 接口,则直接插到主机的 USB 接口上。

🕮知识技能要点

1. CPU 接口类型

CPU 需要通过某个接口与主板连接才能进行工作。经过多年的发展,CPU 采用的接口方式有引脚式、卡式、触点式、针脚式等。CPU 接口方式不同,其插孔数、体积、形状都不相同,所以不能混插混用。

常用的 CPU 接口类型有如下几种。

(1)Socket 775 接口。它又称为 Socket T,是目前应用于 Intel LGA775 封装的 CPU 所对应的接口,目前采用此种接口的有 LGA775 封装的单核心的 Pentium 4、Pentium 4 EE、Celeron D 以及双核心的 Pentium D 和 Pentium EE 等 CPU。与以前的 Socket 478 接口 CPU 不同,Socket 775 接口 CPU 的底部没有传统的针脚,而代之以 775 个触点,即并非针脚式而是触点式,其通过与对应的 Socket 775 插槽内的 775 根触针接触来传输信号。Socket 775 接口不仅能够有效提升处理器的信号强度及频率,同时也可以提高处理器生产的良品率,降低生产成本。随着 Socket 478 接口的逐渐淡出,Socket 775 接口已经成为 Intel 桌面 CPU 的标准接口,如图1-28所示。

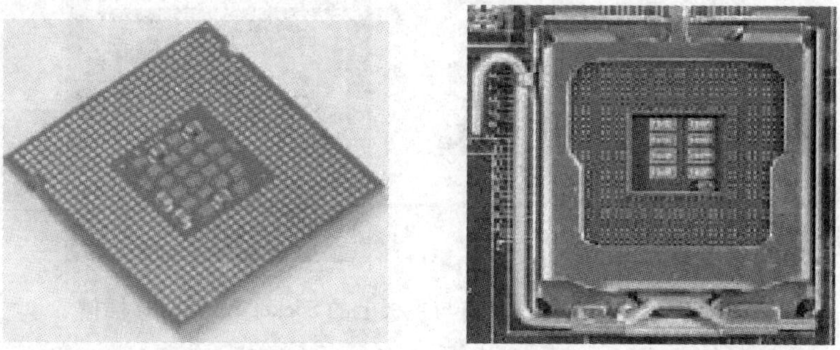

图1-28 Socket 775接口与主板上的Socket 775 CPU插槽

(2)Socket 478接口。这是早期Pentium 4系列处理器所采用的接口类型,针脚数为478。Pentium 4处理器面积很小,故其针脚排列极为紧密。英特尔公司早期的Pentium 4系列和Pentium 4赛扬系列都采用此接口,目前这种CPU接口已经逐步退出市场。

但是,Intel于2006年初推出了一种全新的Socket 478接口,如图1-29所示。这种接口是目前Intel公司采用Core架构的处理器Core Duo和Core Solo的专用接口。与早期桌面版Pentium 4系列的Socket 478接口相比,虽然针脚数同为478,但是其针脚定义以及电压等重要参数已完全不同,所以两者之间并不能互相兼容。随着Intel公司的处理器全面向Core架构转移,今后采用新Socket 478接口的处理器将会越来越多,例如即将推出的Core架构的Celeron M也会采用此接口。

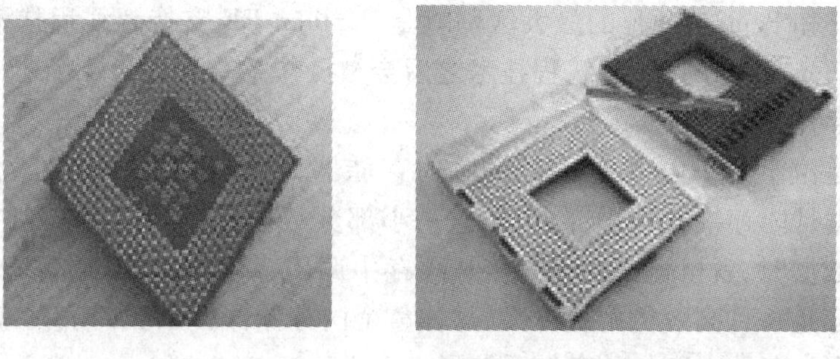

图1-29 Socket 478接口与主板上的Socket 478 CPU插槽

(3)Socket AM2接口。这是2006年5月底发布的支持DDR2内存的AMD64位桌面CPU的接口标准,具有940根CPU针脚,支持双通道DDR2内存。虽然同样都具有940根CPU针脚,但Socket AM2与原有的Socket 940在针脚定义以及针脚排列方面都不相同,并不能互相兼容。目前采用Socket AM2接口的有低端的Sempron、中端的Athlon 64、高端的Athlon 64 X2以及顶级的Athlon 64 FX等全系列AMD桌面CPU,支持200 MHz外频和1 000 MHz的HyperTransport总线频率,支持双通道DDR2内存,其中Athlon 64 X2以及Athlon 64 FX最高支持DDR2 800,Sempron和Athlon 64最高支持DDR2 667。按照AMD的规划,Socket AM2接口将逐渐取代原有的Socket 754接口和Socket 939接口,从而实现桌面平台CPU接口的统一。Socket AM2接口及对应的CPU插槽如图1-30所示。

图 1-30 Socket AM2 接口与主板上的 Socket AM2 CPU 插槽

2. 双核处理器

双核处理器是指在一个处理器上集成两个运算核心，从而提高计算机的计算能力。“双核”的概念最早是由 IBM、HP、Sun 等支持 RISC 架构的高端服务器厂商提出的，主要用于服务器上，而在台式机上的应用则是在 Intel 和 AMD 的推广下才得以普及。目前 Intel 推出的台式机双核处理器有 Pentium D、Pentium EE(Pentium Extreme Edition)和 Core Duo 3 种类型，三者的工作原理有很大不同。Pentium D 和 Pentium EE 分别面向主流市场和高端市场，其每个核心均采用独立式缓存设计，在处理器内部两个核心之间是互相隔绝的，处理器外部(主板北桥芯片)的仲裁器负责两个核心之间的任务分配以及缓存数据的同步等协调工作。两个核心共享前端总线，并依靠前端总线在两个核心之间传输缓存同步数据。从架构上来看，这种类型是基于独立缓存的松散型双核心处理器耦合方案，其优点是技术简单，只需要将两个相同的处理器内核封装在同一块基板上即可；缺点是数据延迟问题比较严重。另外，Pentium D 和 Pentium EE 的最大区别就是 Pentium EE 支持超线程技术，而 Pentium D 则不支持。Pentium EE 在打开超线程技术之后会被操作系统识别为 4 个逻辑处理器。

3. 二级缓存容量

CPU 缓存是位于 CPU 与内存之间的临时存储器，它的容量比内存小，但交换速度快。在缓存中的数据是内存中的一小部分，但这一小部分数据是短时间内 CPU 即将访问的，当 CPU 需调用该数据时，就可避开内存直接从缓存中调用，从而加快读取速度。由此可见，在 CPU 中加入缓存是一种高效的解决方案，这样整个内存储器(缓存 + 内存)就变成了既有缓存的高速度又有内存的大容量的存储系统了。

缓存的工作原理是：当 CPU 要读取一个数据时，首先从缓存中查找，如果找到就立即读取并送给 CPU 处理；如果没有找到，就用相对慢的速度从内存中读取并送给 CPU 处理，同时把这个数据所在的数据块调入缓存中，使以后对整块数据的读取都从缓存中进行，不必再调用内存数据。

正是这样的读取机制使 CPU 读取缓存的命中率非常高(大多数 CPU 可达 90% 左右)，也就是说 CPU 下一次要读取的数据 90% 都在缓存中，只有大约 10% 需要从内存读取。这大大节省了 CPU 直接读取数据的时间。

4. 双通道内存设计

双通道内存设计是指在北桥芯片组里设计两个内存控制器，这两个内存控制器可相互独立工作，每个控制器控制一个内存通道。

双通道可使内存的带宽翻倍。双通道内存主要依靠主板北桥的控制技术，与内存本身无关，因此需使用支持双通道内存技术的主板。目前支持双通道内存技术的主板有 Intel 的 i865 和 i875 系列，SIS 的 SIS655、658 系列，nVIDIA 的 nForce2 系列等。Intel 最先推出的支持双通道内存技术的芯片组为 E7205 和 E7500 系列。

双通道内存技术对安装有一定的要求。主板内存插槽的颜色和布局一般都有规定。如果是 Intel 的 i865、i875 系列主板，一般有 4 个 DIMM 插槽，每两个一组，每组颜色一般不一样；每一个组代表一个内存通道，只有当两组通道上都同时安装了内存条时，才能使内存工作在双通道模式下。另外要注意对称安装，即第一个通道第一个插槽搭配第二个通道第一个插槽，依此类推。如果在相同颜色的插槽上安装内存条，那么只能工作在单通道模式下。而 nForce2 系列主板同样有两个 64 位的内存控制器，其中 A 控制器只支持一个内存插槽，B 通道则支持两个，A、B 插槽之间有一段距离以方便用户识别；A 通道的内存插槽在颜色上可能与 B 通道两个内存插槽不同，用户只要将一个内存插入独立的内存插槽而另外一个插到另外两个彼此靠近的内存插槽就能组建成双通道模式。此外，如果全部插满内存，也能建立双通道模式，而且 nForce2 主板组建双通道模式时对内存容量乃至型号都没有严格的要求，使用方便。

案例3　计算机常用软件的安装

🕮案例描述

完成了一台计算机硬件的组装后，则可学习安装计算机的软件。通过本案例的学习，应基本做到以下几点。

（1）掌握计算机系统的组成。

（2）会 BIOS 的设置方法。

（3）掌握 Window XP 操作系统的安装与设置方法。

（4）掌握计算机常用软件的安装方法。

本案例需要完成以下操作。

（1）设置 BIOS。

（2）安装 Windows XP 操作系统。

（3）安装常用软件。

🕮案例实现

1. 设置 BIOS

1）设置光启

所谓光启，是计算机在启动时首先读光驱。如果光驱中有具有光启功能的光盘，计算机就可以赶在硬盘启动之前将光盘中的数据读取出来（比如从光盘安装系统的时候）。

2）设置方法

（1）启动计算机，并按住［Del］键不放，直到出现 BIOS 设置窗口（通常为蓝色背景，黄色英文）。

(2)选择并进入第二项,“BIOS SETUP”(BIOS 设置)。在里面找到包含 BOOT 文字的项或组,并找到依次排列的“FIRST”、“SECOND”、“THIRD”3 项,分别代表“第一项启动”、“第二项启动”和“第三项启动”,按顺序依次设置为“光驱”、“软驱”、“硬盘”。(如在这一页面没有见到这 3 项英文,通常 BOOT 右边的选项菜单为“SETUP”,这时按回车键进入即可看到。)选择“FIRST”按回车键,在出来的子菜单中选择“CD - ROM”,再按回车键。

(3)选择好启动方式后,按[F10]键,出现英文对话框,按[Y]键(可省略)并按回车键,计算机自动重启,证明更改的设置生效了。

2. 安装 Windows XP 操作系统

1)系统的安装

在计算机重启之前放入 Windows XP 安装光盘,当看到屏幕底部出现“CD”字样时,按回车键才能实现光启,否则计算机直接读取硬盘,也就是跳过光启从硬盘启动了。

XP 系统盘光启之后,出现蓝色背景的安装界面,这时系统会自动分析计算机信息,不需要任何操作,直到显示器屏幕变黑一下,随后出现蓝色背景的中文界面。

这时首先出现的是 Windows XP 系统的协议,按[F8]键(代表同意此协议),之后可以见到硬盘所有分区的信息列表,并且有中文的操作说明,如图 1-31 所示。选择 C 盘,按[D]键删除分区(操作前须将 C 盘的有用文件做好备份),C 盘的位置变成“未分区”,再在原 C 盘位置(即“未分区”位置)按[C]键创建分区,分区大小不需要调整。之后原 C 盘位置变成了“新的未使用”字样,按回车键继续。

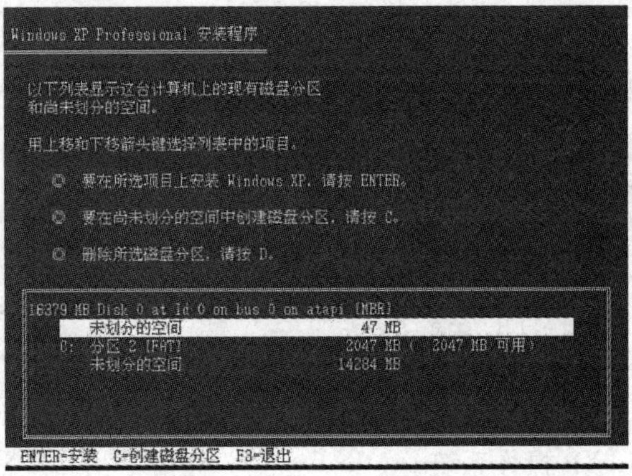

图 1-31　硬盘分区选项

接下来有可能出现格式化分区选项页面,推荐选择“用 FAT32 格式化分区(快)”。按回车键继续,如图 1-32 所示。

系统开始格式化 C 盘,速度很快。格式化之后计算机分析硬盘和以前的 Windows 操作系统,速度同样很快,随后是复制文件,需要 8 到 13 分钟不等(根据机器的配置决定)。

复制文件(完成 100%)后,系统会自动重新启动,当再次见到 CD - ROM 时候,不需要按任何键,让系统从硬盘启动,因为安装文件的一部分已经复制到硬盘里了(注:此时光盘不可以取出。)

出现蓝色背景的彩色 Windows XP 安装界面,左侧有安装进度条和剩余时间显示,起始

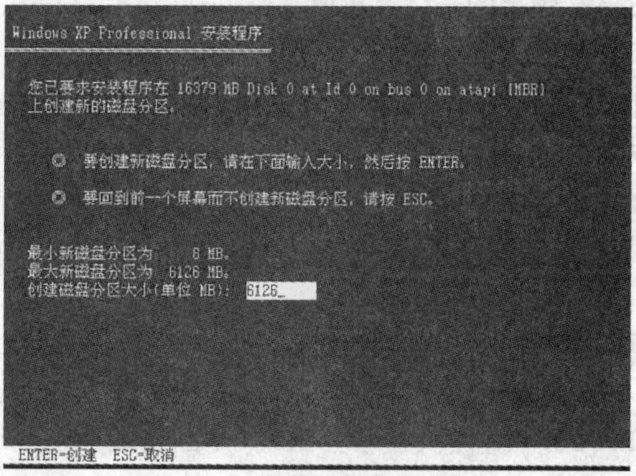

图 1-32　硬盘分区大小选项

值为 39 分钟，也是根据机器的配置决定的，如图 1-33 所示。

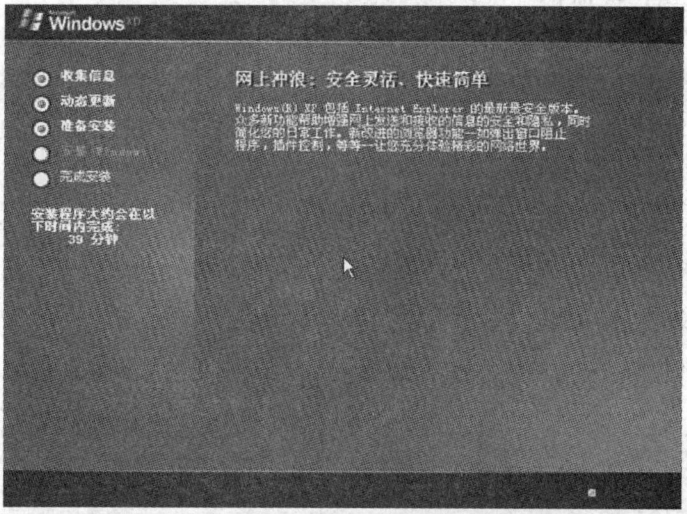

图 1-33　安装进度

此时直到安装结束，计算机自动重启之前，除了输入序列号和计算机信息（随意填写），以及按 2 到 3 次回车键之外，不需要做任何其他操作。系统会自动完成安装。

2）驱动程序的安装

（1）计算机重启之后，将光盘取出，让计算机从硬盘启动，进入 Windows XP 的设置窗口。

（2）单击“下一步”按钮，选择“跳过”，再单击“不注册”按钮，选择“完成”。

（3）进入 Windows XP 系统桌面。

（4）在桌面上单击鼠标右键，在快捷菜单中选择“属性”命令，选择“显示”选项卡，点击“自定义桌面”项，勾选“我的电脑”，按“确定”按钮退出。

（5）返回桌面，右键单击“我的电脑”，在快捷菜单中选择“属性”命令，单击“硬件”选项卡，单击“设备管理器”按钮，弹出的是计算机所有硬件的管理窗口，其中前面出现黄色问号+感叹号的选项代表未安装驱动程序的硬件，双击打开其属性，选择“重新安装驱动程序”，放入相应的驱动光盘，选择“自动安装”，系统会自动识别对应的驱动程序并完成安装。安装好所有驱动程序之后重新启动计算机。至此驱动程序安装完成。

3. 安装计算机办公软件 Microsoft Office 2003

Microsoft Office 是常用的办公套装软件，通常包括 Word、Excel、PowerPoint 和 Access 等组件。Microsoft Office 2003 安装过程如下。

(1)将 Microsoft Office 2003 安装光盘放入光驱，安装程序会自动运行(如果光驱的自动播放功能被关闭，可进入安装光盘目录，找到“setup. exe”文件双击后也可启动安装程序)，选择“安装 Microsoft Office 2003 组件”，接着会出现“产品密钥”的输入窗口，查看安装光盘封面或光盘内的“sn. txt”文件可找到这个密钥，输入密钥，如图 1-34 所示。

(2)正确输入安装密钥后，单击“下一步”进入“用户信息”输入窗口，输入信息后单击“下一步”按钮，在“最终用户许可协议”窗口中勾选“我接受《许可协议》中的条款”，单击“下一步”按钮，如图 1-35 所示。

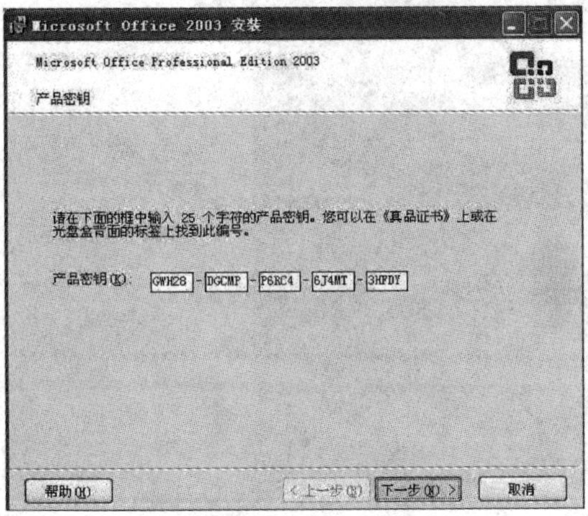

图 1-34 输入产品密钥

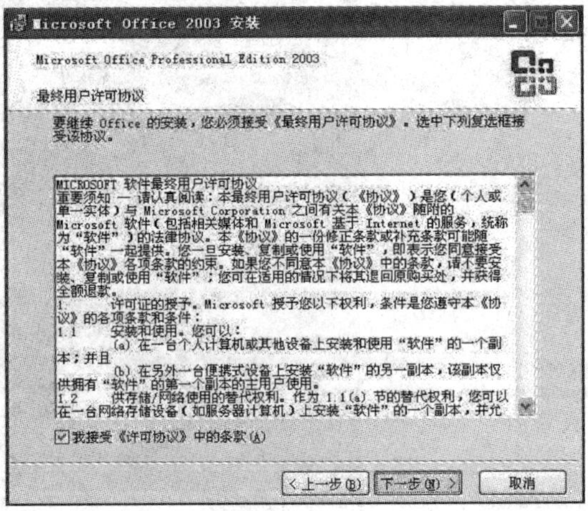

图 1-35 “最终用户许可协议”窗口

(3)如果第一次使用 Microsoft Office，选择“典型安装”；如果对安装组件有一定的选择，可选择“自定义安装”，同时可以设置 Microsoft Office 的安装路径。选择“自定义安装”，单击“下一步”按钮，如图 1-36 所示。

(4)进入“自定义安装”窗口。在此可以对 Office 组件进行取舍，如平常使用最多的是 Word、Excel、Power Point 和 Access 软件，其他不常用的可不选(以后需要时可启动 Microsoft Office 修复程序再安装)，如图1-37所示。经过以上步骤的选择后，单击“下一步”按钮，开始安装被选择的 Microsoft Office 组件。

(5)几分钟之后安装即可完成，此时会出现“安装已完成”窗口，如图 1-38 所示，单击“完成”按钮，完成 Microsoft Office 2003 组件的安装。

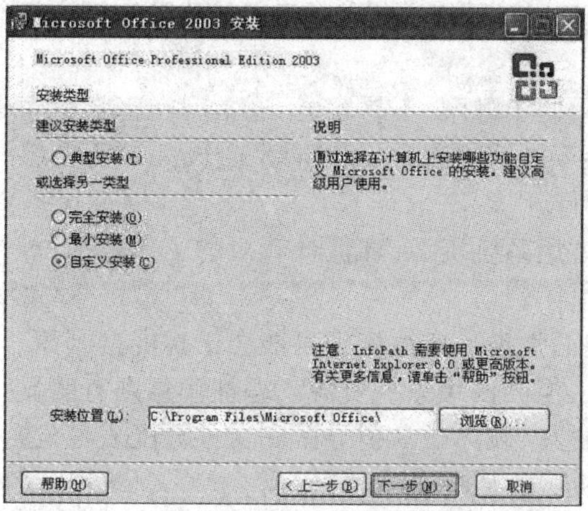

图 1-36　“安装类型”窗口

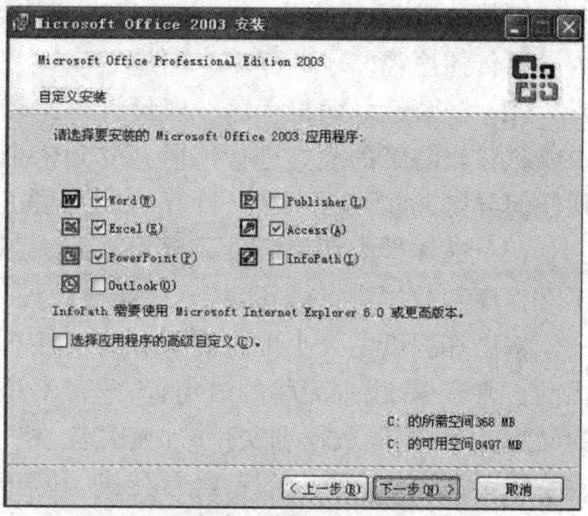

图 1-37　“自定义安装”窗口

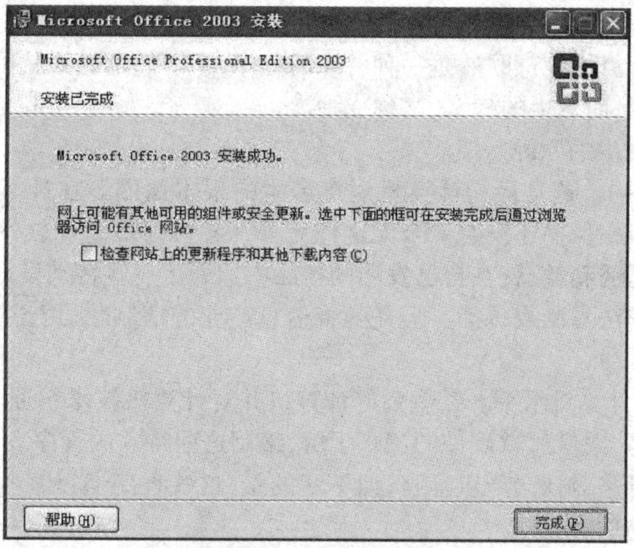

图 1-38　“安装已完成”窗口

🕮知识技能要点

1. 计算机病毒的概念与防治

计算机病毒实质上是一种程序，它能够进行自我复制并快速传播，对数据、程序以及各种计算机信息进行干扰和破坏，影响计算机的正常工作，甚至导致系统瘫痪。

1）计算机病毒的定义和特征

我国在《中华人民共和国计算机信息系统安全保护条例》中明确定义，计算机病毒是指“编制或者在计算机程序中插入的破坏计算机功能或者破坏数据，影响计算机使用并且能够自我复制的一组计算机指令或者程序代码”。

一般地，计算机病毒都具有以下特性。

（1）传染性。传染性是计算机病毒的重要特征。传染是指病毒从一个程序体进入另一个程序体的过程，它会通过各种途径进行传播，目前通过网络进行传播已经成为计算机病毒的主要传播途径。

(2) 隐蔽性。病毒程序一般设计得比较短小，便于隐藏，不易察觉，通常附在正常程序中或磁盘较隐蔽的地方进行传播。受到传染的计算机系统通常仍能继续工作，用户不会感到任何异常，病毒一旦发作，计算机就无法正常运行。

(3) 破坏性。任何病毒只要侵入系统，都会占用系统资源，降低计算机的工作效率，对正常程序和数据进行破坏，甚至还能导致硬件的损坏。

按破坏程度的大小可将病毒分为良性与恶性两大类。良性病毒可能会干扰屏幕画面、扰乱正常音乐、出现无聊的语句等，危害不是很大，但会占用系统资源。恶性病毒则有明显的破坏性，如删除数据和文件、加密磁盘、格式化磁盘、破坏磁盘引导区和文件分配表等，造成系统无法启动、无法运行，经常死机，甚至毁坏机器的某些硬件。

(4) 可触发性。大部分的病毒感染系统后一般不会马上发作，它能长期隐藏在系统中。可触发性是指计算机病毒危害的条件控制，当计算机满足一定条件时病毒才发作。激发条件是病毒设计者在病毒程序中预先设定的，可以是日期、时间、人名、密码等。

(5) 衍生性。计算机病毒既然是一种特殊的程序，了解病毒的人就可以进行任意改动，从而衍生出新的病毒，而衍生的病毒，又称变种。

2)计算机病毒产生的原因

(1)用于版权保护。这是最初计算机病毒产生的根本原因。在计算机发展初期，由于在法律上对于软件版权保护还没有像今天这样完善，因此，很多商业软件被非法复制，软件开发商为了保护自己的利益，就在自己发布的产品中加入了一些特别设计的程序，其目的是为了防止用户进行非法复制或传播。但是随着信息产业的法制化，用于这种目的的病毒目前已不多见。

(2)显示自己的计算机水平。某些爱好计算机并对计算机技术精通的人士为了炫耀自己的高超技术和智慧，凭借对软硬件的深入了解，编制这些特殊的程序。他们的本意并不是想让这些计算机病毒来对社会产生危害，但不幸的是，这些程序通过某些渠道传播出去后，对社会造成了很大的危害。

(3)产生于个别人的报复心理。在所有的计算机病毒中，危害最大的就是那些别有用心的人出于报复等心理故意制造的计算机病毒。例如，美国一家计算机公司的一名程序员被辞退时，决定对公司进行报复，离开前向公司计算机系统中输入了一个病毒程序，“埋伏”在公司计算机系统里。结果这个病毒潜伏了 5 年多才发作，造成整个计算机系统的紊乱，给公司造成了巨大损失。

(4)用于特殊目的。此类计算机病毒通常都是某些组织（如用于军事、政府、秘密研究项目等）或个人为达到特殊目的，对政府机构、单位的特殊系统进行暗中破坏、窃取机密文件或数据。

(5)为了获取利益。如今已是木马大行其道的时代，据统计木马在病毒中已占七成左右，其中大部分都是以窃取用户信息、获取经济利益为目的，如窃取用户资料、网银账号密码、网游账号密码、QQ 账号密码等。一旦这些信息失窃，将给用户带来非常严重的经济损失。如“熊猫烧香”、“网游大盗”、“网银窃贼”等病毒程序都属此类。

3）计算机病毒的表现

计算机病毒发作时常有如下表现。

（1）平时运行正常的计算机突然经常性无缘无故地死机。

（2）操作系统无法正常启动。

（3）运行速度明显变慢。

（4）以前能正常运行的软件运行时报告内存不足。

（5）打印和通信发生异常。

（6）要求对软盘进行写操作。

（7）以前能正常运行的应用程序在运行时经常导致死机或者报告非法错误。

（8）系统文件的时间、日期、大小发生变化。

（9）运行 Word，打开 Word 文档后，该文件另存时只能以模板方式保存。

（10）磁盘空间迅速减少。

（11）网络驱动器卷或共享目录无法调用。

（12）基本内存发生变化。

（13）陌生人发来电子邮件。

4）计算机病毒的防治

任何一种病毒均有一定的标志与特征。可以用人工处理的方法，通过修改系统的一些参数或设置，删除病毒，恢复正常数据。这种处理方法技术含量较高，只有具备丰富的电脑专业知识的人员才能采用。普通用户防治病毒的有效方法：一是加强防范意识、管理到位，二是依靠防杀计算机病毒软件。目前，市场上的杀毒软件众多，比较著名的有金山毒霸、瑞星、360、Norton-AntiVirus 等。

计算机病毒主要通过移动存储设备和计算机网络两大途径进行传播，对计算机病毒采取“预防为主”，尽量切断其传播途径。

（1）对重要的数据和程序经常进行备份，不要存在侥幸心理。

（2）安装真正有效的防毒软件，并经常进行升级。

（3）生成一张“干净”的系统引导盘，并将常用的工具软件拷贝到该软盘加以写保护。一旦系统无法启动，可使用该盘引导系统，然后进行检查、杀毒等操作。

（4）不使用盗版或来历不明的软件，特别是不能使用盗版的杀毒软件。

（5）对外来程序尽可能利用查毒软件进行检查，未经检查的可执行文件不要拷入硬盘，更不能使用。

（6）随时注意计算机的各种异常现象（如速度变慢、出现奇怪的文件、文件大小发生变化、内存容量减少等），一旦发现，应立即启用杀毒软件仔细检查。

计算机病毒的防治宏观上是一项系统工程，除了技术手段之外还涉及诸多因素，如法律、教育、管理制度等。教育是防止计算机病毒产生和传播的重要策略。通过教育，使广大用户认识到计算机病毒的严重危害，了解病毒的防治常识，提高尊重知识产权的意识，增强法律、法规意识，最大限度地减少病毒的产生与传播。

5）与计算机病毒相关的一些知识

（1）漏洞。系统上的软件在编写的时候总有疏漏的地方，这些疏漏会引起软件的不兼容（死机），并容易被黑客利用来破坏电脑。

(2)防火墙和杀毒软件的区别。防火墙和杀毒软件并不相同，防火墙是抵御网络攻击的工具，防火墙没有杀毒功能，而杀毒软件是清除计算机病毒的工具。

(3)恶意软件。恶意软件严格上来说并不是病毒，打个比方，如果病毒就像是各种对人体致命的细菌病毒的话，那么恶意软件就是那些不致命的病毒。

很多软件安装时都会捆绑一些插件，建议安装时要仔细看清楚，有些恶意软件装上去后很难清除。常用的恶意软件清理工具有金山清理专家、360 安全卫士等。

2. 计算机系统软件及语言

系统软件是指控制和协调计算机及其外部设备、支持应用软件的开发和运行的软件，其主要功能是进行调度、监控和维护系统等。系统软件是用户和裸机的接口，主要包括以下内容。

1)操作系统软件

操作系统软件有 DOS、Windows 98、Windows XP、Windows NT、Linux 等。

操作系统是最基本的系统软件，是整个计算机系统的控制管理中心，是用户在使用计算机时最先“打交道”的软件。其主要任务是统一控制、调度和管理计算机硬件和软件资源。

2)各种语言

计算机中常用语言包括机器语言、汇编语言、高级语言等。

(1)机器语言。用二进制指令代码描述的程序语言称为机器语言。如计算 $a=6+8$，机器语言如下。

操作码	操作数	含义
00111110	00000110	把 6 送给累加器 A
11000110	00001000	8 与累加器 A 中的内容相加，结果依然保存在累加器 A
01110110		停止所有操作

用机器语言编写的程序，计算机可直接识别并执行，不需要任何解释，效率高；不过人们很难编写、阅读、记忆、调试和修改。早期的计算机程序就是用机器语言直接编写的。

(2)汇编语言。汇编语言是用能反映指令功能的助记符描述的计算机语言，也称符号语言，它实际上是一种符号化的机器语言。如计算 $a=6+8$，汇编语言如下。

助记符	注释
MOV AX,6;	6→AX(将 6 存入 AX 寄存器)
ADD AX,8;	8+(AX) →AX(将 8 加上 AX 中的内容后，再保存在 AX 中)
HAT;	暂停

用汇编语言编写的程序称源程序，机器无法直接执行。必须用相应的汇编程序把它翻译成目标程序(即机器语言)才能执行。完成这个翻译过程的是汇编程序。用汇编语言编写的程序比用机器语言编写的程序易写、易读、易记忆，由于它能控制计算机内部最底层的操作，因此，目前很多系统软件的核心部分仍然用汇编语言去描述。

(3)高级语言。机器语言和汇编语言编写的程序都是面向机器的，与人类的自然习惯相差较远，编程效率低。于是一种新的近似于人类的自然语言和数学语言、不用关心计算机指令系统且易于书写和掌握的语言——高级语言诞生了。用高级语言编写的源程序机器无法直接执行。如计算 $a=6+8$，用 QBasic 语言描述为

```
a=6+8
PRINT a
```

对此,计算机无法直接执行,同汇编语言程序一样,必须将其翻译成目标程序后机器才能执行。高级语言有用两种翻译方式:一种是逐条指令边解释边执行,运行结束后目标程序并不保存,完成这种处理过程的程序称为解释程序;另一种是先把源程序全部一次性翻译成目标程序,然后再执行目标程序,完成这种处理过程的程序称为编译程序。早期的带行号的Basic 语言的翻译程序属于解释程序,而 Fortran、C、Pascal、Cobol、QBasic 等属于编译程序。编写程序时,需要把每一步操作都描述下来,是一种面向过程的程序设计。目前的 Visual Basic、Visual C ++ 等虽然是面向对象的程序设计,但实际上也属于编译范畴。总之,负责高级语言翻译的程序都属于语言处理程序。

3. 计算机应用软件

应用软件是用户为解决各种实际问题而编制的计算机应用程序及其有关资料。应用软件主要有以下几种。

(1)用于科学计算方面的数学计算软件包、统计软件包。

(2)文字处理软件(如 WPS、Word 等)。

(3)图像处理软件(如 Photoshop、动画处理软件 3DS MAX 等)。

(4)各种财务管理软件、税务管理软件、工业控制软件、辅助教育软件等。

(5)专用软件。

4. 多媒体信息的表示

1)多媒体信息

多媒体信息是指文本、声音、图形、图像、动画和视频等多种媒体信息的组合。计算机能够处理的多媒体信息从时效上可分为两大类,即静态媒体信息(文本、图形、图像)和动态媒体信息(声音、动画、视频等)。

2)多媒体技术

多媒体技术可简单理解为一种以交互方式将文字、声音、图形、图像、动画和视频等多种媒体信息,经过计算机设备的获取、操作、编辑、存储等综合处理后,以单独或合成的形态表现出来的技术和方法。

3)多媒体计算机

多媒体计算机一般是指能够综合处理文字、声音、图形、图像、动画和视频等多媒体信息,并在它们之间建立逻辑关系,使之成为一个交互式系统的计算机。它融高质量的视频、音频、图像等多种多媒体信息的处理于一身,并具有大容量的存储器,能给人们带来一种文、声、图、像并茂的视听感受。

第 2 章 Windows XP 的应用

操作系统是系统软件的核心,是用户与计算机物理设备之间的接口。它直接控制和管理着计算机系统硬件和软件资源,为用户操作提供了一个平台,以方便用户充分而有效地利用这些资源。Windows XP 是 Microsoft(微软)公司推出的跨世纪操作系统,它以简单的图形用户界面、良好的兼容性和强大的功能深受广大用户的青睐。

案例 1 Windows XP 的基本操作

🕮案例描述

使用 Windows XP 操作系统,首先要学会 Windows XP 的基本操作。通过本案例的学习,应基本做到以下各点。

(1)学会启动与退出 Windows XP 系统。

(2)熟练使用鼠标和键盘。

(3)学会控制 Windows XP 的窗口。

(4)掌握中文输入法操作。

(5)能够快速获取帮助。

🕮案例实现

Windows XP 操作系统的启动和退出非常简单,但如果不养成良好的开机和关机习惯,Windows XP 系统的数据也将会受到损坏。

1. Windows XP 的启动

(1)打开显示器。

(2)打开主机电源,系统进入自检状态,完成后出现启动界面,选择用户名并输入密码(如果设置了密码),单击"确定"按钮或按回车键后即可进入 Windows XP 桌面,如图 2-1 所示。

如果没有设置多用户,则不出现登录界面而直接进入启动界面。

2. Windows XP 的退出

Windows XP 是一个多任务操作系统,为避免数据丢失和保存必要的参数设置,必须按照规定的操作步骤退出,其方法如下。

(1)关闭正在运行的所有应用程序窗口。

(2)单击桌面上的"开始"按钮,选择"关闭计算机"选项,出现如图 2-2 所示的"关闭计算机"对话框。

(3)在上述对话框中,可执行 4 种操作,即待机、关闭、重新启动和取消。

①待机:系统将进入等待开、关机的状态。

图2-1　Windows XP桌面

图2-2　“关闭计算机”对话框

②关闭:系统将关闭正在运行的所有应用程序,并清除所建立的临时文件。

③重新启动:系统将在关闭所有应用程序后自动进行热启动。

④取消:系统将取消此次关机操作。

提示:如果用户只是在一段时间内停止使用计算机,而又不想关机,则可以单击“待机”按钮,让系统进入休眠状态,显示器和硬盘自动关闭,但内存的信息仍然保留,此时计算机以低能耗保持工作。需要继续使用计算机时,重新按一下计算机的启动键,即可使系统恢复到用户登录状态。

3. 鼠标操作

在Windows XP中,鼠标操作是最基本的操作。鼠标指针一般被称为光标,当鼠标在平面上移动时,光标也就在屏幕上做相应的移动,并将光标所在位置的X、Y坐标值送入计算机。

通常鼠标操作有以下几种。

(1)指向,指移动鼠标,将鼠标指针移到操作对象上。

(2)单击,指快速按下并释放鼠标左键。单击一般用于选定一个操作对象。

(3)双击,指连续两次快速按下并释放鼠标左键。双击一般用于打开窗口、启动应用程序等。

(4)拖动,指按下鼠标左键,移动鼠标到指定位置,再释放鼠标左键的操作。拖动一般用于选择多个操作对象、复制或移动对象等。

(5)右击,指快速按下并释放鼠标右键。右击一般用于打开一个与当前操作相关的快捷菜单。

在 Windows XP 中的不同场合使用鼠标,鼠标指针的形状会发生变化,表 2-1 中列出了 Windows XP 默认方式下最常见的几种鼠标形状及其功能。

表 2-1　鼠标指针形状及其对应功能

指针形状	对应功能
箭头指针	Windows XP 的基本指针,用于选择菜单、命令或选项
↔ ↕ 双向箭头指针	水平、垂直缩放指针,当将鼠标指针移到窗口的边框线上时,会变成双向箭头,此时拖动鼠标,可左右或上下移动边框从而改变窗口大小
↙↗ ↖↘ 斜向箭头指针	等比缩放指针,当鼠标指针正好移到窗口的 4 个角时,会变成斜向双向箭头,此时拖动鼠标,可沿水平和垂直两个方向等比例放大或缩小窗口
四头箭头指针	搬移指针,用于移动选定的对象
漏斗指针	表示计算机正忙,需要用户等待
I 形指针	用于在文字编辑区内指示编辑位置

4. 键盘操作

在 Windows XP 中,一般能用鼠标控制的操作都可以用键盘来实现,只是多数情况下需要由多个键组合来完成。

当文档窗口或对话框中出现闪烁的插入标记时,直接敲键盘就可输入文字。快捷方式下,同时按[Alt]键和指定字母,可以启动相应的程序或文件。在菜单操作中,可以通过键盘上的箭头键来改变菜单选项,按[Enter]键来执行相应选项。

键盘操作是使用计算机的前提,只有掌握了键盘的标准操作指法才能准确、快速地通过键盘进行录入等操作。

按功能划分,键盘总体上可分为 4 个大区,分别为功能键区、打字键区、编辑控制键区和数字键区。

1)功能键区

键盘最上边一行是功能键,[Esc]键是取消键,进行汉字输入时,发现输入有误,按[Esc]键即可撤销输入。[F1]键到[F12]键是功能键,其中[F1]键一般是帮助键。

2)打字键区

微型计算机使用标准键盘,打字键区中的键位分布根据字符的使用频度确定。[A]、[S]、[D]、[F]和[J]、[K]、[L]、[;]8 个键所在的行位于键盘打字键区的中间位置,称为基准行,这 8 个键被定为基准键位。有的键盘在 [F]、[J] 两个键上各有一个突起的点,称为盲点,操作键盘时,若手指滑离了键盘可通过盲点快速定位。

使用键盘时应注意正确的按键方法。在按键时,手抬起,伸出要按键的手指,在键上快速击打一下,不要用力太猛,更不要按住一个键长时间不放。在按键时手指也不要抖动,用力一定要均匀。在进行输入时，要坐姿端正、腰背挺直、两脚平稳着地；身体微向前倾、双肩放松、两手自然地放在键盘上方；大臂和小肘微靠近身体，手腕不要抬得太高，也不要触到键盘；用键盘输入时，两手的食指分别放在盲点上，两个拇指轻放在空格键上，而其他手指对应地放在基准键位上。手指移动并击键后，立即回到基准键位上，再准备击其他键。

3）编辑控制键区

进行输入与编辑时经常要用到编辑控制键。[Insert]键是插入、改写切换键；[Delete]键是删除键，作用是删除闪烁光标线右边的字符，按一下删除一个字符；[Home]键用来移动闪烁光标到行首；[End]键用来移动闪烁光标到行尾；[PgUp]键用来向上翻页；[PgDn]键用来向下翻页。

4）数字键区

数字键区是另一类使用频度较高的键。在打字键区的最上一排是数字键[0]~[9]，在键盘右方的数字键排列成方阵，便于进行数字操作。

常用的组合键及其功能如表 2-2 所示。

表 2-2　组合键及其功能

[Ctrl]+[Esc]	打开"开始"菜单
[Ctrl]+[Space]	打开/关闭中文输入法
[Ctrl]+[Shift]	在各种输入法之间循环切换
[Ctrl]+[.]（小数点）	全角/半角的切换
[Ctrl]+[Alt]+[Del]	打开任务管理器
[Ctrl]+[A]	全选
[Ctrl]+[C]	复制
[Ctrl]+[X]	剪切
[Ctrl]+[V]	粘贴
[Ctrl]+[Z]	撤销
[Alt]+[Space]	打开控制菜单
[Alt]+[Tab]	切换窗口
[Alt]+[F4]	关闭当前窗口
[Alt]+[Print Screen]	将当前活动窗口复制到剪贴板
[Print Screen]	将当前屏幕复制到剪贴板

5. 中文输入法操作

Windows XP 中文版集成了微软拼音、智能 ABC、全拼、郑码等多种中文输入方法。要输入中文首先要打开某中文输入法，其次才能按照该输入法的编码规则输入。

1）输入法工具栏

打开中文输入法后，会出现如图 2-3 所示的输入法工具栏。单击软键盘开关可以打开屏幕软键盘。

2）常用中文输入法

（1）微软拼音输入法。

微软拼音输入法是微软公司推出的一种基于语句的智能型拼音输入法，支持以句子为单位的连续输入。该输入法采用拼音作为汉字的录入方式，使用者不需要经过专门训练就

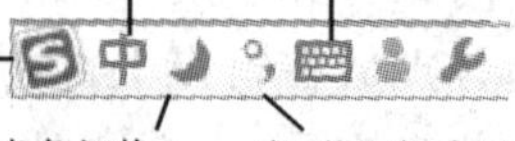

图 2-3 输入法工具栏

可以快速掌握并熟练使用这种汉字输入技术。另外，该输入法支持南方模糊音，可以不分 z 和 zh，an 和 ang 等南方口音；支持拼音的不完整输入，即只需输入拼音的声母，就可以给出备选的字或词；支持全拼输入和双拼输入；对于经常使用的字词能提前出现作为备选项。

微软拼音输入法支持语句连续转换的方式，可以让用户不间断地键入整句话的拼音，这样既保证思维流畅，又提高了输入效率。输入结束后按一下空格键，输入结果就会出现在插入点所在的位置。此时，输入结果下面出现一条下画线，表示当前句子还处于编辑状态，如果句子完全正确，按[Enter]键确认，就可以完成输入；如果系统组合的句子有错误，可以按[←]键或[→]键把光标移到错误汉字的前面，此时，屏幕上重新出现汉字提示框，可重新选择正确的汉字，最后按[Enter]键确认。

(2)全拼输入法。

全拼输入法是按照标准的汉语拼音规则，逐个输入字词的汉语拼音来输入汉字的方法。其中，使用 v 代替拼音中的 ü。在全拼中设置有查询键“?”，当某个字的读音拿不准时可以使用“?”来代替该位置的任意一位字母编码。但由于全拼需要输入汉字的完整拼音编码，因此有的字编码很长。此外全拼输入法也支持词组的录入。

(3)智能 ABC 输入法。

智能 ABC 输入法是以拼音为主，辅以笔形信息的智能型输入法。它集全拼、简拼、混拼、笔形、音形和双打多种输入方式于一体。对于熟悉拼音的人可以采用以全拼为主、其他方式为辅的输入方式；对于有方言口音的人，可以选用以简拼加笔形的方式进行输入；即使是完全不懂拼音的人，也可以按笔形进行输入。

(4)五笔字型输入法。

五笔字型输入法是利用汉字的字形信息进行编码的。它将汉字的笔画分为横、竖、撇、捺、折 5 种基本笔画，由笔画组成 125 种码元；把汉字的字形分为左右型、上下型和杂合型 3 种；然后用码元和字形组成汉字输入编码。

需要说明的是，五笔字型输入法不是 Windows XP 系统自带的输入法，要想使用则需另外安装。

6. Windows XP 窗口及操作

运行一个程序或打开一个文档时，Windows XP 系统都会在桌面上开辟一块矩形区域用以展示相应的程序或文档，这个矩形区域就称为窗口。窗口可以打开、关闭、移动和缩放。如图 2-4 所示的是“我的电脑”窗口。

1) Windows XP 的窗口组成

Windows XP 的窗口由以下几部分组成。

(1) 标题栏。标题栏位于窗口的最上端，左端显示窗口的名称，右端有最小化、最大化/还原、关闭按钮。

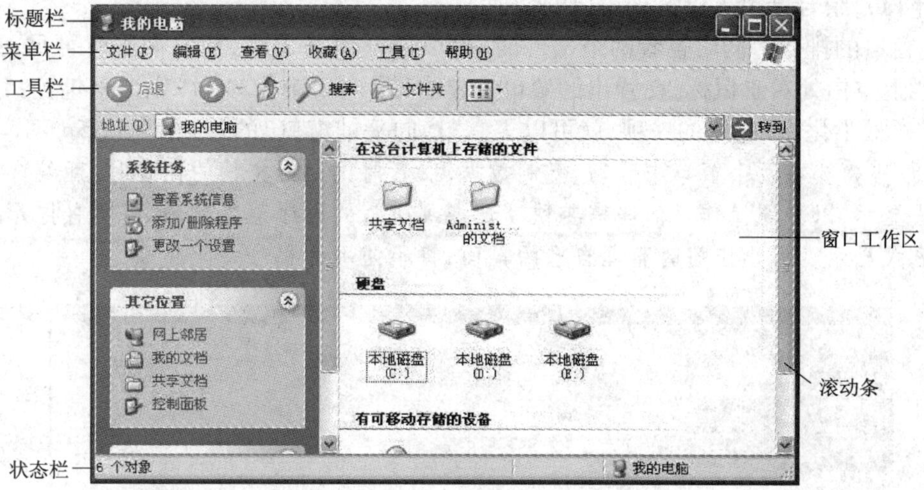

图 2-4　“我的电脑”窗口

①“最小化”按钮:单击该按钮可以将窗口缩小为任务栏上的一个图标。

②“最大化/还原”按钮:当窗口处于最大化状态时,该按钮显示为“还原”,单击它可以使窗口还原到最大化之前的大小,同时该按钮变为“最大化”,此时单击它可以将窗口最大化。

③“关闭”按钮:单击该按钮可以关闭窗口,终止相应的程序。

(2)菜单栏。菜单栏位于标题栏下方,分类放置了该窗口的功能命令。不同的应用程序窗口的菜单栏有不同的菜单项,但一般都有“文件”、“ 编辑”、“ 帮助”等项。

(3)工具栏。工具栏可以说是图形化的快捷菜单。系统将常用命令以工具按钮图标的形式分类放置在不同的工具栏中,供用户选用。为了适应用户的不同需要,工具栏常常设有显示/隐藏开关,有些程序窗口还允许用户改变工具栏的位置和自己定义工具按钮。

(4)状态栏。状态栏位于窗口的底部,显示当前窗口的状态或帮助信息。

(5)窗口工作区。此区显示窗口的操作对象。窗口所提供的菜单、工具按钮等命令均是针对该区域的对象而设置的。

(6)滚动条。当前窗口的大小不能显示全部工作区对象时,才会出现滚动条,以便滚动查看。滚动条有位于窗口右侧的垂直滚动条和位于窗口下部的水平滚动条两种。

(7)窗口边框。窗口边框是区分窗口内、外的边界,拖动边框可以改变窗口的大小。

2)Windows XP 的窗口操作

Windows XP 的窗口操作一般有如下几种。

(1)窗口的移动。将鼠标指向窗口的标题栏后直接拖动,即可将窗口移动到指定的位置。

(2)窗口的缩放。单击“最大化/还原”或“最小化”按钮可以实现窗口的最大化或最小化;将鼠标指针指向窗口的边缘或 4 个角的任意 1 个角,当鼠标指针变成双向箭头的形状时,拖曳鼠标就可以改变窗口的大小。

(3)窗口的切换。当同时打开多个窗口时,单击要切换到的窗口中的某一点,或单击要切换到窗口中的标题栏,或在任务栏上单击对应窗口的按钮,均可以实现窗口的切换。利用

[Alt]+[Tab]组合键也可以实现窗口的切换。

(4)窗口的排列。同时查看两个文件时,可以调整窗口大小,使它们同时可见,只需要在任务栏上空白处右击鼠标,在弹出的菜单中单击"横向平铺窗口"、"纵向平铺窗口"、"层叠窗口"、"最小化窗口"中的一项,就可以了。"横向平铺窗口"的效果如图2-5所示。

技巧:当需要在两个窗口中移动、复制数据,或者对比两份文档的内容时,可以将它们以平铺方式显示,以方便操作。而当需要快速切换到所需的程序窗口时,可将所有打开的窗口以层叠方式显示。用户应随时整理自己的桌面,将不使用的程序关闭。

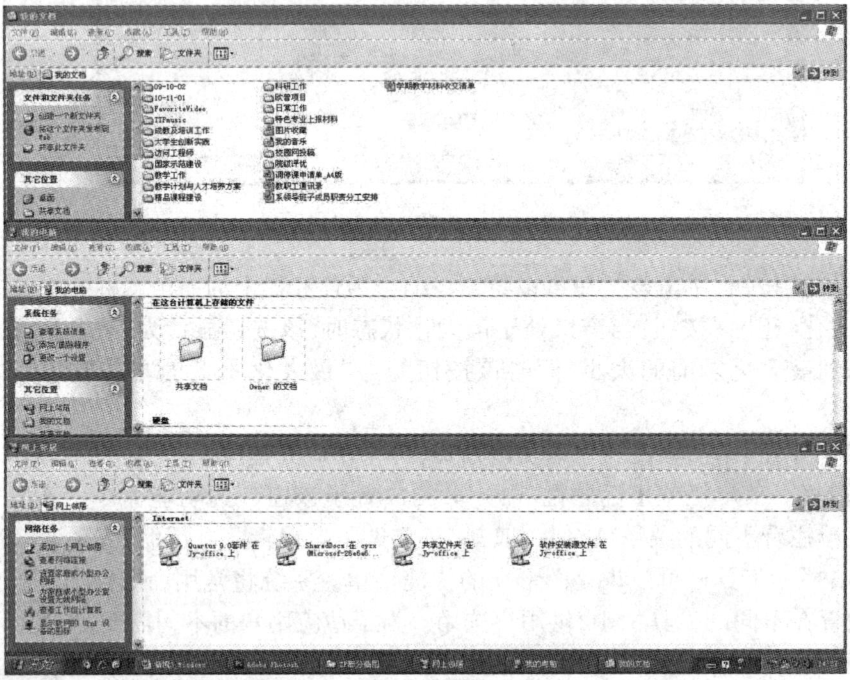

图2-5 横向平铺窗口效果

7. 获取 Windows XP 帮助

Windows XP 具有一个方便、简捷的帮助系统,在这个帮助系统里,包含了对 Windows XP 的基本介绍以及基于操作方法的指导,用户可以从中快速地查找到相关问题的解决方案。获取 Windows XP 帮助可以用以下几种方法。

1)使用 Windows XP 的帮助系统

这是获得帮助最直接的方法。使用时,对帮助系统里的内容,既可以以目录的方式进行阅读,也可以以主题索引的方式进行阅读,并支持主题搜索。

启动 Windows XP 帮助系统的方法非常简单,只要单击"开始"菜单,从中选择"帮助和支持"命令项,即可打开帮助窗口,如图2-6所示。在"搜索"栏中输入查找的内容,单击右侧的查找按钮,系统将进行搜索。

2)获得 Web 的在线帮助

如果所查找的内容在 Windows XP 帮助中未查到,或查到的信息不够详细,可以利用 Windows XP 的网络在线帮助来查找。用户可以单击帮助窗口中的"设置您的在线查找选

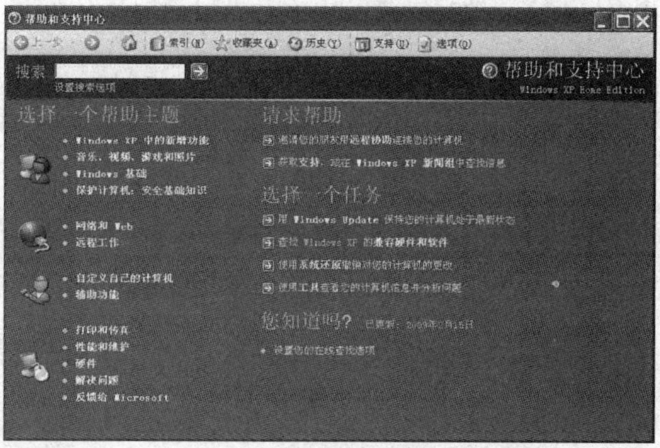

图 2-6　Windows XP 帮助窗口

项”,以便连接到专门的 Microsoft Web 页面并进行查找。

3)从对话框中获得帮助

几乎所有的 Windows XP 对话框的右上角都有一个“?”按钮,单击此按钮,再单击对话框的控制元素,就会出现一个说明该控制元素及使用方法的帮助窗口,由此可以了解相关的具体内容。

4)从应用程序中获得帮助

在每一个 Windows XP 应用程序中都有“帮助”菜单,可以通过此菜单项了解应用程序的使用方法和其他信息。

5)从工具栏和任务栏中获得帮助

将鼠标指向工具栏或任务栏中的某个项目按钮,均会出现简单的提示信息。

知识技能要点

1. Windows XP 桌面

启动 Windows XP 后,屏幕上的整个区域称为桌面,Windows XP 中所有的操作都是基于桌面的。图 2-1 所示的桌面由背景画面、桌面图标、“开始”按钮、快速启动栏、任务栏、语言栏和通知栏等部分组成。

1)背景画面

背景画面类似于桌上的桌布,用户可以根据自己的喜好设置个性化的图案,这对操作系统的功能没有任何影响。

2)桌面图标

桌面图标通常由代表 Windows XP 的各种组成对象的小图标及文字说明组成,包括系统图标和应用程序图标,其中“我的电脑”、“我的文档”、“Internet Explorer”、“网上邻居”、“回收站”等图标都是系统图标,除了系统图标外其他的图标都是应用程序图标。

(1)“我的电脑”图标。此图标通常位于桌面的左上角,双击该图标可浏览本计算机上的所有资源。

(2)“我的文档”图标。该图标是 Windows XP 存放用户文档和数据的默认捷径,它指向硬盘上的某个区域空间,默认情况下是在“ C:\My Documents” 子目录下。

(3)"网上邻居"图标。通过"网上邻居"可以访问到当前连在局域网上的各个工作组以及各台计算机。

(4)"回收站"图标。该图标用来存放删除的文件和文件夹,就像现实生活中的废纸篓,可以将不需要的文稿和垃圾丢入其中,但如果发现不慎丢弃了某些有用的东西,还可以将其恢复过来。

(5)"Internet Explorer"图标。通过该图标可以直接访问 Internet 资源,也可通过其设置浏览器的有关参数和选项。

3)"开始"按钮

"开始"按钮是运行 Windows XP 的入口,位于任务栏的左下端,用来打开 Windows XP 中的所有应用程序,包括用户可以使用的所有操作系统工具软件和用户自己安装的应用程序。

当用户在使用计算机时,利用"开始"菜单可以完成启动应用程序、打开文档以及寻求帮助等工作,一般的操作都可以通过"开始"菜单来实现。在桌面上单击"开始"按钮,或者在键盘上按下[Ctrl]+[Esc]键,就可以打开"开始"菜单。经典型"开始"菜单由分组线分成 3 部分,如图 2-7 所示。

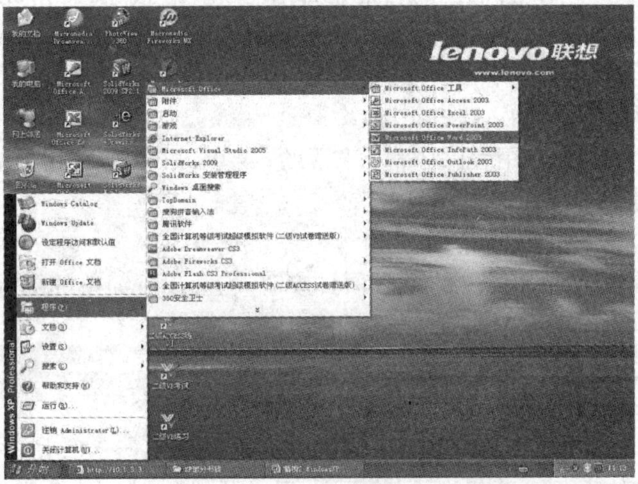

图 2-7 Windows XP 的"开始"菜单

(1)第 1 部分是系统启动某些常用程序的快捷菜单选项。比如单击"新建 Office 文档"则可以打开"新建 Office"对话框。用户可以在此处直接打开某些程序,而不用在"程序"下的子菜单中打开。

(2)第 2 部分中包含控制和管理系统的菜单选项。例如在"文档"菜单项下会自动存放用户最近打开的文档名称,使用"搜索"菜单项可以帮助用户查找所需要的文件、文件夹或者网络中的计算机等内容。

(3)在"开始"菜单的最下边是关闭计算机的选项,可用来关闭计算机。

为了便于访问 Internet 和电子邮件,也可以通过"开始"菜单属性对话框进行风格的切换。"开始"菜单属性对话框如图 2-8 所示。

4)任务栏

"任务栏"通常位于桌面下方,如图 2-9 所示。

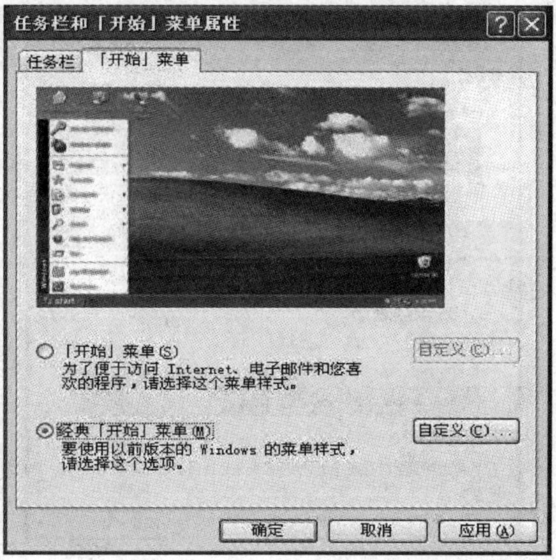

图 2-8　“开始”菜单属性对话框

图 2-9　任务栏

将鼠标光标指向任务栏的空白区域，按下左键，拖动鼠标，可将任务栏分别拖动到屏幕的左侧、右侧和顶部。

当打开程序、文档或网页后，在“任务栏”上就会出现一个相应的按钮。如果要切换窗口，只需单击该窗口的按钮即可。关闭一个窗口后，其按钮也从“任务栏”上消失。

“开始”按钮旁边几个小图标所在的区域是快速启动栏，单击这些小图标就可以打开相应的程序。

在任务栏空白处右击，出现快捷菜单。选择“属性”，可以调节任务栏显示方式，如图 2-10 所示。

5）快速启动栏

在快速启动栏可方便快速地启动相应程序。一些应用程序在完成安装后也会自动在此栏生成快速启动图标。

快速启动栏可以通过“显示属性”对话框中“桌面”选项卡的“自定义桌面”选项加以设置。

6）语言栏

语言栏显示目前使用的语言及文字输入法。按[Ctrl]+[Space]键可以实现中、英文间的转换；按[Ctrl]+[Shift]键可以实现中文不同输入法间的转换，按[Shift]+[Space]键可以实现全角与半角的切换。

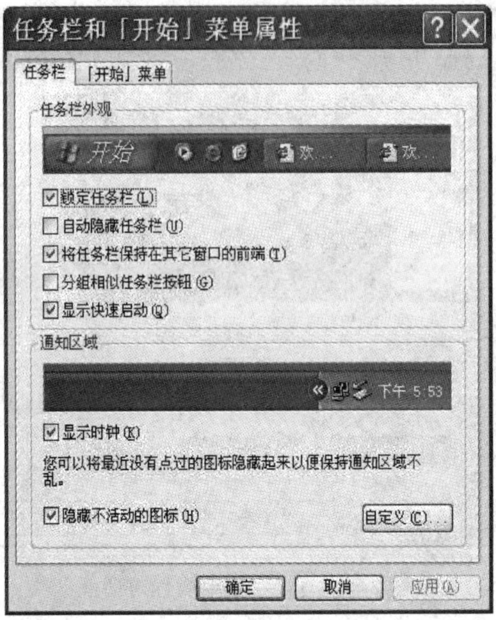

图 2-10 设置任务栏属性

7)通知栏

通知栏位于 Windows XP 桌面的最右端,有音量控制器、系统时间等图标。

2. Windows 窗口的分类

在 Windows XP 中,根据窗口的性质,可以将窗口分为应用程序窗口、文档窗口和对话框 3 类。应用程序窗口和文档窗口外观基本相同。

1)应用程序窗口

应用程序窗口是运行程序或打开文件夹时出现的窗口,可以在桌面上自由移动,并可最大化或最小化。一般由标题栏、菜单栏、工具栏、地址栏、状态栏、窗口工作区等组成。

2)文档窗口

文档窗口存在于应用程序窗口内,是应用程序运行时所调入的文档的窗口。文档窗口只能在应用程序窗口之内完成最大化、最小化、移动、缩放等操作。文档窗口共享应用程序窗口中的菜单栏。

3)对话框

对话框是一种特殊的窗口,是 Windows XP 与用户之间相互交流的一种工具,可使用对话框输入信息,改变对象属性或设置窗口环境等。图 2-11 是一个典型的对话框。

对话框一般由以下几个部分组成。

(1)标题栏。在对话框的顶部,其左端是对话框的名称,右端一般为对话框的“关闭”和“帮助”按钮。

(2)文本框。文本框用于输入对话信息。

(3)列表框。通过列表框用户可以选取需要的对象。这些对象可以是文字的,也可以是图标的,或两者的结合。列表框为用户提供参考对象,其中的内容一般不能修改。

(4)命令按钮。命令按钮是呈矩形带有文字的按钮,如“确定”、“取消”按钮等。

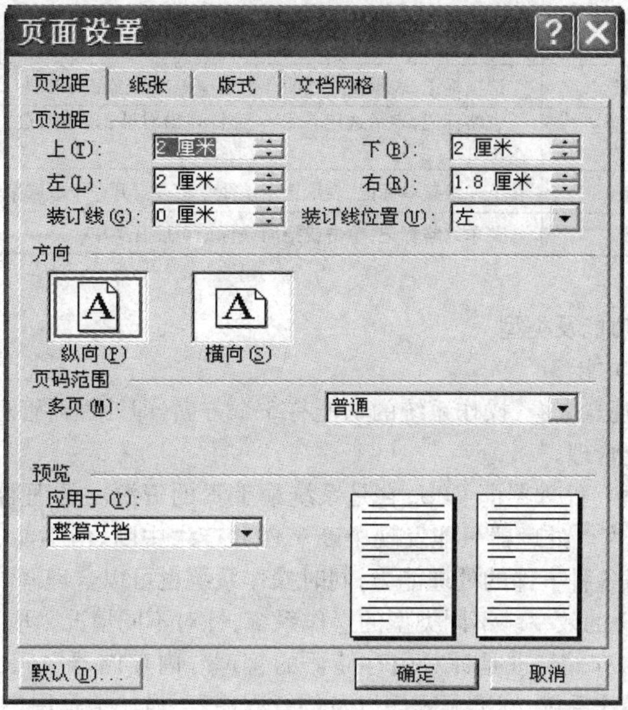

图 2-11　"页面设置"对话框

(5)单选框。单选框为圆形,选中时中间出现一个黑点,在一组单选框中只能且必须有一个被选中。

(6)复选框。复选框是一个小矩形框,选中时框里面有个"√",一组复选框可以有多个被选中,也可以都不选。

(7)增量框。增量框用来改变数量大小,有上下两个三角形小按钮,单击上面的小按钮可以增大数字,单击下面的小按钮可以减小数字。

(8)游标。游标是一个标尺样的选项,被称为滑动式按钮。利用这种按钮能形象地改变其参数,操作时只要用鼠标拖动游标即可。

(9)选项卡。有些对话框由多个选项卡组成,在各选项卡中可对不同的选项进行设置。

3. Windows XP 的菜单

在 Windows XP 的菜单命令中有一些约定的标记,表 2-3 给出了这些标记的含义。

表 2-3　Windows 菜单标记的含义

表示方法	含　义
高亮显示项	当前选定的命令
暗淡显示项	当前不能使用的菜单选项
快捷键	可以直接按键选择的命令,如[F4]、[Ctrl]+[C]等
命令前有"√"标记	选定标记,具有开关功能。有标记,表示该命令正在起作用,再次单击该命令,标记消失,表示取消选定

续表

表示方法	含　义
命令前有“·”标记	选项标记，表示在并列的几个选项中当前选定的选项
命令后有“…”标记	省略标记，表示选定该命令后将弹出对话框，输入进一步的信息后方可执行命令
命令后有“▶”标记	下一级菜单标记，表示选定该命令将会打开一个级联菜单
“≈”或“︾”标记	菜单缩略标记，单击或指向该标记可展开菜单

4. 操作系统的功能及类型

1）操作系统的功能

从资源管理的观点来看，操作系统的功能有5个方面，即处理器管理、存储管理、文件管理、设备管理和作业管理。

（1）处理器管理。处理器即CPU，它是系统最宝贵的资源。处理器管理的主要内容是中断处理和CPU调度。处理器只能发现中断事件并产生中断，但不能进行处理，配置操作系统后，就具有了对各种事件的处理能力，同时操作系统也可以合理调配CPU资源，实行多进程管理，提高CPU的效率。不同类型的操作系统，针对不同情况采取不同的调度策略。

（2）存储管理。存储管理是针对内存储器的管理。内存储器空间通常分为两个区，一个是系统区，存放操作系统、标准子程序以及例行程序等；另一个是用户区，存放用户的程序和数据。存储管理的主要任务是分配内存空间，保证各作业占用的存储空间不发生冲突，并使各作业在自己所属存储区互不干扰。

（3）文件管理。在计算机中，程序和数据都是以文件形式存在的，操作系统的文件管理负责文件的建立、存入、读取、删除、检索以及对文件存取权限的控制和管理。

（4）设备管理。设备管理是指对外部设备的管理，其主要任务是处理、响应外部设备发出的中断请求，负责驱动外部设备。为协调高速CPU与低速输入/输出设备的工作节奏，在内存中设置输入/输出缓存区，用于临时存放数据。

（5）作业管理。作业是指用户请求计算机完成的一个独立任务。作业管理包括作业的输入和输出、作业的调度与控制。作业管理为用户提供了一个使用计算机的界面，使用户能方便地运行自己的程序。

2）操作系统的类型

操作系统有多种分类方法，其中，根据在同一时间使用计算机的用户的多少，操作系统可分为单用户操作系统和多用户操作系统。单用户操作系统是指一台计算机在同一时间只能由一个用户使用，一个用户独自享用系统的全部硬件和软件资源，而如果在同一时间允许多个用户同时使用计算机，则称为多用户操作系统。

另外，如果用户在同一时间可以运行多个应用程序（每个应用程序被称做一个任务），则这样的操作系统被称为多任务操作系统。如果一个用户在同一时间只能运行一个应用程序，则对应的操作系统称为单任务操作系统。

个人计算机操作系统是单用户操作系统，其主要特点是在某一时间为单个用户服务。早期的DOS操作系统是单用户单任务操作系统，Windows XP则是单用户多任务操作系统，Linux、UNIX是多用户多任务操作系统。

按照操作系统提供的功能进行分类,可分为以下几类。

(1)单用户操作系统。这种操作系统的主要特征是:在一个计算机系统内一次只能运行一个用户程序。该用户独占计算机系统的全部硬件、软件资源。

(2)批处理操作系统。批处理操作系统可以管理多个用户程序,操作员统一将多个用户的程序输入到计算机中,然后在批处理操作系统管理下成批地运行多个程序,提高了计算机系统的效率。

(3)实时操作系统。实时操作系统是一种时间性强、反应迅速的操作系统,主要用于较少人为干预的监督和控制系统,如流水线控制、导弹飞行状态监控等。

(4)分时操作系统。分时操作系统是一种在计算机上挂多个终端,允许多个终端用户同时使用一台计算机的系统。它采用给每个用户固定时间片的方式,轮流为各个用户服务。

(5)网络操作系统。网络操作系统是用来管理连在计算机网络上的多台计算机的操作系统。它提供了网络通信和网络资源共享管理,保证网络中信息传输的准确性、安全性和保密性,提高了网络资源的利用率和可靠性。

3)Windows XP 对硬件系统的要求

根据 Microsoft 提供的说明,安装 Windows XP 操作系统的最低配置如下。

CPU:Pentium/Celeron 或 AMD K6/Athlon/Duron 233 MHz。

内存:64 MB。

硬盘:1.5 GB 可用空间。

显示器:VGA(800 ×600)或更高分辨率。

上述硬件要求只是微软列出的最低配置值,实际配置时最好满足 CPU 主频 1 GHz 以上、内存 256 MB 以上、硬盘有 10 GB 以上的可用空间。

案例 2　文件及文件管理

🕮案例描述

对文件或文件夹进行管理,可以使办公资料分类更有条理性,如图 2-12 所示。通过本案例的学习,应基本做到以下几点。

(1)会创建自己的文件或文件夹。

(2)会移动、复制、删除、重命名文件或文件夹。

(3)会文件或文件夹共享的设置方法。

(4)能使用文件管理工具“我的电脑”和资源管理器。

(5)会查找一个特定的文件。

实现本案例需完成以下操作。

(1)在 D 盘根目录下创建“编书资料”文件夹,在“编书资料” 文件夹下,建立“文字”和“图片”两个子文件夹。

(2)在 C 盘中搜索文件。

①搜索小于 10 k 字节的所有文件,并将这些文件复制到“文字”文件夹中。

②搜索扩展名为“. bmp”的所有文件,并将这些文件复制到“图片”文件夹中。

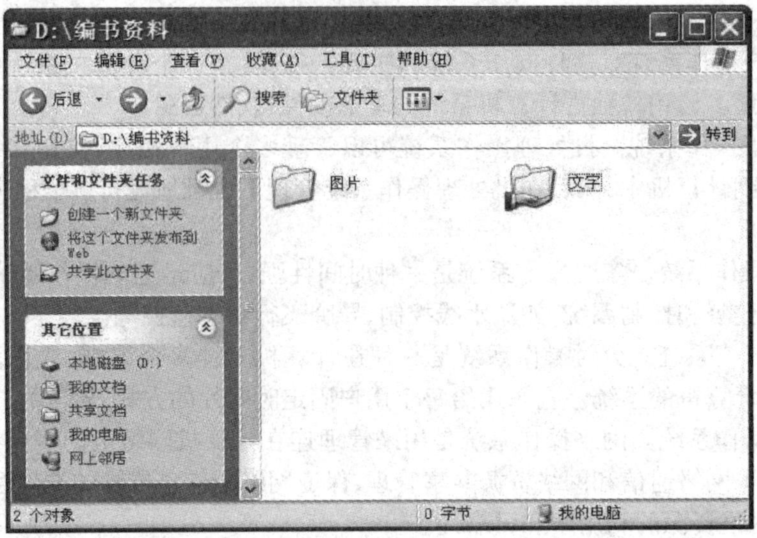

图 2-12 文件及文件夹的管理

③查找文件“notepad. exe”,并把查找到的结果保存到“文字”文件夹中。

(3)在“文字”文件夹中建立一个新的文本文件“练习 1. txt”,并将“隐藏”和“存档”属性撤销,属性设置为“只读”,并修改文件夹选项,显示所有的文件和文件夹。

(4)创建“notepad. exe”文件的桌面快捷方式,命名为“记事本”。

(5)将“文字”文件夹设置为共享。

(6)将“文字”文件夹删除并进行恢复。

(7)查看 D 盘文件的系统格式,如果是 NTFS 文件系统,对“图片”文件夹加密,再解密。

📖案例实现

1. 新建文件夹

(1)通过“我的电脑”或“Windows 资源管理器”打开 D 盘,选择菜单“文件”→“新建”→“文件夹”命令,或者在 D 盘空白处单击右键,选择快捷菜单中的“新建”命令。

(2)输入文件夹名“编书资料”,按[Enter]键确认。

(3)双击“编书资料”,打开此文件夹,在窗口空白处单击右键,选择菜单“新建”→“文件夹”命令,新建“图片”和“文字”两个文件夹。

2. 搜索文件

(1)打开搜索助理。右键单击 C 盘,选择快捷菜单“搜索”命令。或单击工具栏中的“搜索”按钮,弹出“搜索助理”任务窗口,如图 2-13 所示。

(2)设置搜索条件。单击搜索助理中的“大小是?”右边的向下按钮,弹出“大小是?”选项部分。选中“指定大小(以 kB)计算”,在下拉框中选择“至多”,右边文本框中输入或调整到 10,单击“搜索”。在“搜索结果”窗口中,显示所有搜索到的文件。

(3)在“搜索结果”窗口中,选中搜索到的所有文件,并直接复制到“文字”文件夹中。

(4)在“搜索助理”中的“全部或部分文件名”文本框中输入“ * . bmp”,单击“搜索”按钮,结果如图 2-14 所示,把搜索到的所有文件复制到“图片”文件夹中。

图 2-13　“搜索助理”任务窗口

图 2-14　“搜索结果”窗口

(5)在“搜索助理”中的“文件中的一个字或词组”文本框中输入“notepad. exe”,单击“搜索”按钮,把搜索到的所有文件复制到“文字”文件夹中。

提示:搜索文件的依据可以是全部或部分文件名、文件正文中的一个字或词组、文件什么时候修改的、文件大小等条件。同时还可以指定搜索的范围。在搜索结果的窗口中,可以直接对搜索到的对象进行相应的操作,如对象的删除、移动、复制、改名等。

3. 建立新文件和更改文件属性

(1)双击“文字”文件夹,打开此文件夹,在窗口空白处右击鼠标,选择菜单“新建”→“文本文档”命令,建立以“练习 1”命名的文件,如图 2-15 所示。

(2)选中文件“练习 1. txt”,单击鼠标右键,选择快捷菜单“属性”命令,弹出“属性”对话框，如图2-16所示，在属性栏中选中“隐藏”复选框，单击“确定”按钮。

(3)修改文件选项。在“我的电脑”窗口中选择菜单“工具”→“文件夹选项”命令，弹出“文件夹选项”对话框，选择“查看”选项卡，选中“显示所有文件和文件夹”，如图2-17所示，单击“确定”按钮。

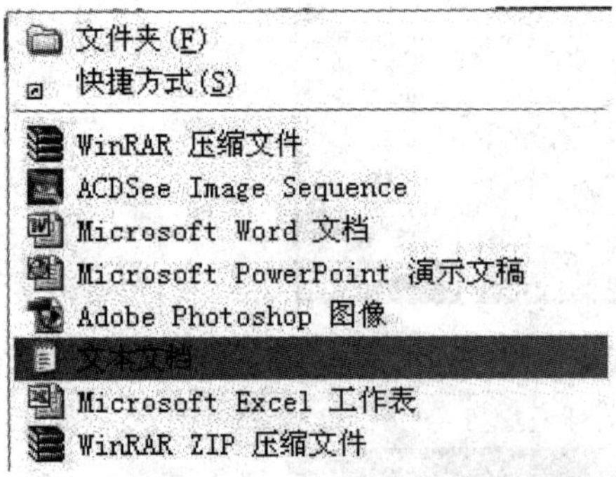

图2-15　建立“练习1.txt”文件

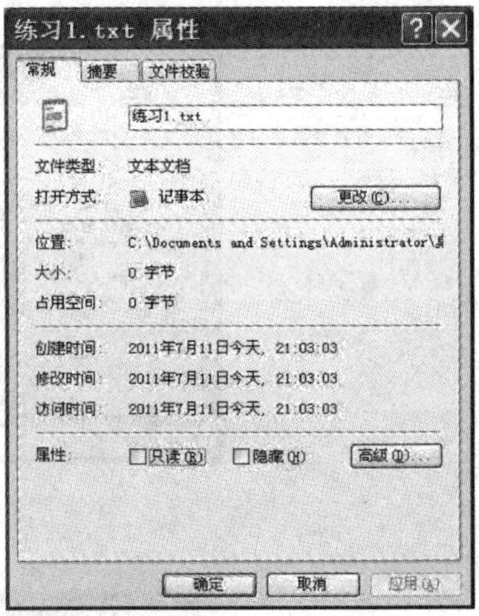

图2-16　“练习1.txt属性”对话框

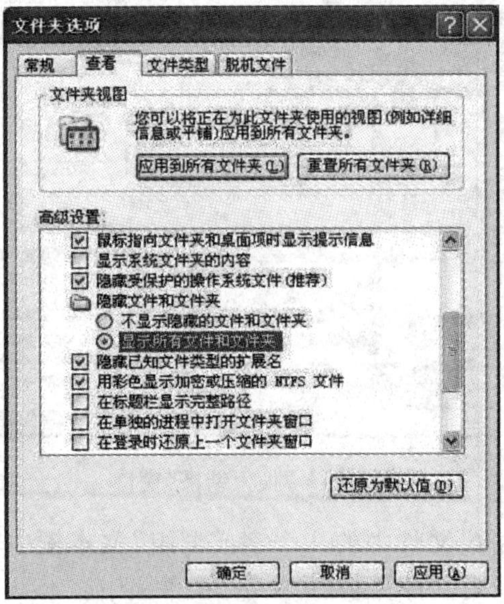

图2-17　“文件夹选项”对话框

4. 创建桌面快捷方式

选中“notepad.exe”文件，单击鼠标右键，选择快捷菜单“发送到”→“桌面快捷方式”命令，如图2-18所示，并命名为“记事本”。

5. 将“文字”文件夹设置为共享

(1)右击“文字”文件夹。

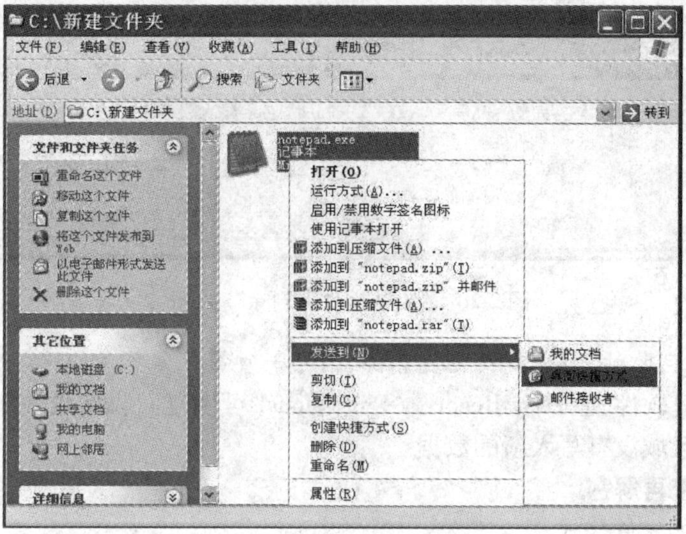

图2-18　创建快捷方式

(2)在弹出的快捷菜单中选择"共享和安全"命令,弹出"文字 属性"对话框。

(3)选择"共享"选项卡,选中"网络共享和安全"区域中的"在网络上共享这个文件夹"复选框,单击"确定"按钮,如图2-19所示。

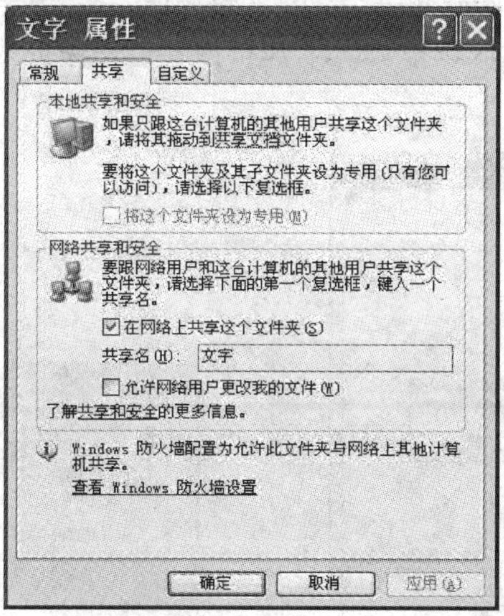

图2-19　"文字 属性"对话框

6. 删除、还原文件

(1)选中"文字"文件夹右击,执行快捷菜单中的"删除"命令,弹出删除对话框,如图2-20所示,单击"确定"按钮,将"文字"文件夹送入回收站。

(2)打开"回收站",右击"文字"文件夹,在弹出的快捷菜单中选择"还原"命令,则对刚才被删除的"文字"文件夹进行了恢复。

提示:回收站本身就是一种特殊的文件夹,存放的对象是通过删除操作移入的文件或文

图 2-20 “确认文件夹删除”对话框

件夹;如果清空了回收站,对象就被彻底删除,而不能直接恢复了。

使用数据恢复软件,如 Easy Recovery Professional 可恢复回收站内被清空的文件,但要求原文件的磁盘区域没有写入新的数据。

7. 文件夹加密再解密

1)查看磁盘的文件格式

选择 D 盘,右击,在弹出的快捷菜单中,执行“属性”命令,弹出“本地磁盘(D:) 属性”对话框,可查看磁盘的文件系统,如图 2-21 所示。

2)加密数据

选中要加密的文件夹,右击,在弹出的快捷菜单中,执行“属性”命令,弹出“文件夹 属性”对话框,选择“常规”选项卡,单击“高级”按钮,弹出“高级属性”对话框,如图 2-22 所示。在“压缩或加密属性”选项区域中,选择“加密内容以便保护数据”复选框,单击“确定”按钮。

图 2-21 “本地磁盘(D:) 属性”对话框

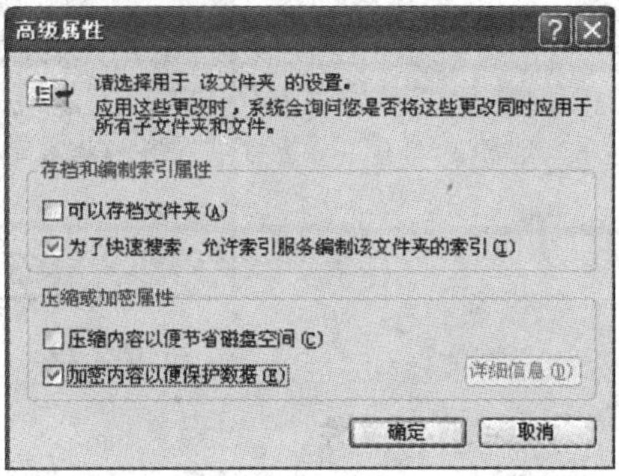

图 2-22 “高级属性”对话框

提示

(1)使用这种方法加密,被加密盘的文件系统必须为“NTFS”文件系统。加密之后,当其他账户登录此计算机时,将无法打开此文件夹。

(2)如果需要解密文件夹,在“高级属性”对话框中取消“加密内容以便保护数据”复选框即可。

(3)“我的文档”文件夹是 Windows XP 直接为当前用户加密的文件夹,当以其他用户身份登录时,将无法看到当前用户建立的“我的文档”文件夹。

(4)也可以使用其他加密软件对文件夹进行加密,如采用 WinRAR 加密压缩后,必须使用密码才可以打开文件或文件夹。

知识技能要点

1. 文件的命名

在 Windows XP 中,对文件的命名有如下规定。

(1)文件名由主文件名与扩展名两部分组成,扩展名可以省略。一般情况下,主文件名与扩展名之间用“.”分隔,即文件名的格式为:主文件名.扩展名。

(2)文件名支持长文件名,最多可使用 255 个字符,但不能使用系统保留的设备名。

(3)文件名不区分大小写。

(4)文件名中可以使用汉字、数字字符 0 ~ 9、英文字符 A ~ Z 和 a ~ z,还可以使用空格字符和加号(+)、逗号(,)、分号(;)、左右方括号([ ])和等号(=),但不允许使用尖括号(< >)、正斜杠(/)、反斜杠(\)、竖杠(|)、冒号(:)、双撇号(″)。

(5)文件的扩展名由 3 个字符组成,用来标明文件的类型。

(6)查找文件时可使用通配符“*”和“?”,其中“*”表示多个字符,“?”表示一个字符。

提示:文件或文件夹名的命名应尽量做到见名知义。

2. 文件属性

文件属性反映的是文件的特征信息,一般包括时间属性、空间属性和操作属性。

3. 文件或文件夹的管理途径

在 Windows XP 中,文件或文件夹的管理可以通过两种方法实现,一种是通过“我的电脑”中的文件夹窗口,另一种是通过“Windows 资源管理器”。

1)通过“我的电脑”中的文件夹窗口进行管理

在“我的电脑”窗口中双击要操作的磁盘图标即可打开该盘上相应的文件夹窗口,如果需要还可以依次打开其下的各级子文件夹。

2)通过“Windows 资源管理器”进行管理

“Windows 资源管理器”是一个查看和管理系统中所有文件和资源的文件管理工具。通过它可以管理硬盘、映射网络驱动器、外围驱动器、文件和文件夹,还可以查看控制面板和打印机的内容、浏览 Internet 的主页。

由于“Windows 资源管理器”在一个窗口之中集中了所有资源,利用它可以很方便地在不同资源之间进行切换并实施操作。

单击“开始”按钮,选择“所有程序”子菜单中的“附件”→“Windows 资源管理器”,即可启动“Windows 资源管理器”。

“Windows 资源管理器”窗口有两个窗格。

左窗格是文件夹,以树形结构列出了系统中所有的资源。有些文件夹的前面有“+”标记,该标记表示在此文件夹下还有下一级子文件夹。单击该标记后,便展开其下一级子文件或子文件夹,该文件夹前面的标记变为“-”。

右窗格是文件夹的内容框,显示当前选定文件夹中子文件和子文件夹等内容,亦可以将其看成是一个文件夹窗口。

3)“我的电脑”和“Windows 资源管理器”的比较

“我的电脑”和“Windows 资源管理器”都可用来管理计算机中的文件,只是它们显示的形式不同,“Windows 资源管理器”显示得更详细一些,而“我的电脑”显示得则简单一些。

根据下面对“我的电脑”和“Windows 资源管理器”的简单比较,可以了解在什么情况下使用什么方式管理系统资源是最佳的。

(1)“Windows 资源管理器”可以比“我的电脑”管理更多的系统资源。

(2)“我的电脑”适于浏览资源和单文件夹操作,“Windows 资源管理器”适于多文件夹操作。

(3)“我的电脑”为每个文件夹打开一个窗口,比较适合浏览每个文件夹的内容和对一个文件夹的内容进行操作,如删除、重命名文件等;“Windows 资源管理器”因为有左右两个窗格,更适合于不同文件夹之间的操作,如从一个文件夹复制文件到另一个文件夹等。

4. 选择文件或文件夹

如果只是选取单个文件或文件夹,只需用鼠标单击该文件或文件夹即可。倘若选取多个文件或文件夹,则可以采用以下方法。

当选择非连续的多个文件或文件夹时,在按住[Ctrl]键的同时,用鼠标逐个单击要选取的文件。

当选择连续的多个文件或文件夹时,可用以下 3 种方法实现。

(1)在按住[Shift]键的同时,分别单击同一直线上(包括对角线)的首、尾两个文件,即可将首、尾两个文件和它们中间的一系列文件全部选定。

(2)用鼠标拖曳出一个方框选取文件,在方框内的文件都将被选定。

(3)如果用户需要选取窗口中所有的文件,也可以采取两种方法实现。一种是选择菜单“编辑” → “全部选定”命令;另一种方法是将鼠标置于窗口的空白处,按下[Ctrl] + [A]组合键。

5. 创建新文件、新文件夹及文件的快捷方式

1)创建新文件

在“我的电脑”窗口或“Windows 资源管理器”的左窗格中,选定新文件所在的文件夹,选择菜单“文件” → “新建”命令,从弹出的子菜单中选取文件类型,窗口中出现具有临时名称的文件,键入新的文件名称,按[Enter]键或用鼠标单击其他地方完成操作。

2)创建新文件夹

创建新文件夹的方法有两种。

(1)选定新文件夹所在的位置,选择菜单“文件” → “新建”→“文件夹”命令,窗口中出现临时名称的文件夹,键入新的文件夹名称,按[Enter]键或用鼠标单击其他地方完成操作。

(2)选定新文件夹所在的位置,在空白处单击鼠标右键,从弹出的快捷菜单中选择“新建” → “文件夹”命令,亦能创建新文件夹。

3)创建文件的快捷方式

当为一个文件创建快捷方式后,就可以使用该快捷方式直接打开文件或运行程序。创建快捷方式的步骤如下。

(1) 选定要创建快捷方式的文件或文件夹。

(2) 选择菜单“文件” → “新建(W)” → “快捷方式”命令,在弹出的对话框中的“请键入项目的位置”文本框中输入要创建快捷方式文件的路径和名称,或通过“浏览...”按钮选择目标位置。

(3) 单击“下一步”按钮,输入快捷方式文件的名称,选择快捷方式的图标,从而完成快捷方式的创建。

也可以选中该文件,单击鼠标右键,在快捷菜单中选择“创建快捷方式”命令,可方便快速地为文件创建快捷方式。

6. 复制、剪切文件或文件夹

(1)选定要复制、剪切的文件或文件夹。

(2)单击鼠标右键,在快捷菜单中选择“复制”或“剪切”命令,然后在目标文件夹中空白处单击右键,选择“粘贴”命令即可。

复制、剪切还可以使用“移动”的方法实现。

如果文件或文件夹移动的始末位置在同一驱动器下,按住[Ctrl]键不放,用鼠标将选定的文件或文件夹拖曳到目标位置,完成的是“复制”操作;若不按[Ctrl]键,完成的是同一驱动器下的“剪切”操作。

值得说明的是,复制与剪切操作均可以完成文件或文件夹的移动并在“剪切板”上留有备份,不同的是复制操作后原始位置仍保留原文件或文件夹,而剪切操作后原文件或文件夹消失。

7. 文件的搜索

在实际操作中,经常会遇到这样的情况:不太清楚文件或文件夹所在位置或不太清楚文件或文件夹的准确名称。此时,使用 Windows XP 提供的搜索功能,可很快找到目标。

可以采用两种方法实现文件的搜索。

(1)在“开始”菜单中选择“搜索”命令,打开“搜索”窗口,在左窗格中按提示信息输入尽可能翔实的内容后,按“立即搜索”按钮即可。

(2)在“Windows 资源管理器”中进行搜索,可以单击窗口工具栏中的“搜索”按钮,待窗口变为文件搜索窗口后,按照搜索窗口的提示输入相应信息,即可进行搜索操作。

无论采用哪种方法,在搜索时可以给出日期、类型、大小等选项,以便对搜索范围进行限定。在不太清楚文件或文件夹的准确名称的情况下,可以使用通配符“*”和“?”来代替字符进行搜索。

案例3　设置个性化的工作环境

🕮案例描述

自行设置与改变桌面、任务栏、“开始”菜单等的默认状态,设计自己喜爱的工作环境。通过学习本案例,应基本做到以下几点。

(1)会改变桌面背景。

(2)能改变窗口配色方案(主题)。

(3)能设置屏幕分辨率。

(4)能设置屏幕保护程序。

实现本案例的操作如下。

(1)设置“Wallpaper. bmp”图像为桌面背景图案,“位置”选择“拉伸”。

(2)设置窗口的外观“色彩方案”为“银色”。

(3)调整显示器的分辨率(如 1 024 ×768 像素)、真彩色(32 位)、屏幕刷新频率(如 60 Hz)。

(4)设置屏幕保护程序,“屏幕保护程序”选择“三维文字”,等待时间为 10 min。

(5)设置系统时间。

(6)创建一个名为 admin 的管理员账户和一个名为 student 的受限账户。

案例实现

1. 设置桌面背景图案

(1)选择“开始” → “控制面板”命令,打开“控制面板”窗口,在“控制面板”窗口中,控制面板的显示类型设为经典视图,双击“显示”图标;或者在桌面空白处右击,在弹出的快捷菜单中选择“属性”命令,弹出“显示 属性”对话框,选择“桌面”选项卡,如图 2-23 所示。

图 2-23 “显示 属性”对话框

(2)设置桌面背景。在“桌面”选项卡中,单击“浏览”按钮,定位“系统设置”文件夹,选择“Wallpaper. bmp”图像文件,在“位置”下拉列表框中,选择“拉伸”, 单击“应用”按钮,即可完成设置桌面背景的操作。

在“位置”下拉列表框中,有 3 个选项,其含义如下。

“居中”,表示按图片原尺寸将图片放在屏幕中央。

“平铺”,表示按图片原尺寸排列一幅或多幅图片,使之充满屏幕。

“拉伸”,表示将图片按照屏幕尺寸进行双向拉伸,使之充满屏幕。

2. 设置窗口外观

(1)在“显示 属性”对话框中选择“外观”选项卡,对话框如图 2-24 所示,在“窗口和按钮”下拉列表中选择所需的窗口样式。

(2)在“色彩方案”下拉列表中选择所需的背景颜色和渐变颜色。

图 2-24　“外观”选项卡

(3)在“字体大小”下拉列表中选择桌面图标文字的大小等。

(4)单击“应用”或“确定”按钮完成设置。

3. 设置显示器属性

(1)在“显示 属性”对话框中选择“设置”选项卡,对话框如图 2-25 所示。

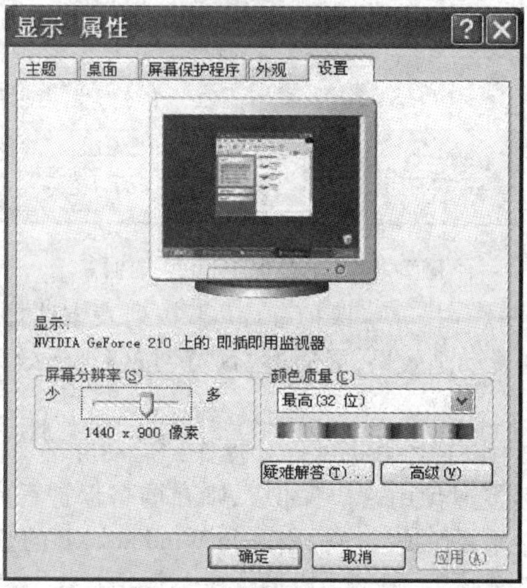

图 2-25　“设置”选项卡

(2)通过拖动滑块来设置显示器的分辨率。分辨率表示像素点的多少,其范围取决于计算机显示器的性能。分辨率越高,像素点越多,可显示的内容越多,所显示的对象越小。普通的适配器和显示器通常有 3 种分辨率可供选择:640 ×480、800 ×600、1 024 ×768;高品质的适配器和显示器的分辨率还会有 1 152 ×864、1 280 ×1 024、1 600 ×1 200 等选择。

(3)颜色质量一般有中(16 位)、最高(32 位),用户可以根据计算机的性能和自己的需求选择。

(4)单击“高级”按钮,弹出“即插即用监视器”对话框,选择“监视器”选项卡,可以设置屏幕刷新的频率,一般为60 Hz,若频率值太高,将会出现黑屏;若频率值太低,则屏幕会出现闪烁。

(5)按“确定”按钮完成设置。

4. 设置屏幕保护程序

当用户在一段时间内不使用计算机时,屏幕信息自动锁住并隐藏,取而代之的是移动位图或图案,即启动了屏幕保护程序。屏幕保护程序可以在一定程度上保护用户信息安全并减少电能消耗。

设置屏幕保护程序,可在“显示 属性”对话框中选择“屏幕保护程序”选项卡,对话框如图2-26所示。

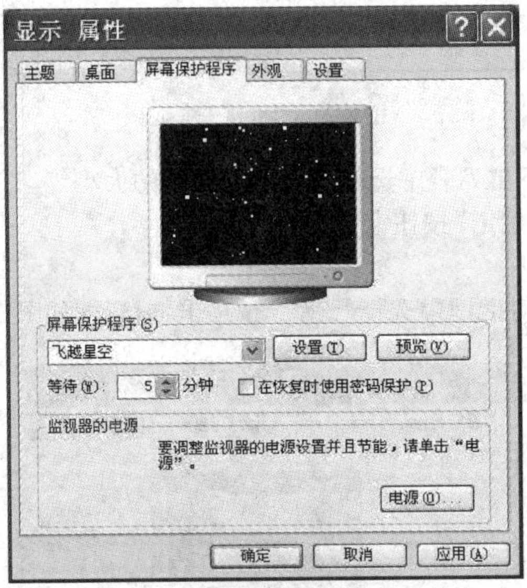

图2-26 “屏幕保护程序”选项卡

(1)选择屏幕保护程序。在“屏幕保护程序”下拉列表中选择不同的动画名称,并通过对话框中的模拟显示器观看动画效果,或通过“预览”按钮观看效果。如果要优化屏幕保护程序,可单击“设置”按钮。

(2)在“等待”列表框中设置计算机从停止操作到启动屏幕保护程序的间隔时间。

(3)选定复选框“在恢复时使用密码保护”,则在屏幕保护程序终止并恢复原状态时计算机要求验证启动密码。屏幕保护程序的密码与Windows XP的登录密码相同,如果不知道用户在CMOS中设置的登录密码,则无法取消该屏幕保护程序,从而起到安全保护计算机及个人信息的作用。

(4)单击“应用”或“确定”按钮完成设置。

5. 设置系统时间

将鼠标指向Windows XP桌面右下角的日期和时间标志项,单击右键,选择“调整日期/时间”命令,将会出现如图2-27所示的对话框。

选择“时区”选项卡,进行时区设置。之后,选择“时间和日期”选项卡,进行时间和日期

图 2-27　时间和日期设置对话框

的设置。

6. 创建管理员账户和受限账户

(1)在“控制面板”窗口中,双击“用户账户”图标,弹出“用户账户”窗口,如图 2-28 所示,单击“创建一个新账户”选项。

(2)弹出“为新账户起名”窗口,在名称文本框中输入“admin”,如图 2-29 所示,单击“下一步”按钮。

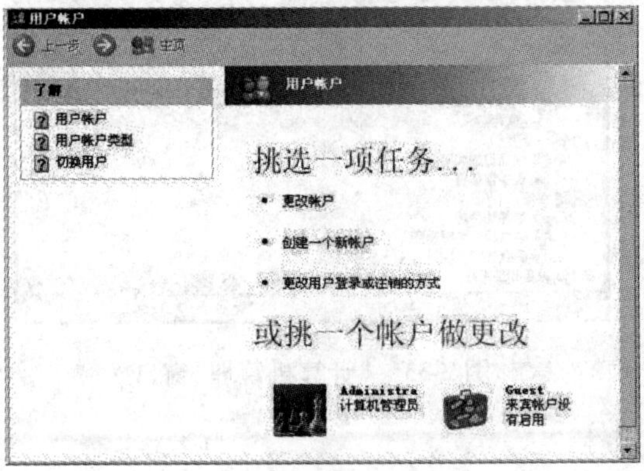

图 2-28　“用户账户”窗口

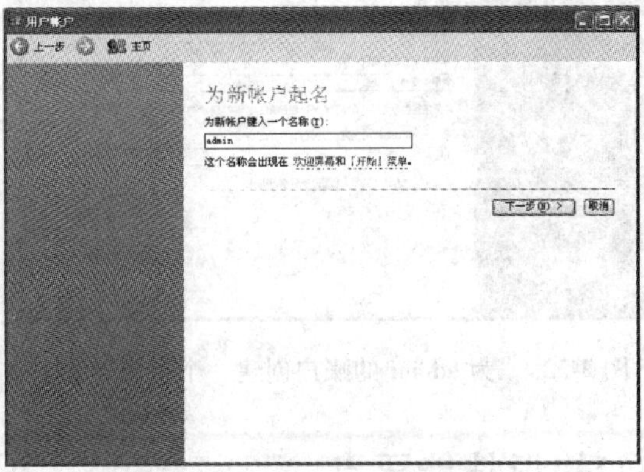

图 2-29　“为新账户起名”窗口

(3)在“挑选一个账户类型”窗口中,选中“计算机管理员”单选按钮,如图 2-30 所示。单击“创建账户”,完成账户的创建。

(4) 在“用户账户”窗口中,单击新创建的 admin 用户,弹出“您想更改 admin 的账户的什么?”窗口,如图 2-31 所示,单击“创建密码”选项。

(5) 弹出“为 admin 的账户创建一个密码”窗口,在“输入一个新密码”与“再次输入密码以确认”文本框中,两次输入密码“admin”,如图 2-32 所示,单击“创建密码”按钮。

(6) 要创建一个受限账户,只要在“挑选一个账户类型”窗口中选中“受限”单选按钮,其他步骤与上述操作相同。

提示:要创建一个受限账户,必先创建一个计算机管理员账户。另外,通过选择“控制面板”→“管理工具”→“计算机管理”命令,打开“计算机管理”窗口,在窗口中也可以直接建立账户，如图 2-33 所示。

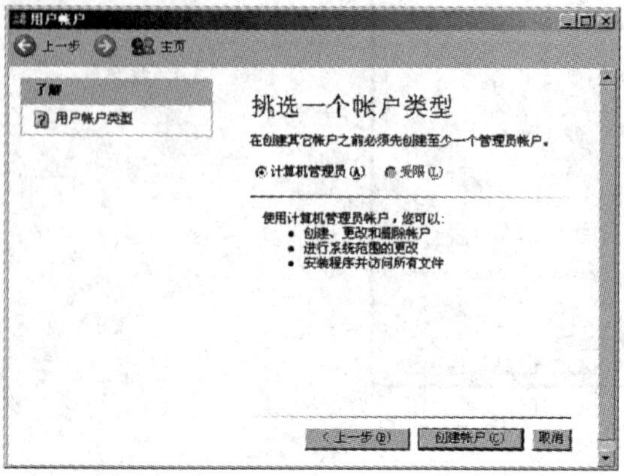

图 2-30 “挑选一个账户类型”窗口

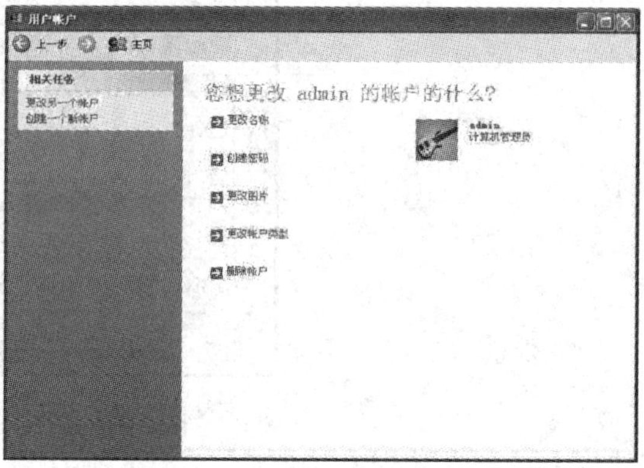

图 2-31 “您想更改 admin 的账户的什么?”窗口

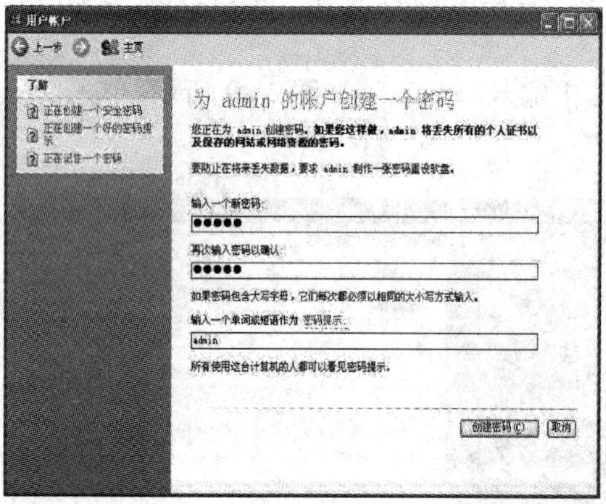

图 2-32 “为 admin 的账户创建一个密码”窗口

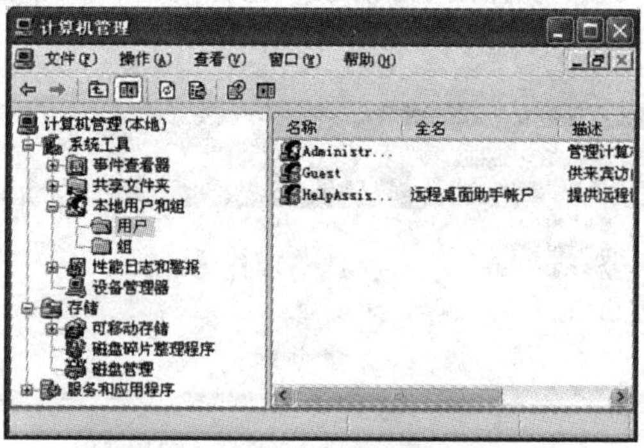

图 2-33 “计算机管理”窗口

📖知识技能要点

中文输入法安装操作如下。

(1)安装“搜狗拼音输入法”。

运行“搜狗拼音输入法”安装程序，用鼠标双击安装图标，按步骤向导提示进行安装。

(2)打开“控制面板”窗口。

选择“开始” → “控制面板”命令，弹出“控制面板”窗口，如图 2-34 所示。

(3)打开“文字服务和输入语言”对话框。

在“控制面板”窗口中，双击“区域和语言选项”图标。弹出“区域和语言选项”对话框，选择“语言”选项卡，单击“详细信息”按钮，弹出“文字服务和输入语言”对话框，选择“设置”选项卡，如图 2-35 所示。

(4) 删除输入法。

在“设置”选项卡中，选择“已安装的服务”区域中“中文(简体) - 搜狗拼音输入法”选项，单击“删除”按钮，完成输入法的删除，再单击“确定”按钮。

图 2-34 “控制面板”窗口

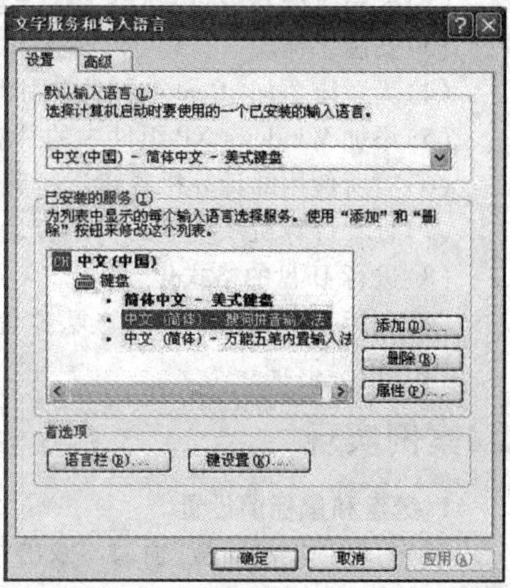

图 2-35 “文字服务和输入语言”对话框

提示

(1)如果事先没有安装某种输入法，则必须安装后才能使用，如搜狗拼音输入法。

(2)右击 Windows XP 任务栏右下角的“输入法指示器”，弹出快捷菜单，选择“设置”命令，可以直接弹出“文字服务和输入语言”对话框。在“首选项”选项区域中，单击“语言栏...”按钮，在弹出的“语言栏设置”对话框中，通过选中或者取消选中“在桌面上显示语言栏”复选框，可以在任务栏中显示或者隐藏语言栏图标。

(3)删除输入法不等于卸载输入法，只是把事先安装了的输入法设置为开机时不启用该输入法。

案例 4 提高 Windows XP 的系统性能

🕮案例描述

Windows XP 操作系统除了能出色地完成操作系统的工作外，还为用户提供了一个硬件管理工具，即“控制面板”，提高系统性能的设置可基本在“控制面板”中进行。通过学习本案例，应基本做到以下几点。

(1)对键盘、鼠标进行设置。

(2)安装打印机。

(3)安装字体。

(4)添加或删除应用程序。

(5)添加或删除系统组件。

(6)对磁盘进行碎片整理。

完成本案例的操作有以下几项。

(1)加快鼠标单击的响应速度。

(2)在系统中安装“EPSON DLQ－2000K”型打印机。

(3)安装字体。

(4)为系统添加“Realplayer”应用程序,并删除“暴风影音”应用程序。

(5)添加 Windows XP 组件中的游戏。

(6)对所使用的计算机磁盘进行碎片整理。

(7)查看计算机系统盘的可用容量。

(8)进行 U 盘的格式化。

(9)利用系统提供的功能修复 C 盘中存在的系统错误。

(10)磁盘清理。

🕮案例实现

1. 键盘和鼠标的设置

(1)打开 “控制面板”窗口。双击“键盘”图标,即可打开“键盘 属性”对话框,如图 2-36 所示。

(2)选择“速度”选项卡,可以改变键盘的响应速度。其中,“重复延迟”指按下一个键后多长时间等同于再次按了该键;“重复率”是指长时间按住一个键后重复录入该字符的速度。“光标闪烁频率”选项可以改变光标闪烁的快慢。

(3)选择“硬件”选项卡,可显示硬件的信息和驱动程序等,如图 2-37 所示。

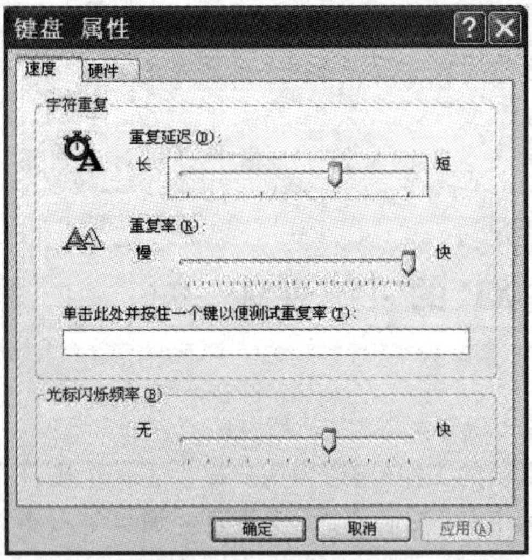

图 2-36 “速度”选项卡

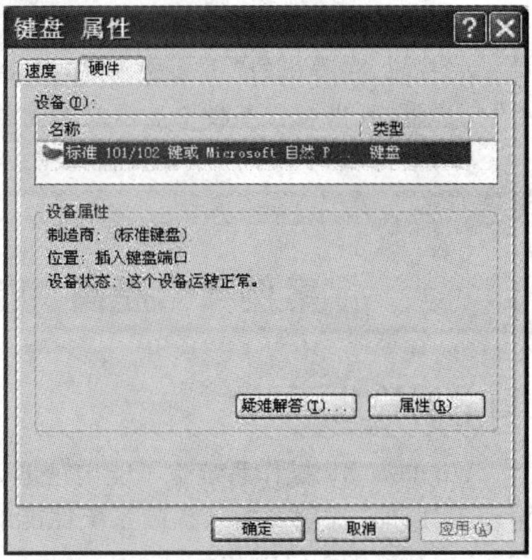

图 2-37 “硬件”选项卡

(4)在“控制面板”窗口中,双击“鼠标”图标,即可打开“鼠标 属性”对话框,对鼠标进行设置,如图 2-38 所示。

Windows XP 的“鼠标 属性”对话框中有 5 个选项卡,可以分别对鼠标键、指针、指针选项、轮及硬件进行设置。

2. 安装打印机

(1)双击“控制面板”窗口中的“打印机和传真”图标,或选择“开始” → “打印机和传

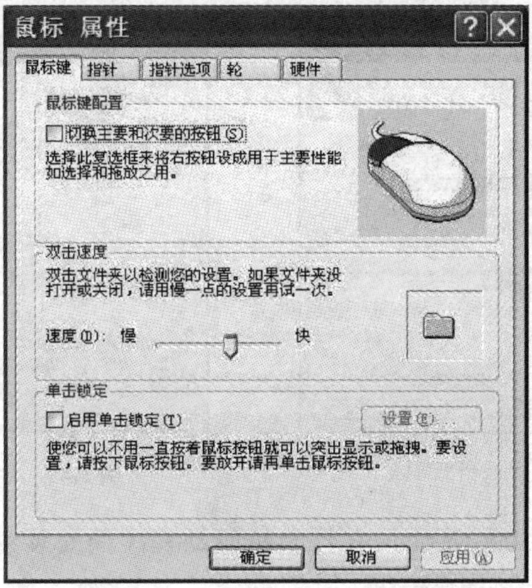

图2-38　“鼠标 属性”对话框

真”命令，打开“打印机和传真”窗口。

(2)单击窗口左侧“打印机任务”中的“添加打印机”链接，启动“添加打印机向导”，如图2-39所示。单击“下一步”按钮，按向导提示进行安装。

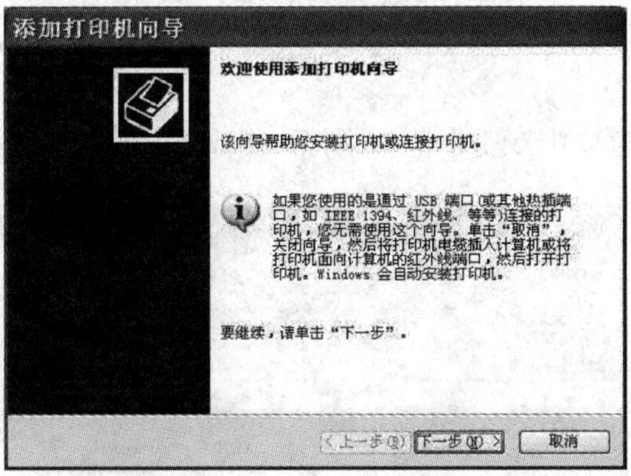

图2-39　“添加打印机向导”对话框

(3)打开“本地或网络打印机”对话框，选择安装本地打印机还是网络打印机。如果打印机要连接到当前计算机上，应选择本地打印机；如果想在本机上使用网络中其他打印机，应选择网络打印机，单击“下一步”按钮。

(4)打开“新打印机检测”对话框，系统搜索即插即用打印机，如果搜索到，则自动安装该打印机的驱动程序，打印机的安装过程结束。如果出现“未能检测到即插即用打印机”信息提示，则需手动安装打印机，单击“下一步”按钮，手动选择端口。

(5)打开如图2-40所示对话框，选择打印机使用的端口。设置完成后单击“下一步”按钮。

(6)打开如图2-41所示对话框，在“厂商”列表中选择“Epson”，然后在右侧“打印机”列

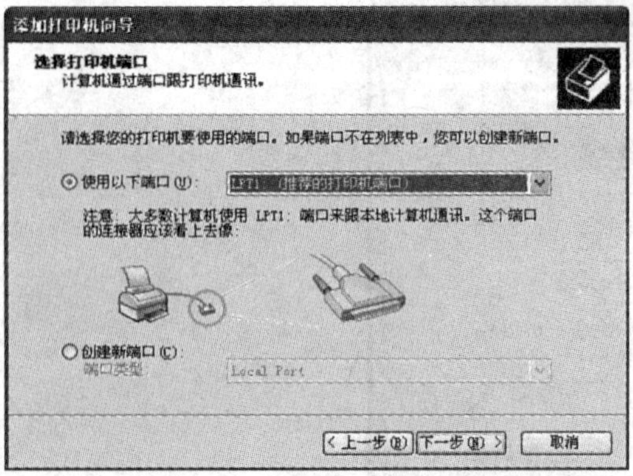

图 2-40 “选择打印机端口”向导

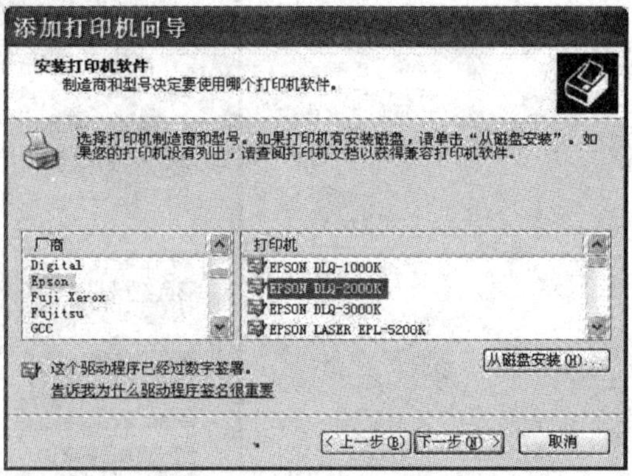

图 2-41 “安装打印机软件”向导

表中选择 EPSON DLQ－2000K；如果有打印机驱动程序的安装盘，也可以选择“从磁盘安装”。设置完成后单击“下一步”按钮。

（7）打开“命名打印机”对话框，为打印机指定一个名称，选择是否将该打印机设为默认打印机。设置完成后单击“下一步”按钮。

（8）打开“打印机共享”对话框，设置是否在网络中共享该打印机。设置完成后单击“下一步”按钮。

（9）打开“打印测试页”对话框，选择安装后是否打印测试页，以便检验安装是否成功。设置完成后单击“下一步”按钮。单击“完成”按钮结束安装。

3. 安装字体

（1）在“控制面板”窗口中双击“字体”图标，出现如图 2-42 所示的“字体”安装窗口。

图 2-42 “字体”安装窗口

（2）执行菜单“文件”→“安装新字体”命令，出现如图 2-43 所示的“添加字体”对话框。

(3)在“添加字体”对话框中的“驱动器”和“文件夹”中选择新字体所在的驱动器和文件夹,在“字体列表”中选择所需的字体,单击“确定”按钮即可。

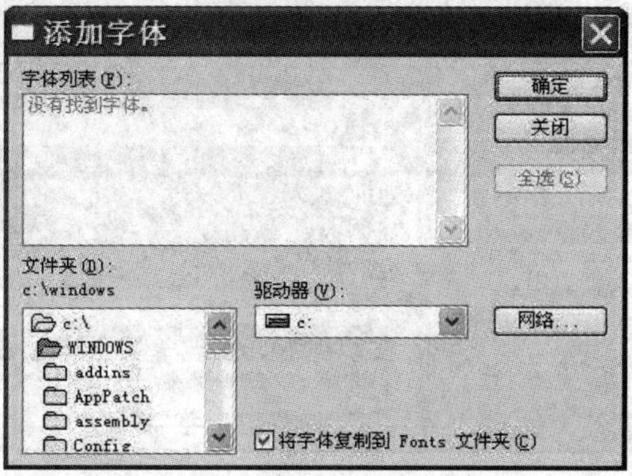

图 2-43　“添加字体”对话框

4. 添加和删除应用程序

1)添加应用程序

(1)在“控制面板”窗口中双击“添加或删除程序”图标,打开“添加或删除程序”窗口。

(2)单击左侧“添加新程序”按钮,单击右侧“CD 或软盘”按钮。

(3)插入装有“RealPlayer”应用程序的软盘或光盘,单击“下一步”按钮,安装程序将自动检查各个驱动器,对安装进行定位。

(4) 如果自动定位不成功,将弹出“运行安装程序”对话框。此时,既可以在“安装程序的命令行”文本框中输入安装程序的位置和名称,也可以用“浏览”按钮定位安装程序。如果定位成功,单击“完成”按钮,系统就开始安装应用程序。

(5)安装结束后,单击“确定”按钮即可。

2)删除应用程序

在“当前安装的程序”列表框中选择“暴风影音”应用程序,如图 2-44 所示,然后单击“删除”按钮,即可将选定的应用程序从系统中彻底删除,在“程序名称”列表框中不再显示该程序。

5. 添加或删除系统组件

Windows XP 系统含有功能齐全的组件。在安装 Windows XP 系统的过程中,考虑到用户的需求或其他条件的限制,往往不将系统提供的组件一次性全部装入。因而,在需要时,用户可自行安装某些组件。同样,当不再需要某些组件时,也可以删除这些组件,以便释放它们占用的空间。其操作步骤如下。

(1)在“添加或删除程序”窗口中,单击左侧“添加/删除 Windows 组件”按钮,弹出“Windows 组件向导”对话框,如图 2-45 所示。

(2)在“组件”列表框中,选定要安装的组件,如勾选“附件和工具”复选框,单击“详细信息”按钮,在弹出的对话框中勾选“游戏”,如图 2-46 所示。

(3)单击“确定”按钮,系统即可开始安装或删除选定的组件。

6. 磁盘碎片整理

通常情况下,计算机会在第一个连续的、足够大的可用空间上存储文件,如果没有足够

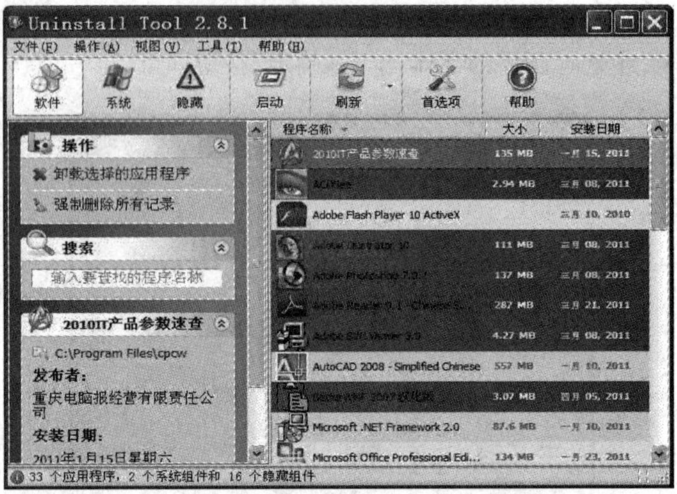

图 2-44 “添加或删除程序”窗口

图 2-45 “Windows 组件向导”对话框

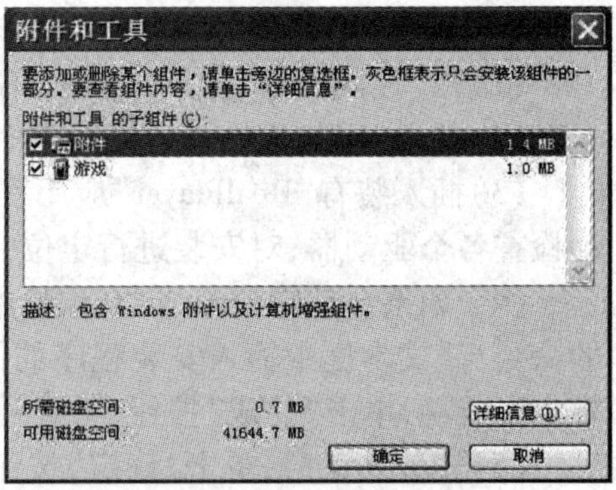

图 2-46 “附件和工具”对话框

大的可用空间，计算机会将尽可能多的文件保存在有最多可用空间的位置上，然后将剩余数据保存在下一个开通空间上，并依此类推。由于不断地删除、添加文件，经过一段时间后，就会形成一些物理位置不连续的文件，这就是磁盘碎片。虽然碎片不影响数据的完整性，但却降低了磁盘的访问效率。

Windows XP 系统的“磁盘碎片整理”功能可以高效地分析磁盘，合并碎片文件或文件夹，重新整理磁盘文件，并将每个文件存储在一个单独而连续的磁盘空间中，并且将最常用的程序移到访问时间最短的磁盘位置，以加快程序的启动速度。对磁盘进行碎片整理的步骤如下。

(1)选择“开始”→“所有程序”→“附件”→“系统工具”→“磁盘碎片整理程序”命令，打开“磁盘碎片整理程序”对话框，如图 2-47 所示。

(2)“磁盘碎片整理程序”窗口的上部列出了计算机中所有的磁盘驱动器，单击要进行碎片整理的磁盘驱动器，如 D 盘。

(3)在对磁盘进行整理之前，建议用户首先单击“分析”按钮对选定的磁盘进行分析，分析完毕后，系统自动给出“分析报告”对话框，如图 2-48 所示，提示用户是否需要对磁盘进行碎片整理。

(4)如果系统建议进行碎片整理,则单击“碎片整理”按钮,计算机开始进行碎片整理。

(5)在磁盘碎片整理过程中,用户可以单击“停止”按钮,终止当前的操作;也可以单击“暂停”按钮,暂时中断当前的操作,待单击“恢复”按钮后再继续暂停的操作。

(6)磁盘碎片整理完成后,系统会打开一个对话框,用户可单击其中的“查看报告”按钮,查看碎片整理情况。

(7)单击“关闭”按钮,结束磁盘碎片整理操作。

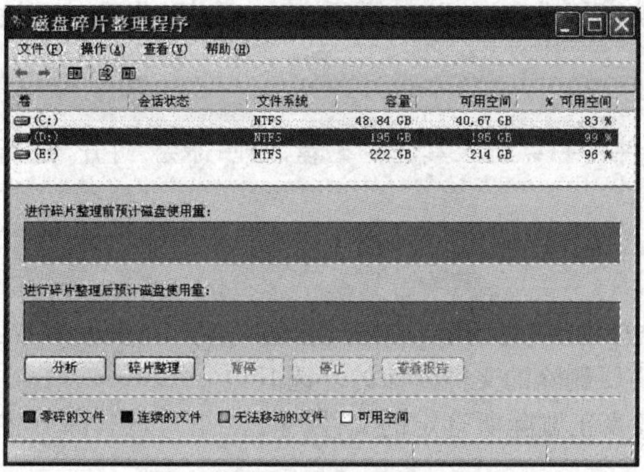

图2-47　“磁盘碎片整理程序”对话框

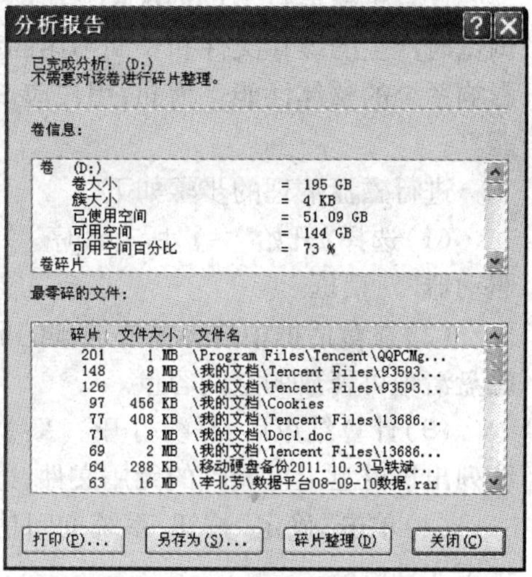

图2-48　“分析报告”对话框

7. 查看磁盘容量

(1)在桌面上双击“我的电脑”图标,打开“我的电脑”窗口。

(2)右击要查看的磁盘驱动器图标,在弹出的快捷菜单中选择“属性”命令,打开该磁盘的“属性”对话框,在其中可以了解当前磁盘文件系统的类型和磁盘空间总容量、磁盘空间占用量及可用的剩余空间量。

(3)如果只查看磁盘(不包括软磁盘)的总容量和可用的剩余空间量,可用鼠标单击要查看的磁盘驱动器图标,在窗口底部的状态栏左侧会显示相关信息。

8. 磁盘格式化

以格式化U盘为例,操作如下。

(1)将U盘通过USB接口与计算机相连。

(2)在桌面上双击“我的电脑”图标,打开“我的电脑”窗口。

(3)选定U盘的图标,选择菜单“文件”→“格式化”命令,或右击该磁盘驱动器图标,从弹出的快捷菜单中选择“格式化”命令。

(4)单击“确定”按钮。

9. 磁盘检查

磁盘检查主要实现文件系统的错误检查和硬盘坏扇区的修复功能,操作步骤如下。

(1)双击“ 我的电脑”图标,打开“我的电脑”窗口。

(2)右击要检查的磁盘驱动器,从弹出的快捷菜单中选择“属性”命令,打开“属性”对话框。

(3)单击“工具”选项卡,在“查错”区域单击“开始检查”按钮,打开“检查磁盘”对话框。

(4)在“磁盘检查选项”区域将“自动修复文件系统错误”和“扫描并试图恢复坏扇区”复选框选定。

(5)单击“开始”按钮。

10. 磁盘清理

计算机在运行 Windows XP 操作系统时,会产生系统使用的特定临时文件、用户在上网浏览时产生的缓存文件和长期不用的程序文件。这些文件不但占用大量的磁盘空间,而且影响系统的整体性能。为此,用户应该定期进行磁盘清理,以便释放磁盘空间,提高整机性能。

进行磁盘清理的步骤如下。

(1)选择“开始” →“所有程序”→“附件”→“系统工具”→“磁盘清理”命令,打开“选择驱动器”对话框。

(2)在对话框中选择需要清理的驱动器,单击“确定”按钮,计算机开始扫描文件,计算磁盘清理可释放的空间容量。

(3)计算结束后,系统打开“(X:)的磁盘清理”对话框,在“要删除的文件”列表框中,系统列出该磁盘上可删除的无用文件,选定需要删除的文件前面的复选框。

(4)单击“确定”按钮,系统询问是否要真正删除所选定的文件,单击“是”按钮,即可将选定文件删除。

🕮知识技能要点

1. 硬盘分区

硬盘分区是指将硬盘的整个存储空间划分成多个独立的存储区域,每个分区单独成为一个逻辑磁盘,分别用来存储操作系统、应用程序以及数据文件等。在对新硬盘(包括移动硬盘)做格式化操作时,都可对其进行硬盘分区操作。在实际应用中,某些操作系统只有在硬盘分区后才能使用,否则不能被识别。

就 32 位机而言,“32”这个数字除了代表字长外,还代表计算机硬盘采用 32 位表示逻辑扇区号,且每个逻辑扇区的容量上限为 2^{32},即系统可以管理的硬盘容量的上限为 2 048 GB($2^{32}\times512$ 字节)。

之所以进行分区操作,多是出于对多任务多用户操作系统的文件安全和存取速度等方面的考虑。

通常,人们会从文件存放和管理的便利性出发,将硬盘分为多个区,分别放置操作系统、应用程序以及数据文件等,如在 C 盘安装操作系统,在 D 盘安装应用程序,在 E 盘存放数据文件,在 F 盘存放备份文件。

2. 磁盘格式化

磁盘格式化是对磁盘盘片划分用以存放文件或数据的磁道和扇区,并登记各扇区地址标志的操作过程。磁盘格式化是分区管理中最重要的工作之一,操作系统和应用程序无法在未经格式化的新磁盘写入信息和读取数据。

新磁盘使用之前必须先进行格式化，旧磁盘重新使用或感染计算机病毒无法根除时也需格式化。当然对于旧磁盘的格式化操作要慎之又慎，因为一旦格式化，磁盘上的所有信息将彻底消失。

3. 文件系统

文件系统是指在硬盘上存储信息的格式。它规定了计算机对文件和文件夹进行操作处理的各种标准和机制，用户对所有文件和文件夹的操作都是通过文件系统完成的。不同的操作系统使用不同的文件系统，不同的操作系统能够支持的文件系统不一定相同。因此，硬盘分区或格式化之前，应考虑使用哪种文件系统。

Windows XP 支持 FAT16、FAT32 和 NTFS 文件系统。

案例 5　常用附件的使用

案例描述

本节为附件使用案例。通过本案例的学习，应基本做到以下几点。

(1)掌握“画图”工具的使用方法。

(2)掌握“计算器”工具的使用方法。

(3)掌握“记事本”工具的使用方法。

(4)掌握“通讯簿”工具的使用方法。

(5)掌握“写字板”工具的使用方法。

完成本案例的操作如下。

(1)将 Windows XP 桌面复制到“画图”窗口的工作区内，并以“我的桌面. bmp”为文件名保存在“D:\图片”文件夹中。

(2)利用“计算器”将十进制的 78 转换为对应的二进制数、十六进制数。

(3)利用“记事本”写个人喜欢的格言，如图 2-49 所示。

(4)使用“通讯簿”建立个人通信录。

(5)使用“写字板”写个人喜欢的格言，如图 2-50 所示。

(6)设置计算机音量的大小。

案例实现

1. 画图

“画图”程序是一个简易的图像处理软件，同时具有许多画图功能。掌握该软件的用法对学习像 Photoshop 一类的专业图像处理软件有一定帮助。特别是利用快捷键把屏幕上的图复制到剪贴板后，可以很容易地将其粘贴到“画图”窗口的工作区进行编辑，然后另存为图像文件，操作步骤如下。

(1)关闭或最小化所有打开的窗口及对话框，在键盘上按一下[PrintScreen]键。

(2)单击“开始”→“所有程序”→“附件”→“画图”，打开“画图”程序，如图 2-51 所示。执行菜单“编辑”→“粘贴”命令，即可将刚才复制的桌面图像粘贴到工作区。

(3)调整图像大小，执行菜单“文件”→“保存”命令，在“文件名”后输入“我的桌面”，并

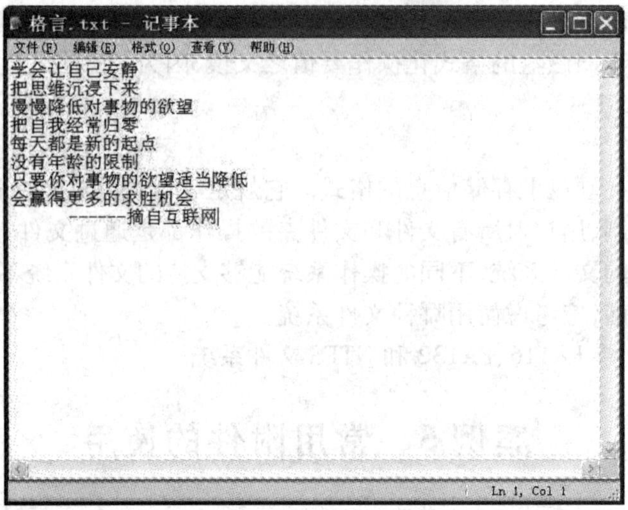

图 2-49　记事本示例

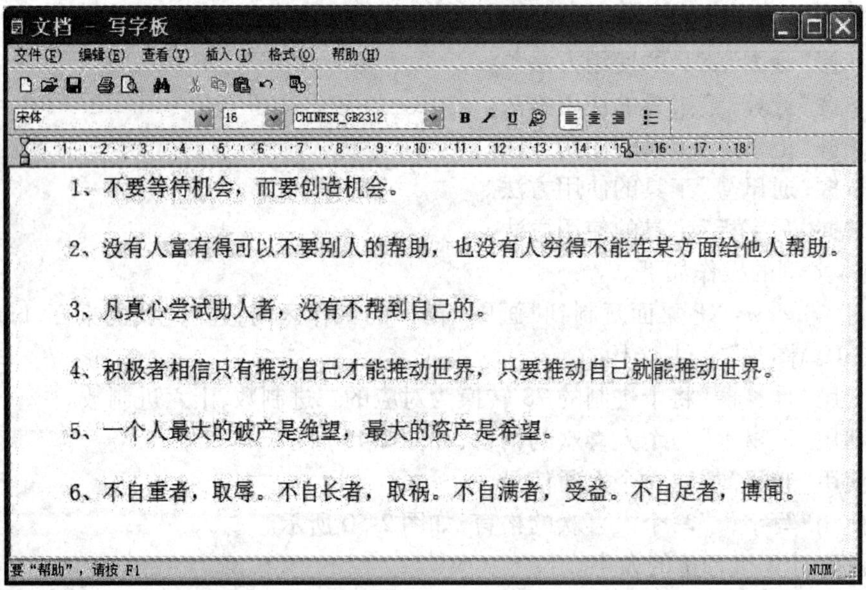

图 2-50　写字板示例

将“保存类型”选为“bmp”，单击“保存”按钮。

(4)关闭“画图”窗口。

2. 计算器

“计算器”具有电子计算器的功能。Windows XP 中的计算器有两种模式，一种是“普通型”，可进行普通的简易计算；另一种是“科学型”，除了可以完成各种计算外，还可以实现角度与弧度换算、数制转换等功能。

(1)单击“开始”→“所有程序”→“附件”→“计算器”，打开“计算器”窗口，如图 2-52 所示。

(2)选择菜单“查看” →“科学型”命令，在窗口变换之后，先单击“十进制”单选按钮，

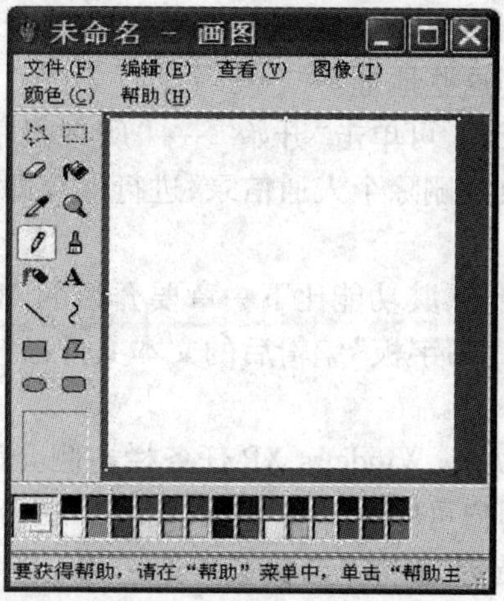

图 2-51　“画图”窗口

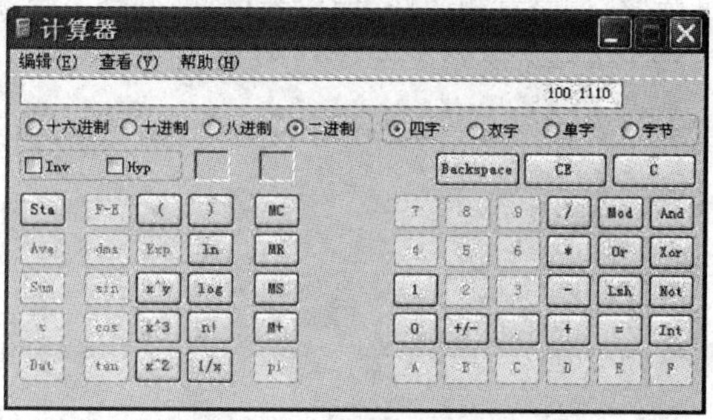

图 2-52　“计算器”窗口

并在输入框中输入“78”，然后单击“二进制”单选按钮，此时，输入框的数值就变为对应的二进制数；单击“十六进制”单选按钮，此时，输入框的数值就变为对应的十六进制数。

3. 记事本

“记事本”可处理由字母、数字、符号和汉字组成的文本文件，用户通过记事本可以创建、编辑或阅读文本文件，也可以利用它编写计算机语言源程序。

在“记事本”程序的“文件”菜单中，可以新建、打开、保存文本文件，也可以进行页面设置和打印操作；在“编辑”菜单中可以进行文档的复制、剪切、粘贴等编辑操作；通过“搜索”菜单，可以从已输入的文字中找出指定的字或词汇。

利用记事本写格言的操作步骤如下。

(1)单击“开始”→“所有程序”→“附件”→ “记事本”，打开“记事本”窗口。

(2)输入格言，如图 2-50 所示，选择菜单“文件”→“保存”命令，输入文件名后，单击“保存”按钮。

4. 通讯簿

“通讯簿”程序用于存储个人通信录，使得 Microsoft Outlook Express 等电子邮件程序易于检索。它本身也有访问 Internet 目录、在 Internet 上查找用户和商业伙伴的功能。

“通讯簿”可以存储电子邮件、家庭及单位地址、电话及传真号码、数字标志、会议信息以及生日、周年纪念日和家庭成员等个人信息。还可以存储个人和公司的 Internet 地址，并且可以直接从"通讯簿"链接到这些地址。

使用"通讯簿"建立通信录时，可单击"开始"→"所有程序"→"附件"→"通讯簿"，打开"通信簿"窗口，添加、修改或删除个人通信录，进行保存即可。

5. 写字板

"写字板"是一个文字编辑器，其功能比下一章要介绍的 Microsoft Word 简单，这里不再详述。但是，有一点必须知道，"写字板"编辑后的文本文件以"*.rtf"格式保存。

6. 音量控制

通常，在装有声卡的计算机上，Windows XP 任务栏右侧会显示一个小喇叭状的"音量控制"图标。如果没有该图标，用户可以通过单击"开始"→"控制面板"→"声音、语言和音频设备"→"声音和音频设备"，选择"音量"选项卡，勾选"将音量图标放入任务栏"复选框，单击"确定"按钮等一系列操作来建立。

用鼠标右击任务栏里的"音量控制"图标后，用户可以通过选择"打开音量控制"命令来实现对音量的控制；通过选择"调整音频属性"命令来设置、调整系统的音频属性。

第 3 章　文字处理软件的应用

Word 2003 是 Office 2003 的重要组件之一，是微软公司推出的文字处理软件，具有强大的排版功能。利用它可以制作各种文档，如通知、信函、报告、论文、简历等，也可以将各种图形和文字结合在一起，形成图文并茂的文档，比如宣传单等。Word 2003 以其友好的界面、便捷易学的操作和丰富强大的功能，深受广大用户的青睐，是现代办公室不可缺少的应用软件之一。

案例 1　制作"寒假工作安排通知"文档

案例描述

制作"关于 2011 年寒假加班和通勤安排的通知. doc"文档，在文档中输入通知内容并进行编辑、排版，结果如图 3-1 所示。

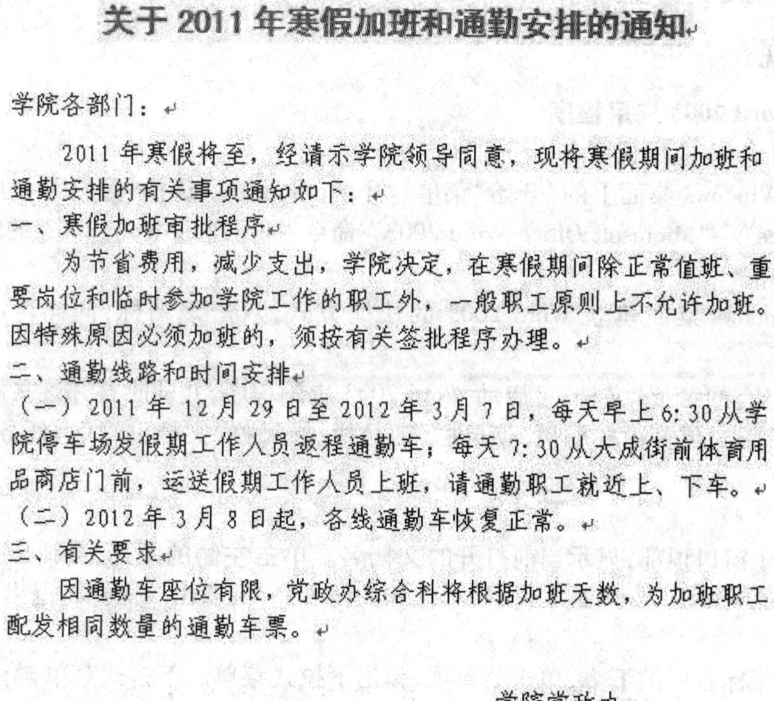

关于 2011 年寒假加班和通勤安排的通知

学院各部门：

2011 年寒假将至，经请示学院领导同意，现将寒假期间加班和通勤安排的有关事项通知如下：

一、寒假加班审批程序

为节省费用，减少支出，学院决定，在寒假期间除正常值班、重要岗位和临时参加学院工作的职工外，一般职工原则上不允许加班。因特殊原因必须加班的，须按有关签批程序办理。

二、通勤线路和时间安排

（一）2011 年 12 月 29 日至 2012 年 3 月 7 日，每天早上 6:30 从学院停车场发假期工作人员返程通勤车；每天 7:30 从大成街前体育用品商店门前，运送假期工作人员上班，请通勤职工就近上、下车。

（二）2012 年 3 月 8 日起，各线通勤车恢复正常。

三、有关要求

因通勤车座位有限，党政办综合科将根据加班天数，为加班职工配发相同数量的通勤车票。

学院党政办

二〇一一年十二月二十一日

图 3-1　文档效果图

通过学习本案例，应基本做到以下各点。

(1)熟悉 Word 界面的各个组成部分以及各种不同的视图方式。

(2)掌握新建、保存、另存为、打开以及关闭文档等基本操作。

(3)掌握文字的选定、复制、粘贴、剪切和删除操作。

(4)掌握文字的查找与替换方法。

(5)掌握文字格式和段落格式的设置方法。

实现本案例需要完成以下操作。

(1)启动 Word 2003 应用程序。

(2)将空白文档保存为"关于 2011 年寒假加班和通勤安排的通知. doc"文件。

(3)输入文字内容。

(4)设置文本的字体格式。

①标题的文字格式为:黑体、加粗、小二号、红色、间距加宽 1 磅、位置降低 1 磅。

②正文的文字格式为:仿宋、四号。

(5)设置文本的段落格式。正文的第一段的段落格式为:段前 1 行、段后 0 行、行距为固定值 21 磅。

(6)页面设置。

①设置页边距:上 2 厘米,下 2 厘米,左 2 厘米,右 1.8 厘米。

②设置纸张大小为"A4",应用于整篇文档。

(7) 关闭文档并退出 Word 2003。

🕮案例实现

1. 启动 Word 2003 应用程序

启动 Word 2003 应用程序有以下 3 种方法。

(1)使用 Windows 桌面上的"开始"菜单打开 Word 2003。选择"开始"→"所有程序"→"Microsoft Office"→"Microsoft Office Word 2003" 命令,即可进入 Word 2003 的窗口界面,如图 3-2 所示。

(2)在 Windows 桌面建立 Word 2003 的快捷方式,双击该图标,同样可以启动 Word 2003。

(3)双击已有的 Word 文档,可启动 Word 2003 应用程序,并同时打开该文件。

Word 2003 窗口界面由标题栏、菜单栏、工具栏、标尺栏、文档编辑区、任务窗格等几部分组成。

1)标题栏

标题栏位于窗口顶部,显示当前打开的文档名。单击左侧的图标,会弹出控制菜单,其中包括窗口还原、移动、大小、最大化、最小化和关闭等命令,双击该图标将退出 Word 2003。

2)菜单栏

菜单栏位于标题栏的下方,单击菜单项,弹出下拉式菜单。下拉式菜单含有若干项操作命令,每项操作命令完成一项任务。Word 2003 的菜单中有一些统一的约定,熟悉这些约定有助于了解 Word 2003 的应用。

(1)省略号。某些菜单命令后,常有省略号(...),选择该菜单项将打开一个对话框。

(2)层叠式菜单。单击该菜单将显示多个子菜单选项,其标志是命令名称后有一个三角按钮。

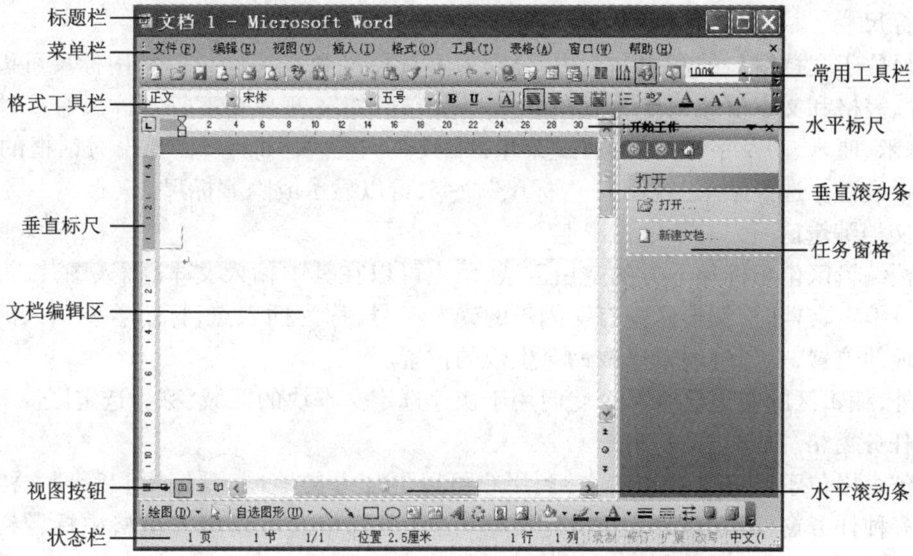

图3-2　Word 2003 窗口界面

(3)无效的命令。当菜单命令呈灰色显示时,代表它是无效的命令。

3)工具栏

Word 2003 将一些常用命令的图标集中放在菜单栏的下方,形成工具栏。如果要执行某个命令,单击工具栏中相应的按钮即可。工具栏的显示和关闭可通过菜单"视图"→"工具栏"命令来实现,如图3-3所示。

图3-3　工具栏的显示与关闭

提示:用户可以通过在工具栏的空白处单击鼠标右键,来控制各工具的显示或隐藏。

4)标尺栏

标尺位于文档窗口的左边和上边,分别为垂直标尺和水平标尺。利用标尺可以查看正文、图片、表格和文本框相对于页面的位置以及它们的宽度和高度等。标尺有多种度量单位,如毫米、厘米、磅及字符等,可通过菜单“工具”→“选项”命令,在弹出对话框的“常规”选项卡中设置。选择菜单“视图”→“标尺”命令,可以显示或隐藏标尺。

5)文档编辑区

文档编辑区位于标尺下方的空白区域,用户可以在其中输入文本、插入图片、设置文本格式等。编辑文档时,编辑区中有一闪烁的光标符号,称为插入点,标示着要插入的文字或对象出现的位置,是各种编辑修改命令生效的位置。

另外,编辑区的左边还有一个专门用于快速选定文本块的区域,称为选定区。

6)任务窗格

任务窗格位于窗口界面的右方,利用它可以更加方便地创建、编辑和管理文档。Word提供了多种任务窗格,默认的是“新建文档”的任务窗格。可以单击窗格中标题栏右侧的“▼”按钮,切换不同的工作任务,如图3-4所示。

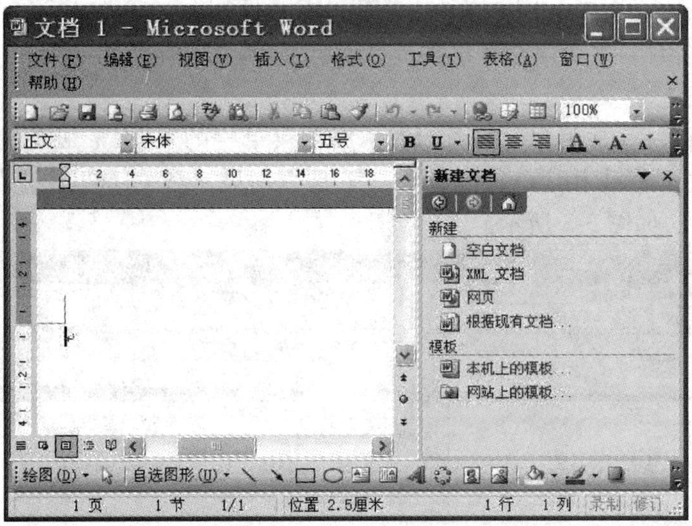

图3-4 任务窗格可以帮助操作

常用的任务窗格作用如下。

(1)使用“开始工作”任务窗格,用户可以开始新的工作。用户可以在Office Online区域到网上查找更多信息,可以在“搜索”文本框中输入关键词信息,可以从“打开”区域打开已有的文档,可以单击“新建文档...”选项创建一个新文档。

(2)使用“帮助”任务窗格,用户可访问所有“Office帮助”内容。任务窗格显示为活动应用程序的一部分。

(3)使用“搜索结果”任务窗格,用户可以在“搜索”文本框中输入关键词搜索Microsoft Office帮助信息和模板,也可以在Office Online区域到网上查找更多信息,还可以检索信息、搜索剪贴画等。

(4)使用“剪贴板”任务窗格,用户可以将文本或图片保存在剪贴板中,并显示在“剪贴板”任务窗格中,以方便使用。

(5)"剪贴画"任务窗格将剪贴画以图片的形式显示在任务窗格中,方便用户插入图片。

(6)使用"样式和格式"任务窗格,用户可以创建、查看、选择、应用和清除文本中的格式。

(7)"显示格式"任务窗格用来显示当前文本或所选中文本的格式。

(8)"邮件合并"任务窗格可以生成信函、信封、邮件标签和目录。

注意:若要在启动时显示任务窗格,可选择菜单"工具"→"选项"命令,在弹出对话框中选择"视图"选项卡,在"显示"区域选中"启动任务窗格"复选框,否则在启动时不显示此窗格。

7)状态栏

状态栏位于窗口的底部,显示当前的文本状态,如页数、节、目前所在的页数/总页数、光标所在位置的行号和列号,以及当前的工作方式,包括录制、修订、扩展、改写,指向其中一种方式双击就可进入或退出该工作方式。

8)滚动条

滚动条分为水平滚动条和垂直滚动条,移动滚动条可以浏览窗口之外的文本,显示或隐藏滚动条可以选择菜单"工具"→"选项"命令,打开对话框,在"视图"选项卡中设置。

9)视图切换方式

视图是指文档的显示方式,视图切换方式按钮位于编辑区的左下方。

(1)普通视图方式。普通视图能显示文本格式、嵌入型图片、分页、分节符等,不能显示实际页边距、页眉、页脚信息及浮于文字上方或下方的图形或其他对象,页与页之间用一条虚线分隔。普通视图简化了页面的布局,可以方便地进行文字的输入和编辑。

(2)页面视图方式。页面视图可以显示页面的边缘、分页符、分栏、垂直的标尺、页眉和页脚、图片、艺术字以及其他对象等,是一种所见即所得的工作视图,它与打印输出的形式完全一致。所以,日常行文中常用此类视图处理文字。

(3)Web 版式视图方式。Web 版式视图可将文档按照 Web 浏览器中的显示效果进行显示。

(4)大纲视图方式。大纲视图主要用于使用了标题的文档。在大纲视图中,用户能查看文档的结构,并可通过拖动标题来移动、复制和重新组织文本;还可以通过折叠文档来查看主要标题,或者展开文档以查看所有标题甚至正文内容。大纲视图中不显示页边距、页眉和页脚、图片和背景。

提示:在 Word 的所有视图中都可以打开"文档结构图",但只有在带有标题的文档中使用文档结构才显得有意义。

2. 保存文档

在 Word 2003 窗口中,选择菜单"文件"→"保存"命令,将当前文档保存为"关于 2011 年寒假加班和通勤安排的通知. doc",并存放在"D:\学生目录"中。

3. 输入文字内容

按照通知示例,输入 2011 年寒假加班和通勤安排的通知内容。

4. 设置文本的字体格式

(1)用鼠标选定"关于 2011 年寒假加班和通勤安排的通知"标题,选择"格式"→"字体"命令,在"字体"对话框的"字体"选项卡中设置标题的格式为:黑体、加粗、小二号、红色,在"预览"区域中可以看到字体设置后的效果,如图 3-5 所示。

(2)在“字体”对话框的“字符间距”选项卡中设置标题的格式为:间距加宽1磅、位置降低1磅,在“预览”区域中可以看到设置后的效果,如图3-6所示。

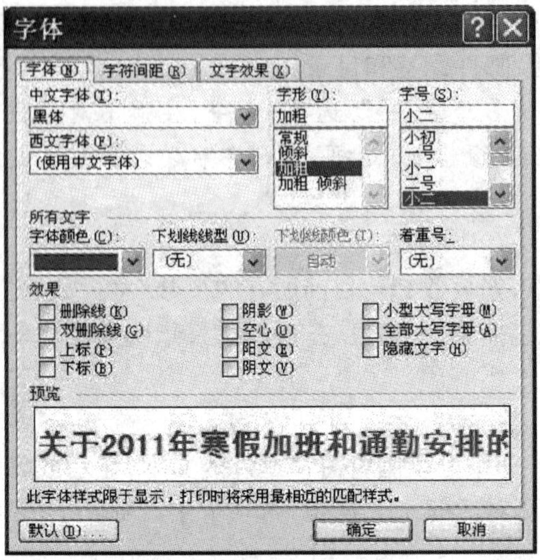

图3-5 设置文本字体格式

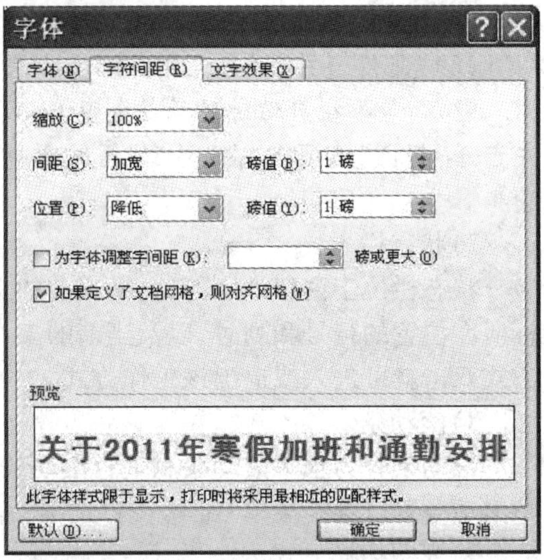

图3-6 设置字符间距

(3)选定所有的正文,设置正文的文字格式为:仿宋、四号。

5. 设置文本的段落格式

(1)将光标定位在“关于2011年寒假加班和通勤安排的通知”标题段落内,选择“格式”→“段落”命令。

(2)在“段落”对话框中选择“缩进和间距”选项卡,设置“对齐方式”为“居中”,间距为段前1行、段后0行,行距为固定值21磅,如图3-7所示。

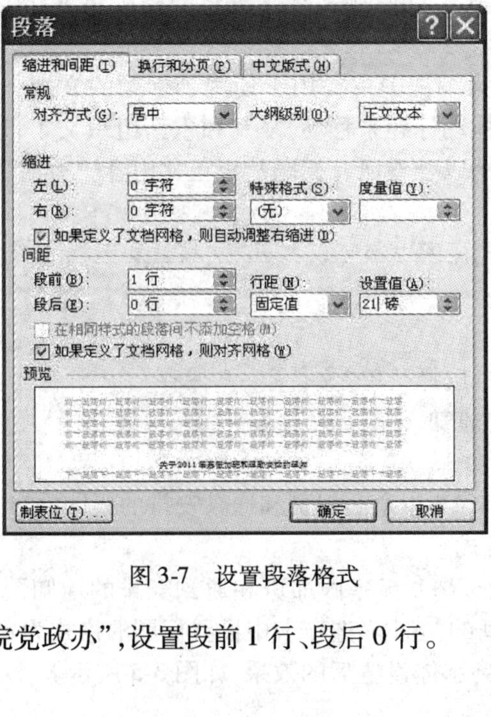

图3-7 设置段落格式

(3)将光标移到“学院党政办”,设置段前1行、段后0行。

6. 页面设置

(1)选择"文件"→"页面设置"命令,打开"页面设置"对话框,如图3-8所示。

(2)选择"页边距"选项卡,设置"页边距":上2厘米,下2厘米,左2厘米,右1.8厘米。

(3)选择"纸张"选项卡,设置纸张大小为"A4","应用于"选择"整篇文档",如图3-9所示。

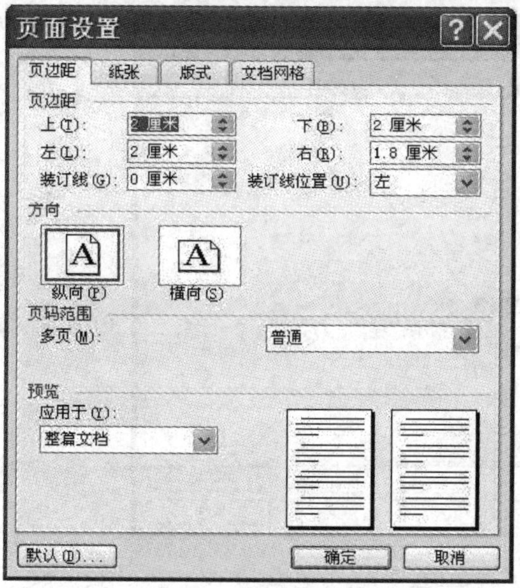

图3-8　页边距设置

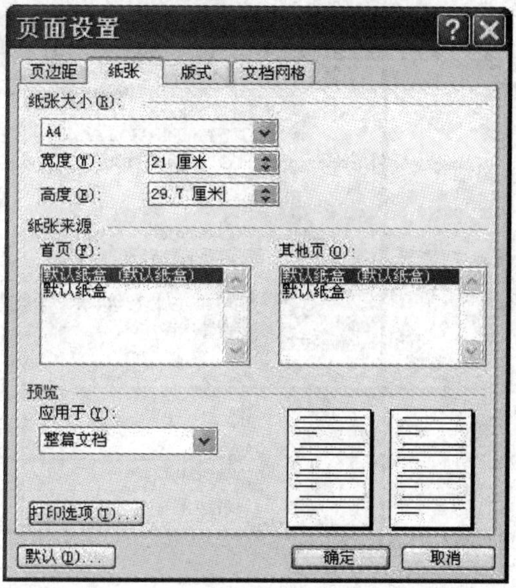

图3-9　纸张设置

7. 关闭文档并退出 Word 2003

单击标题栏右上角的"关闭"按钮或选择菜单"文件"→" 退出"命令。如果在退出之前未保存文件,则系统提示用户是否对文档进行保存,如图3-10所示。

图3-10　退出之前提示保存对话框

知识技能要点

1. 新文档的创建

(1)启动 Word 2003 后,系统会自动建立一个空白文档,默认的文件名是"文档1"。

(2)在已打开的 Word 文档中,单击常用工具栏的"新建空白文档"按钮或单击"任务窗格"中的"空白文档"超链接,即可快速新建一个空白文档。

(3)根据模板创建文档。打开"新建文档"任务窗格,选择"本机上的模板..."选项,打开"模板"对话框,选择一个模板,即可建立一个所选模板格式的文档。

2. 文档的保存

Word 2003 为用户提供了多种保存文档的方式,并且还具有自动保存功能,可以最大限度地避免因意外而引起数据丢失。

1)保存当前打开的文档

(1)选择菜单"文件"→"保存"命令,也可单击常用工具栏上的"保存"按钮,即可打开"另存为"对话框,如图3-11所示。

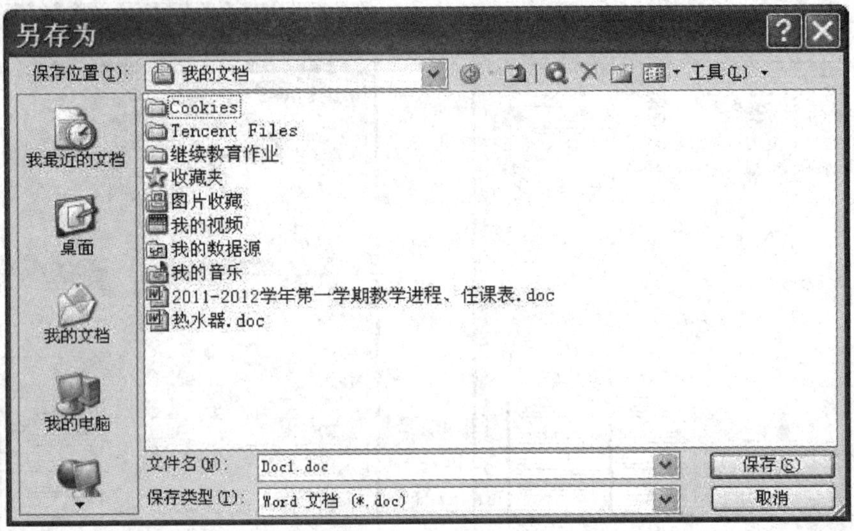

图3-11 "另存为"对话框

(2)在"文件名"框中输入文件名,系统默认的文件名为"Doc1",扩展名为".doc"。在"保存类型"下拉列表中选择所需要的文件类型,单击"保存"按钮即可。

提示:"我的文档"是Word保存文档的默认文件夹。如果要在其他的文件夹中保存文档,可在"保存位置"中重新选定保存的路径。

2)保存修改后的文件,同时又不覆盖原来的文件

选择菜单"文件"→"另存为"命令,为文件另取一个文件名即可,这会保存修改后的文件但不会覆盖原文件。

3)Word上的自动保存设置

为了防止因死机或断电等意外情况引起数据丢失,通过下列方法启用Word 2003中的自动保存功能是很有必要的。

(1)选择菜单"工具"→"选项"命令,打开"选项"对话框。

(2)选择"保存"选项卡,选中"自动保存时间间隔"复选框,在右边的微调框中输入希望自动保存的时间间隔,单击"确定"按钮即可,如图3-12所示。

4)设置密码保护

Word文档允许设置密码以防止他人修改、使用。

(1)选择菜单"工具"→"选项"命令,打开"选项"对话框。

(2)选择"安全性"选项卡,在"打开文件时的密码"文本框中输入打开文件所需的密码,如图3-13所示。

3. 文档的关闭

关闭文档的常用方法有以下几种。

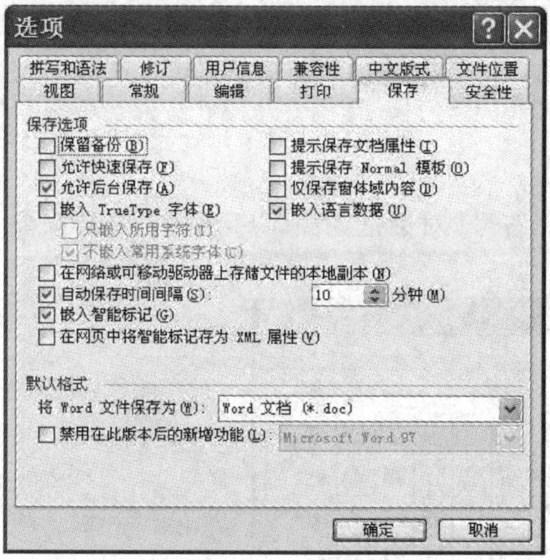

图 3-12　文件"自动保存"功能设置

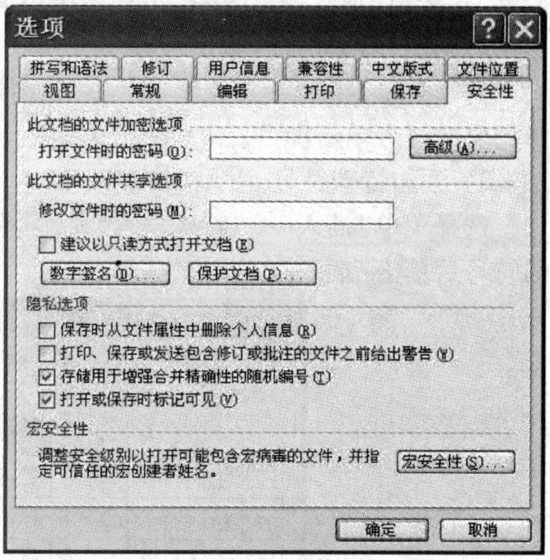

图 3-13　对文件进行密码设置

(1)选择菜单"文件"→"关闭"命令。

(2)单击常用工具栏中的"关闭"按钮。

注意:如果"关闭"按钮没有显示在常用工具栏中,需要单击常用工具栏最右侧的"工具栏选项"下拉按钮进行添加。

(3)单击窗口右上角的"关闭"按钮或双击窗口左上角的 Word 图标。

4. 光标的定位

在 Word 文档窗口中,呈"｜"形的闪烁光标叫做插入点,它提示必须在此光标位置才能进行内容输入。

(1)鼠标定位。移动鼠标指针至目标位置,然后单击鼠标左键即可定位光标。

(2)键盘定位。使用键盘上的光标移动键或按组合键移动光标到目标位置,见表 3-1。

表 3-1　光标移动键或组合键的作用

按键	移动功能	按键	移动功能	按键	移动功能
[→]	右移一个字符	[↑]	上移一行	[Ctrl]+[PgUp]	移到窗口顶部
[←]	左移一个字符	[↓]	下移一行	[Ctrl]+[PgDn]	移到窗口底部
[Ctrl]+[→]	右移一个字	[Ctrl]+[↑]	上移一段	[Ctrl]+[Home]	移到文档开头
[Ctrl]+[←]	左移一个字	[Ctrl]+[↓]	下移一段	[Ctrl]+[End]	移到文档结尾
[Home]	移到行首	[PgUp]	前翻一页		
[End]	移到行尾	[PgDn]	后翻一页		

5. 标点符号的输入

1)中、英文符号的控制

键盘提供的常用符号均为英文符号,在汉字输入过程中却常常需要输入特定的中文符号,两者存在一些差别。前者的符号为"半角"形式(一个字符占用一个英文字符宽度),而后者为“全角”形式(一个字符占用两个英文字符宽度)。

2)常用标点符号的输入

选择菜单“视图”→“工具栏”→“符号栏”命令,状态栏的上面就出现符号工具栏。选择需要的符号单击即可。

3)添加特殊符号

选择菜单“插入”→“特殊符号”命令,弹出的“符号”对话框如图3-14所示。选择需要的符号后单击“插入”即可。

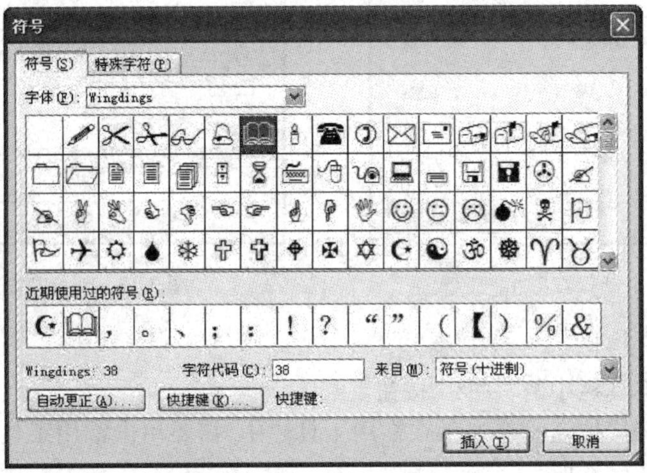

图3-14 “符号”对话框

提示:在文章中添加的特殊符号,可利用汉字输入法工具栏的软键盘进行输入。

6. 文本的选定

1)任意一段文本的选择

将插入点移到选择区的起始位置后按住[Shift]键,并单击要选择区的终点位置,可选择此范围内的文本。

2)矩形块的选择

将插入点移到选择区的起始位置后,按住[Alt]键,然后拖动鼠标,可选中矩形区域中的文本。

3)选中一行或多行

将插入点移到待选择文字的开始处,将鼠标移到待选行的左侧,指针呈箭头状时单击,即可选定该行;按住左键不放拖动,可选定多行;选择菜单“编辑”→“全选”命令,可选定全文。

4)选定段落

将鼠标指针移至选定区,三击左键即可选定该段落。

5)扩展选取

将鼠标点定位在选择区的起始位置,双击状态栏上灰色的“扩展”标记(或按下[F8]键),则“扩展”标记变为可用状态,此时在任意处单击鼠标可以将插入点至鼠标单击处的所有字符选中。

提示:按[Ctrl]+[A]键可选择整个文档。

7. 文本的复制、剪切和粘贴

利用剪贴板复制文本的操作步骤如下。

(1)选定要复制或移动的文本。

(2)选择“编辑”→“复制”命令,可将选定的文本复制到剪贴板;选择“剪切”命令,可将选定的文本移动到剪贴板。也可单击常用工具栏上的“复制”或“剪切”按钮,将所选文本复制或移动到剪贴板。或将光标移到被选定文字中右击,在弹出的快捷菜单中选择“复制”或“剪切”命令,将所选文本复制或移动到剪贴板。

(3)将插入点定位到目标位置。

(4)选择“编辑”→“粘贴”命令,可将剪贴板中的内容复制到当前位置。也可单击常用工具栏上的“粘贴”按钮,将剪贴板中的内容复制到当前位置。或将鼠标移到目标位置后右击,在快捷菜单中执行“粘贴”命令,将剪贴板中的内容复制到当前位置。

利用鼠标拖曳复制和移动文本的操作步骤如下。

(1)选定文本的内容。

(2)将鼠标指针移到选定内容处,按住鼠标左键,使插入点呈虚线,鼠标箭头尾部同时出现一个小虚框。

(3)拖动虚线到达欲插入内容的目标位置,释放鼠标左键,便实现了移动文本的操作。

(4)若按住[Ctrl]键拖曳文本,可实现复制文本的操作。

提示:剪切、复制、粘贴操作也可分别用组合键[Ctrl]+[X]、[Ctrl]+[C]、[Ctrl]+[V]实现。

8. 文本的删除及撤销

删除是指删除选定的内容;撤销操作是指撤销前面的误操作。操作步骤如下。

选定要删除的内容。按[Delete]键或选择菜单“编辑”→“清除”命令,即可删除选定内容。如果要删除的仅是一个字,只要将光标移至插入点,删除光标以后的字按[Delete]键,删除光标以前的字按[Backspace]键。

如果发生误删除,可选择菜单“编辑”→“撤销清除”命令,或单击工具栏的“撤销”按钮,或按快捷键[Ctrl]+[Z]完成撤销操作。

9. 格式的复制和清除

1)格式的复制

选中已设置格式的文本,单击常用工具栏中的“格式刷”按钮,此时鼠标指针变为刷子形,将鼠标指针移到要复制格式的文本开始处,按下左键拖动鼠标直到要复制格式的文本结束处,放开鼠标左键就完成格式的复制。

2)格式的清除

如果想清除所设置的文本格式,可以使用组合键。其操作步骤是:选定要清除格式的文本,按组合键[Ctrl]+[Shift]+[Z]。

10. 字体格式的设置

可以用格式工具栏设置文字的格式,也可以用菜单“格式”→“字体”命令设置文字的格式。

需要注意的是,在设定文字的格式时首先要选定要设置格式的文本。

11. 段落格式的设置

段落格式包括段落的缩进（指左右缩进和首行缩进）和间距（指段前段后距离和段落中的行距）以及对齐方式等。

用格式工具栏，或选择菜单“格式”→“段落”命令，也可用鼠标拖动水平标尺上的缩进标记来设置缩进。如果在拖动标记的同时按住［Alt］键，在标尺上会显示出具体缩进的数值。可用菜单“格式”→“段落”命令来精确设置段间距和行间距。

同样，设置段落格式的步骤是：先选定要设置格式的段落，然后进行设置，最后可在预览框查看设置结果。

🕮拓展练习

输入表3-2中的字符并保存为“字符.doc”文件。

表3-2　待输入字符

标点符号	，、·。：；……　…“”（）『』《》〖〗【】{}
特殊符号	※ ○ ± × ÷ $ ￥ § ‰ kg mm ㎝ ㎡ ℃ → ↑ ≠ ≤ ＜ ≌ √
数字序号	Ⅰ Ⅱ Ⅲ ⅰ ⅱ ⅲ ① ② ③ ㈠ ㈡ ㈢ ⑴ ⑵ ⑶ ⒈ ⒉ ⒊
半角符号	abc123ABC
全角符号	ａｂｃ１２３ＡＢＣ
不间断空格	°°°
半角空格	···
全角空格	□□□
手动换行符	↓

1. 软键盘

在中文输入法状态下，使用“标点符号”、“特殊符号”与“数字序号”软键盘，可以输入各种标点符号、特殊符号和数字序号。

启用软键盘的方法是，在中文输入法状态条上右击“软键盘”按钮，弹出软键盘提示条，如图3-15所示，选择某种软键盘单击，如“标点符号”软键盘，如图3-16所示。

图3-15　软键盘提示条

图3-16　“标点符号”软键盘

2."符号栏"工具栏

在 Word 中,通过"符号栏"工具栏,可以直接输入相应的符号,如图 3-17 所示。

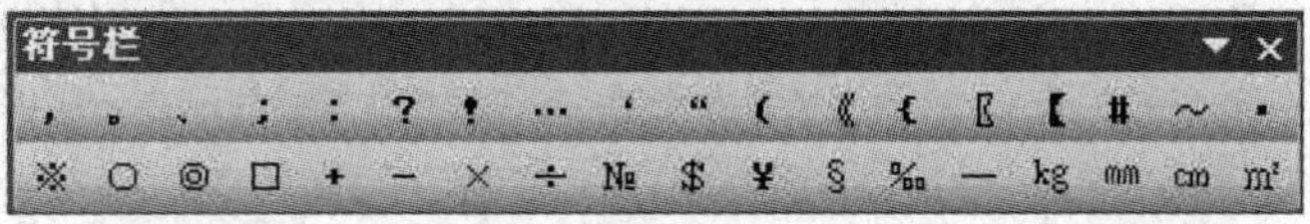

图 3-17　"符号栏"工具栏

3."特殊符号"对话框

在 Word 中,执行菜单"插入"→"特殊符号"命令,弹出"插入特殊符号"对话框,如图 3-18所示,选择相应选项卡中的符号,单击"确定"按钮,完成对应符号的输入。

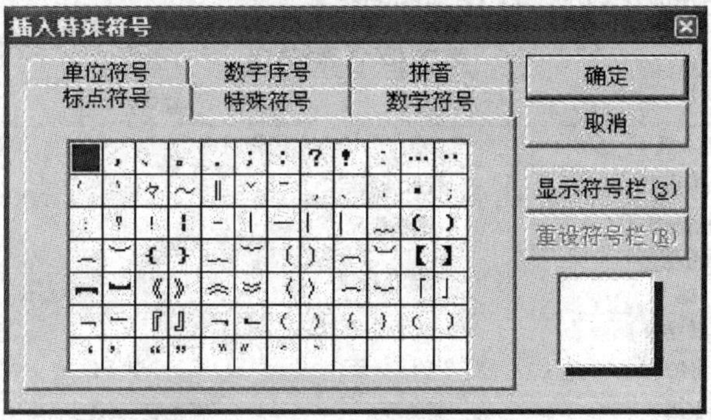

图 3-18　"插入特殊符号"对话框

4."符号"对话框

在 Word 中,选择菜单"插入"→"符号"命令,弹出"符号"对话框,选择"特殊字符"选项卡,如图 3-19 所示,选择相应的符号,如"不间断空格",单击"插入"按钮,或直接按快捷键[Ctrl]+[Shift]+[Space],输入不间断空格。

5.手动换行符

在 Word 中,执行菜单"插入"→"分隔符"命令,弹出"分隔符"对话框,如图 3-20 所示。选中"换行符" 单选按钮,单击"确定"按钮,在文本中即插入一个换行符,即手动换行符。也可按快捷键[Shift]+[Enter],输入手动换行符。

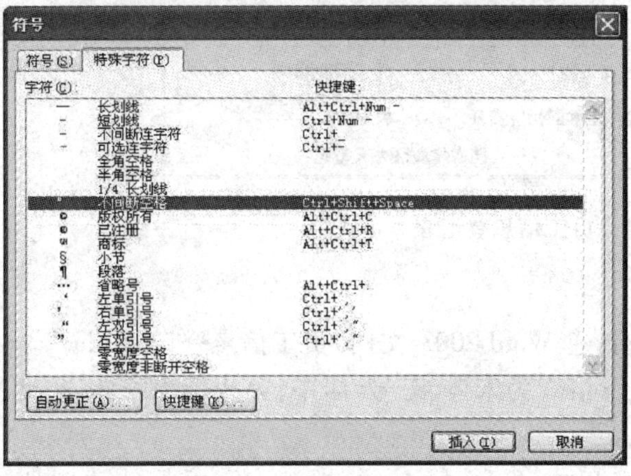

图 3-19　"特殊字符"选项卡

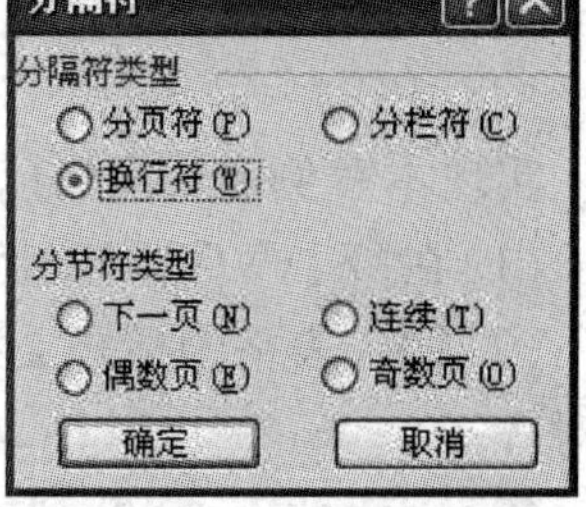

图 3-20　"分隔符"对话框

案例 2　制作员工信息登记表

🕮案例描述

本案例要求利用 Word 2003 的表格创建、编辑、排版等功能完成“员工信息登记表”的制作，结果如图 3-21 所示。通过学习本案例，应基本做到以下几点。

(1)能够进行表格的编辑(表格中行列的插入、删除，表格大小的调整，单元格的拆分和合并，表格的复制和删除等)。

(2)能够对表格中的数据进行计算与排序。

员工信息登记表

填写日期：　年　月　日　　　　　　　　编号：

<table>
<tr><td rowspan="9">基本情况</td><td>姓　名</td><td></td><td>性 别</td><td></td><td>民族</td><td></td><td rowspan="5">照　片</td></tr>
<tr><td>出生日期</td><td></td><td>身份证号码</td><td colspan="3"></td></tr>
<tr><td>政治面貌</td><td></td><td>婚姻状况</td><td colspan="3"></td></tr>
<tr><td>户口所在地</td><td></td><td>现居住住址</td><td colspan="3"></td></tr>
<tr><td>毕业学校</td><td></td><td>所学专业</td><td colspan="3"></td></tr>
<tr><td>毕业时间</td><td></td><td>学　历</td><td></td><td>学　位</td><td colspan="2"></td></tr>
<tr><td>联系电话</td><td></td><td>紧急联系人</td><td></td><td>紧急联系电话</td><td colspan="2"></td></tr>
<tr><td>档案所在地</td><td></td><td>档案管理形式</td><td colspan="4">□仍在原先单位管理　□个人委托代理
□可转至公司代为管理</td></tr>
<tr><td>是否缴纳社会保险</td><td>□是　□否</td><td>社会保险缴纳形式</td><td colspan="4">□仍在原先单位代缴　□个人委托代理
□停交(自　年　月已经停交)</td></tr>
<tr><td rowspan="3">教育培训经历</td><td>起止时间</td><td colspan="2">学校/机构</td><td colspan="3">所学专业/培训课程</td><td>学历/证书</td></tr>
<tr><td></td><td colspan="2"></td><td colspan="3"></td><td></td></tr>
<tr><td></td><td colspan="2"></td><td colspan="3"></td><td></td></tr>
<tr><td rowspan="3">工作经历</td><td>起止时间</td><td colspan="2">工作单位</td><td colspan="2">工作岗位</td><td>证明人</td><td>联系方式</td></tr>
<tr><td></td><td colspan="2"></td><td colspan="2"></td><td></td><td></td></tr>
<tr><td></td><td colspan="2"></td><td colspan="2"></td><td></td><td></td></tr>
<tr><td rowspan="3">家庭成员</td><td>与本人关系</td><td>姓 名</td><td colspan="3">工作单位</td><td>岗　位</td><td>联系方式</td></tr>
<tr><td></td><td></td><td colspan="3"></td><td></td><td></td></tr>
<tr><td></td><td></td><td colspan="3"></td><td></td><td></td></tr>
<tr><td>入职情况</td><td>所属部门</td><td></td><td>职位(工种)</td><td colspan="2"></td><td>入职时间</td><td></td></tr>
<tr><td>声明</td><td colspan="7">上述资料完全属实。如有不实，愿承担相应责任。　本人签名：</td></tr>
<tr><td colspan="8">档案建立经办人签名：</td></tr>
</table>

图 3-21　员工信息登记表

实现本案例需要完成以下操作。

(1)在“F:\WORD\案例”文件夹中，新建 Word 2003 文档“员工信息登记表.doc”。

(2)输入表格的标题文字，第 1 行设置格式为宋体、三号、居中；第 2 行为宋体、小四号、左对齐。

(3)创建共 21 行、8 列的空表格，合并单元格。

(4)设置表格边框。表格的外边框为双实线，1.5 磅，深蓝色，内边框为单实线，0.5 磅，照片单元格的底纹颜色为“灰色(-10%)”。

(5)输入表格内容,其中“□”按特殊符号的方式输入,字体为宋体,字号为小四号,单元格对齐方式为中部居中对齐。

🕮案例实现

1. 新建并保存文档

(1)启动 Word 2003,选择菜单“文件”→“另存为”命令,打开“另存为”对话框。

(2)在“保存位置”下拉列表框中选择“F:\WORD\案例”,在“文件名”文本框中输入“员工信息登记表”,在“保存类型”下拉列表框中选择“Word 文档(*.doc)”选项。

(3)单击“保存”按钮。

2. 输入表格的标题文字并设置格式

(1)在文档的第1行输入标题“员工信息登记表”,格式设置为宋体、三号、居中。

(2)在文档的第2行输入“填写日期:”、“年 月 日”、“编号:”,格式设置为宋体、小四号。

3. 创建空表格

(1)将光标定位在第3行的位置,选择菜单“表格”→“插入”→“表格”命令,打开“插入表格”对话框,如图3-22所示。

(2)在“列数”中输入“8”,“行数”中输入“21”,选择“固定列宽”单选项。

(3)单击“确定”按钮,完成表格插入。

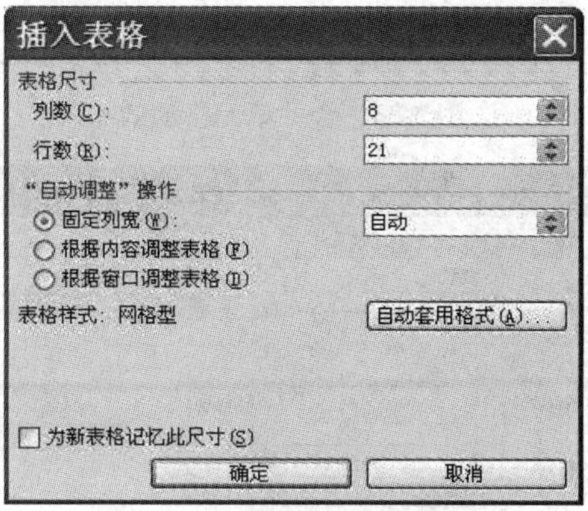

图3-22 “插入表格”对话框

(4)选择表格1~5行的第8列单元格,选择菜单“表格”→“合并单元格”命令。

(5)依次合并其他单元格,调整列宽、行高,如图3-23所示。

4. 设置表格边框

(1)选中整个表格,选择菜单“格式”→“边框与底纹”命令,弹出“边框和底纹”对话框,如图3-24所示。

(2)设置表格的外边框为双实线,1.5磅,深蓝色,内边框为单实线,0.5磅,照片单元格的底纹颜色为“灰色(-10%)”。

5. 输入表格内容

(1)按照案例式样在表格内输入相应内容,并选中所有字体,设置字体为宋体、字号为

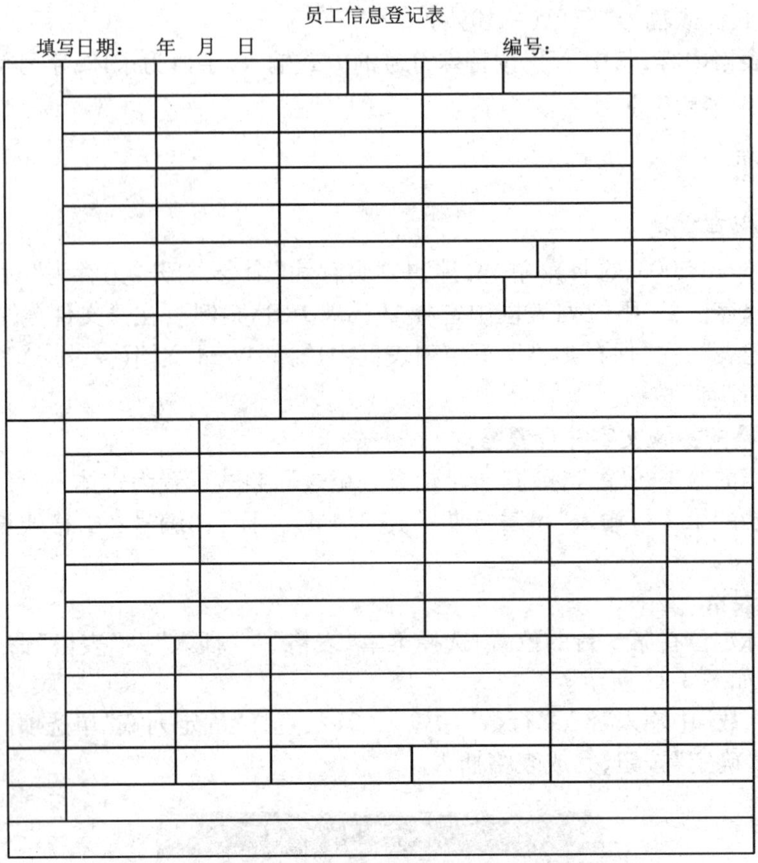

图 3-23　合并单元格示例

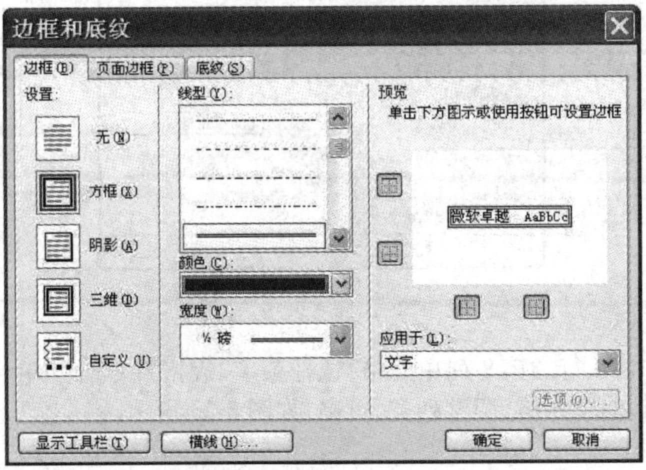

图 3-24　“边框和底纹”对话框

小四号。

(2)通过选择菜单“插入”→“特殊符号”命令来完成“□”的输入,单元格对齐方式为中部居中对齐。

📖知识技能要点

1. 表格的创建

1) 利用菜单命令创建表格

选择菜单"表格"→"插入"→"表格"命令，打开"插入表格"对话框，在"列数"、"行数"组合框中输入表格的参数，单击"确定"按钮，即可插入表格。

2) 利用工具栏创建表格

(1) 将光标定位于插入点。

(2) 单击常用工具栏中的"插入表格"按钮，打开如图3-25所示的界面。

(3) 拖动鼠标至所需的行列数，释放鼠标按键即可创建表格。

3) 利用"表格"菜单中的"转换"命令创建表格

(1) 选择要添加表格的文字。

(2) 选择菜单"表格"→"转换"→"文字转换成表格"命令，打开"将文字转化成表格"对话框，如图3-26所示。

(3) 在"列数"组合框中输入所需列数。

(4) 单击"确定"按钮即可为文字加上表格。

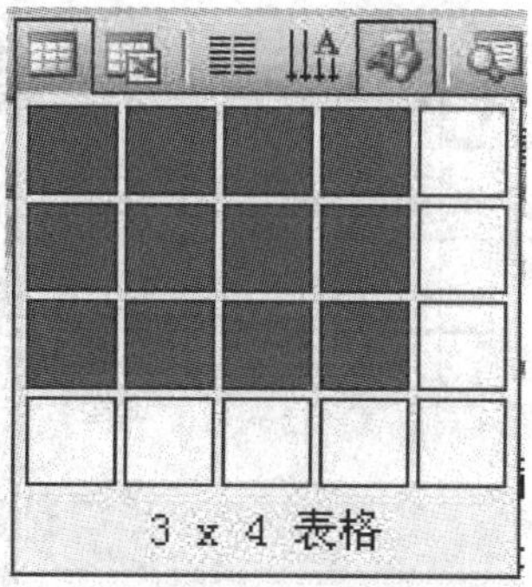

图3-25　插入表格界面

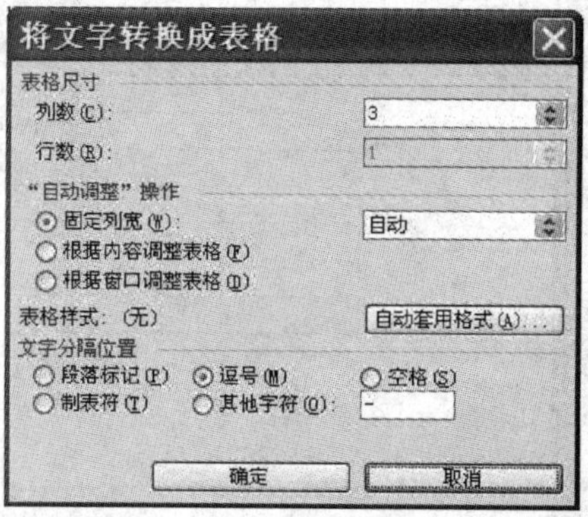

图3-26　"将文字转化成表格"对话框

2. 表格的编辑

1) 选择表格、行、列及单元格

(1) 使用鼠标选择。

选定列：将鼠标指针移至表格中待选列的顶端边线位置，当指针变为向下的实心黑色箭头时，单击左键可以选定该列，如图3-27所示。

选定行：将鼠标指针移至表格中待选行的左端，当鼠标变为向右的空箭头时，单击左键可以选定该行，如图3-28所示。

选定整个表格：将鼠标指针指向表格的左上角的双向十字箭头时，单击左键选定整个表格，即可对表格进行移动、删除以及复制等操作。

(2) 使用菜单选择。选择菜单"表格"→"选择"命令，在子菜单中分别选择"行"、"列"、"单元格"、"表格"命令，可选中相应的行、列、单元格和整个表格。

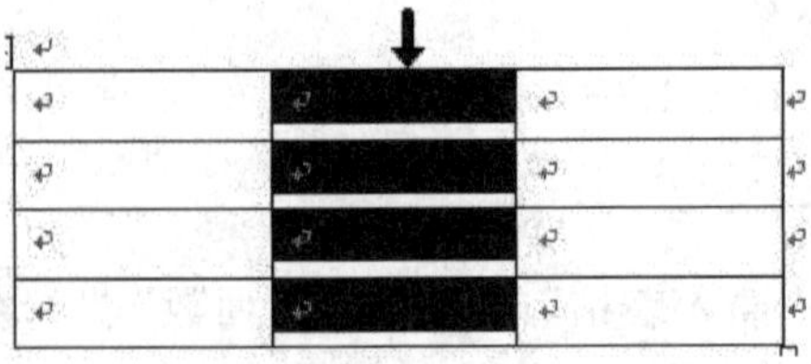

图 3-27　选择表格列

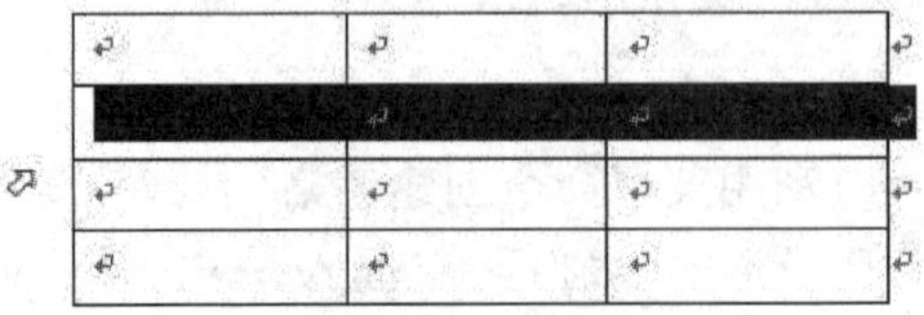

图 3-28　选择表格行

2)插入行、列及单元格

(1)选择需要插入的行、列及单元格。

(2)选择菜单“表格”→“插入”命令,在目标位置插入行或列,如图 3-29 所示。

图 3-29　插入行、列及单元格界面

3)删除行、列及单元格

(1)选择需要删除的行、列及单元格。

(2)选择菜单“表格”→“删除”命令,在子菜单中,选择相应的命令即可。

提示:选择需要删除的行、列及单元格对象后,如果直接按[Delete]键,将删除表格中的内容,而不会删除表格线。使用“剪切”命令可将表格内容和表格线一起删除。

4）调整行高、列宽及表格大小

（1）手动微调。

调整行：将鼠标指针移至表格中待调整行的水平边线上，当鼠标指针变为双向箭头时，按住左键拖动水平线调整行。

调整列：将鼠标指针移至表格中待调整列的垂直边线上，当鼠标指针变为双向箭头时，按住左键拖动垂直线调整列。

调整表格：将鼠标指针指向表格的右下角小方框时，按住左键拖住双向箭头调整表格大小，如图3-30所示。

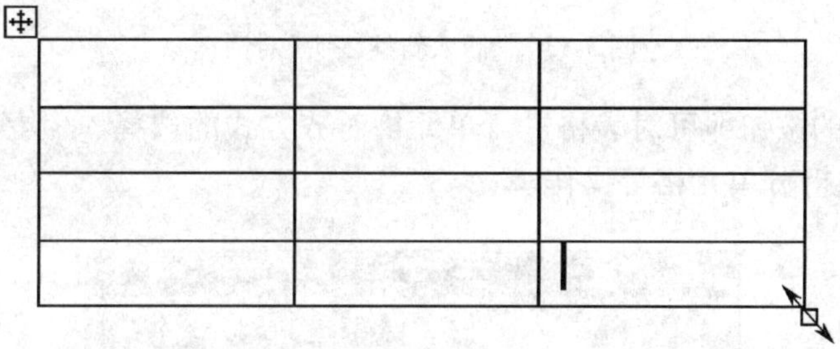

图3-30　调整表格大小

（2）利用菜单命令准确调整。

将光标移至表格中待调整的位置，选择菜单“表格”→“表格属性”命令，在弹出的对话框中选择表格、行或列，进行调整，如图3-31和图3-32所示。

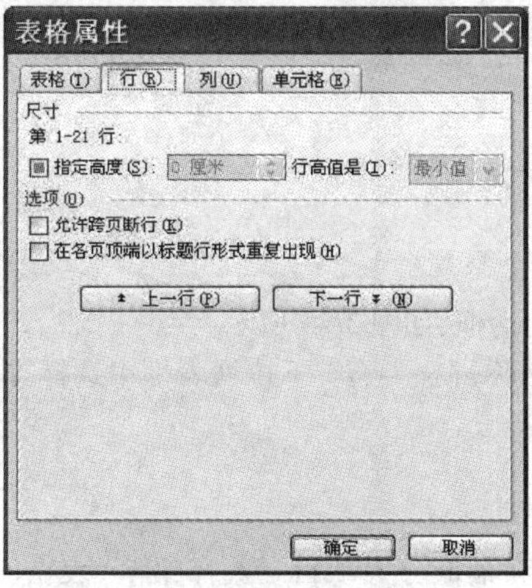

图3-31　利用“表格属性”对话框调整行

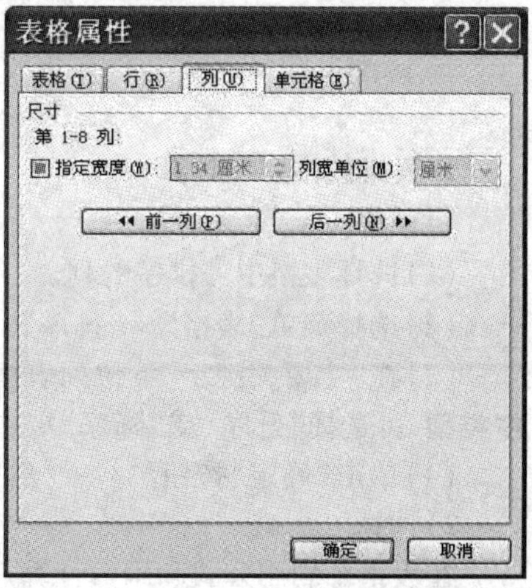

图3-32　利用“表格属性”对话框调整列

5）绘制斜线表头

将光标移至表格的某单元格中，选择菜单“表格”→“绘制斜线表头”，打开“插入斜线表头”对话框，如图3-33所示，设置后即可绘制斜线。

6）利用“表格和边框”工具栏编辑表格

（1）选择菜单“视图”→“工具栏”→“表格和边框”命令，打开“表格和边框”工具栏，如图3-34所示。

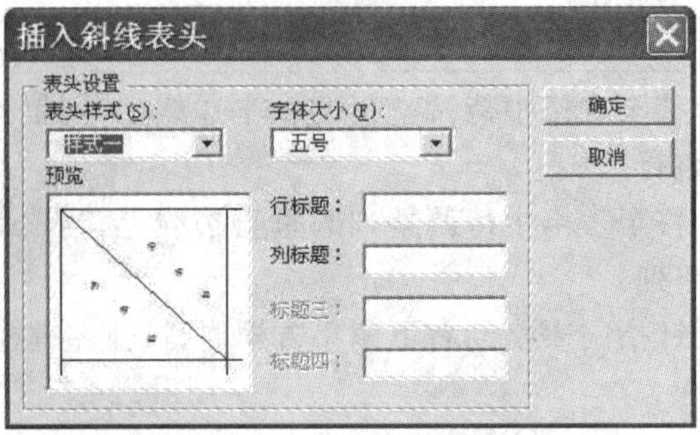

图 3-33 “插入斜线表头”对话框

(2)选择相应的按钮即可对表格进行单元格对齐方式的选择、平均分布各行、平均分布各列、合并单元格、拆分单元格等操作。

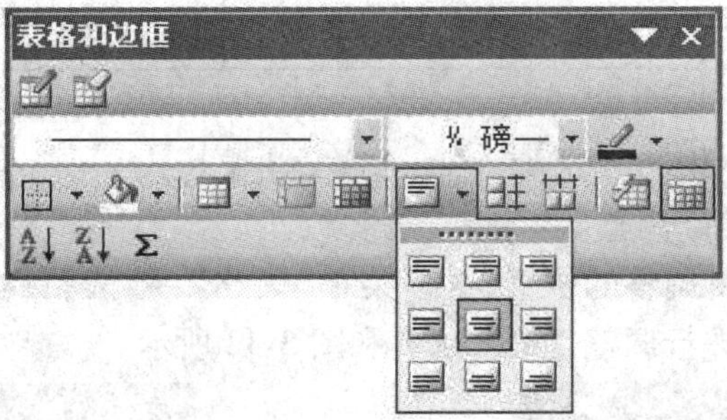

图 3-34 “表格和边框”工具栏

3. 表格的排序与计算

1)排序

(1)选择表格中需排序的列。

(2)选择菜单“表格”→“排序”命令,打开“排序”对话框,如图 3-35 所示。

(3)在“主要关键字”下拉列表框中选择要排序的名称,在“类型”下拉列表框中选择排序类型,可选择“升序”或“降序”单选按钮。

(4)单击“确定”按钮。

2)计算

在表格中利用公式和函数计算总分、均分、最高分和最低分等项目。选择菜单“表格”→“公式”命令,打开“公式”对话框,如图 3-36 所示。

常用的 SUM、AVERAGE、MAX 和 MIN 分别是求和、求平均值、求最大值和求最小值函数。其中 LEFT、RIGHT、ABOVE 分别表示求光标所在单元格左边、右边和上边数据的相应函数值,也可以用单元格的范围表示。在等号“ = ”后面粘贴函数,等号不可以省略。

(1) 在 Word 表格中,单元格的行用数字表示,列按字母顺序表示。如第 4 行第 5 列单元格用 E4 表示,C3 ~ E3 用 C3:E3 表示。

(2) 公式对话框中的等号“ = ”不可以省略。

(3) 公式对话框中的冒号和逗号必须使用英文状态下的符号。

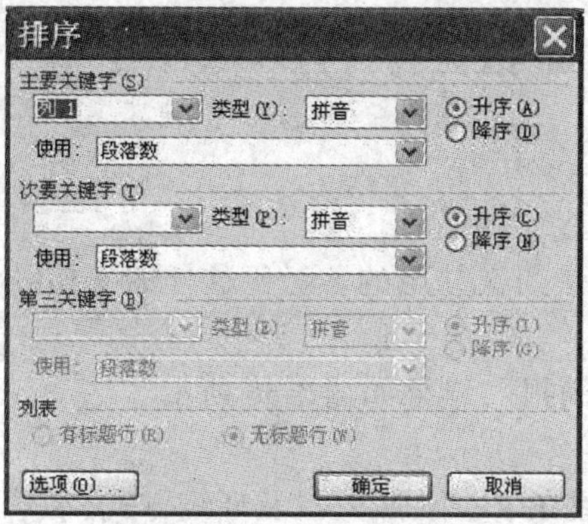

图 3-35　“排序”对话框

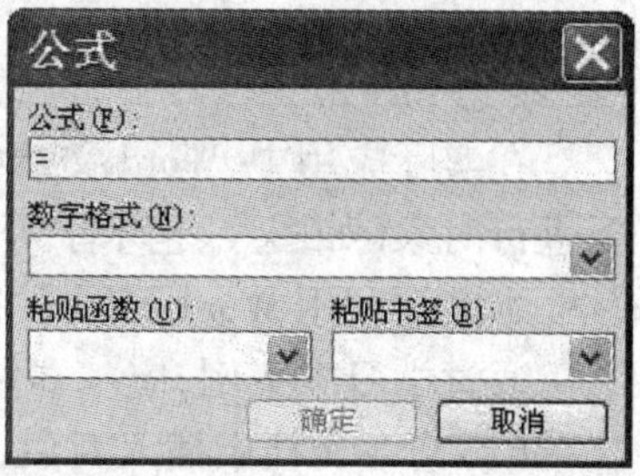

图 3-36　“公式”对话框

4. 标题行的指定

如果表格超过一页，为了让下一页也显示标题，可以指定表格上的一行或多行作为标题行，系统会自动在每一页上复制标题。

(1)选择标题行。

(2)选择菜单“表格”→“标题行重复”命令即可。

5. 表格的格式化

Word 2003 不仅可以对文本进行格式化，也可以对表格及其内容进行格式化。表格内容的格式化与文本格式化一样，包括字体、字形、字号及颜色的格式化等。对表格进行格式化主要包括表格的表框线、底纹、颜色设置以及表格的格式套用。

1)边框和底纹的设置

(1)选择表格。

(2)选择菜单“格式”→“边框和底纹”命令，打开“边框和底纹”对话框。

(3) 选择“边框”选项卡，可设置线型、颜色、线宽，应用于文字、单元格还是表格。

(4)选择“底纹”选项卡，可以设置底纹和图案。

2)自动套用表格格式

(1)创建一个表格，输入相应的内容。

(2)将光标定位在表格的任意位置，选择菜单“表格”→“表格自动套用格式”命令，打开“表格自动套用格式”对话框，如图 3-37 所示。

(3)在“表格样式”列表框中选择所需的表格样式。

(4)单击“应用”按钮。

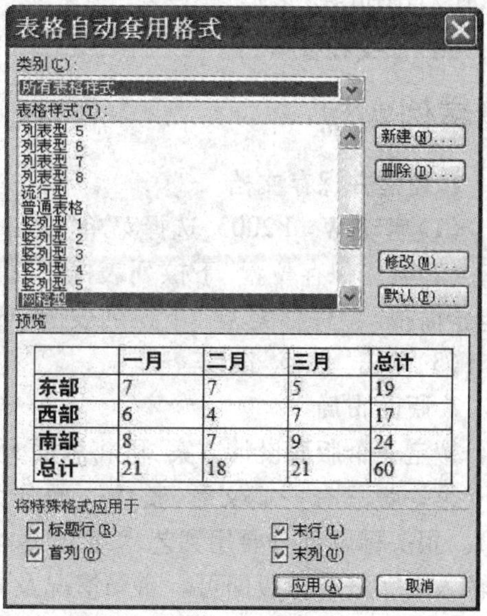

图 3-37　“表格自动套用格式”对话框

案例3　制作电子简报

🕮案例描述

在实际应用中,Word文档中通常不是只有文字,而是图文并茂的。对于这样的文档需要进行对象(如图片、艺术字等)的插入,实现图文混排。

本案例利用Word 2003的图文混排功能完成"电子简报",结果如图3-38所示。

通过学习本案例,应基本做到以下各点。

(1)会在文档中插入对象,对插入对象进行颜色与线条、大小、版式以及环绕方式、水平对齐方式等格式的设置。

(2)熟悉页面设置与页眉页脚的设置方法。

(3)会文档分栏技术,会为文本和段落添加边框和底纹。

实现本案例需要完成以下操作。

(1)在"F:\WORD\案例"文件夹中,新建Word 2003文档"电子简报.doc"。

(2)进行版面布局。

(3)输入文字。

(4)设置页眉。

(5)版块①的设置。

(6)版块②的设置。

(7)版块③④的设置。

(8)查找和替换。

🕮案例实现

1. 新建并保存文档

(1)启动Word 2003,选择菜单"文件"→"另存为"命令,打开"另存为"对话框。

(2)在"保存位置"下拉列表框中选择"F:\WORD\案例",在"文件名"文本框中输入"电子简报","保存类型"下拉列表框中选择"Word文档(*.doc)"选项。

(3)单击"保存"按钮。

2. 版面布局

拟定一个版面设计方案,可将版面大致分成若干块,并确定各版块的内容。

第一版只有一篇文章,整体版面分为报头、副报头、正文内容(按位置分为上部和下部)。报头标题部分要用到艺术字和文本框,下部分是文章内容,不用其他的布局工具,直接输入文字进行排版即可。布局情况及效果如图3-39和图3-40所示。

3. 输入文字

按照电子简报示例输入文字。

4. 设置页眉

(1)选择菜单"文件"→"页面设置"命令,打开"页面设置"对话框,选择"版式"选项卡,按要求设置页眉和页脚距边界距离:页眉1.5厘米,页脚1.5厘米。

端午节

主办：宏远有限公司

承办：造价 0937 班

主编：张明

编辑：王晓刚 刘雷

duan wu jie you lai

端午节由来

端午节是古老的传统节日，始于中国的春秋战国时期，至今已有 2000 多年历史。据《史记》“屈原贾生列传”记载，屈原，是春秋时期楚怀王的大臣。他倡导举贤授能，富国强兵，力主联齐抗秦，遭到贵族子兰等人的强烈反对，屈原遭谗去职，被赶出都城，流放到沅、湘流域。他在流放中，写下了忧国忧民的《离骚》、《天问》、《九歌》等不朽诗篇，独具风貌，影响深远（因而，端午节也称诗人节）。公元前 278 年，秦军攻破楚国京都。屈原眼看自己的祖国被侵略，心如刀割，但是始终不忍舍弃自己的祖国，于五月五日，在写下了绝笔作《怀沙》之后，抱石投汨罗江身死，以自己的生命谱写了一曲壮丽的爱国主义乐章。

端午节由来与传说

传说屈原死后，楚国百姓哀痛异常，纷纷涌到汨罗江边去凭吊屈原。渔夫们划起船只，在江上来回打捞他的真身。有位渔夫拿出为屈原准备的饭团、鸡蛋等食物，“扑通、扑通”地丢进江里，说是让鱼龙虾蟹吃饱了，就不会去咬屈大夫的身体了。人们见后纷纷仿效。一位老医师则拿来一坛雄黄酒倒进江里，说是要药晕蛟龙水兽，以免伤害屈大夫。后来为怕饭团为蛟龙所食，人们想出用楝树叶包饭，外缠彩丝，发展成粽子。以后，在每年的五月初五，就有了龙舟竞渡、吃粽子、喝雄黄酒的风俗；以此来纪念爱国诗人屈原。

图 3-38　电子简报示例

(2)选择菜单“视图”→“页眉和页脚”命令，进入“页眉”编辑状态，同时“页眉和页脚”工具栏自动打开，如图 3-41 所示。

(3)在格式工具栏上单击“两端对齐”按钮，将插入点置于页眉左端，输入“电子简报”，格式为五号、楷体。

(4)按两次[Tab]键，移动光标到页眉的最右端，单击“设置页码格式”按钮，打开“页码格式”对话框，选择数字格式“一，二，三(简)…”，单击“确定”按钮，如图 3-42 所示。

(5)单击“页眉和页脚”工具栏上的“插入页码”按钮。

(6)添加其他文字，构成“第 n 版”的形式。关闭“页眉和页脚”工具栏，退出页眉编辑状态，再用工具栏的“打印预览”按钮浏览整体效果，如图 3-43 所示。

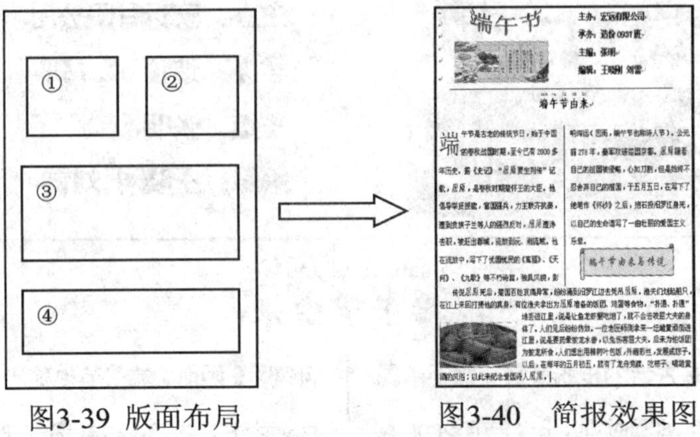

图 3-39 版面布局 图 3-40 简报效果图

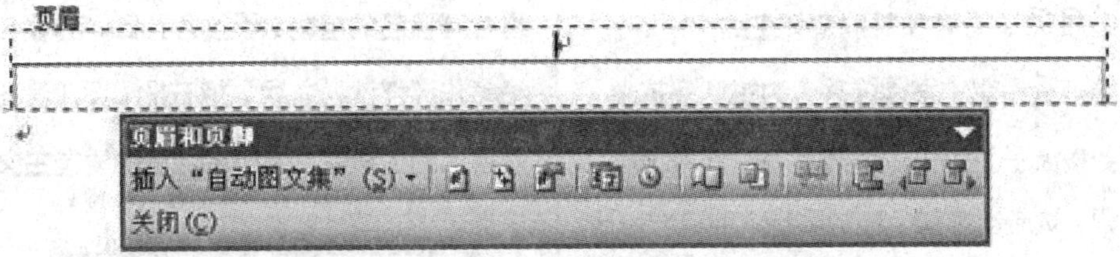

图 3-41 “页眉和页脚”工具栏

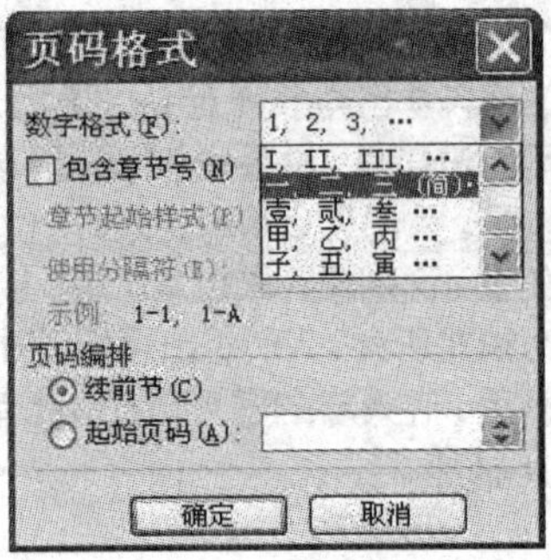

图 3-42 “页码格式”对话框

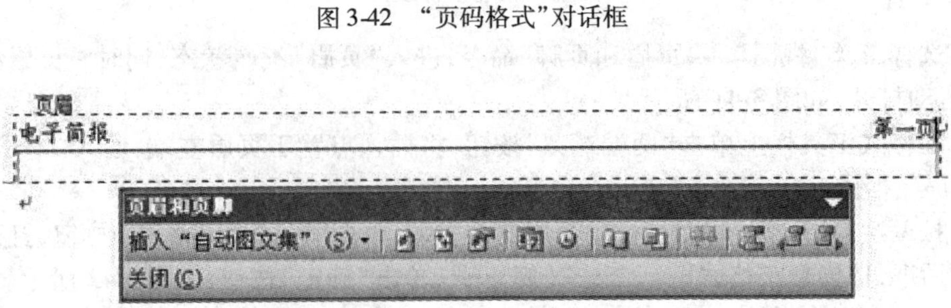

图 3-43 设置效果图

5. 版块①的设置

1)插入艺术字并设置格式

(1) 选择菜单“插入”→“图片”→“艺术字”命令，在弹出的“艺术字库”对话框中选择艺术字样式，如图 3-44，单击“确定”按钮后，弹出“编辑‘艺术字’文字”对话框。在“字体”下拉列表框中选择“宋体”，在“字号”下拉列表框中选择“36”，字形为“加粗”，在“文字”文本框中输入“端午节”，如图 3-45 所示。

图 3-44　“艺术字库”对话框

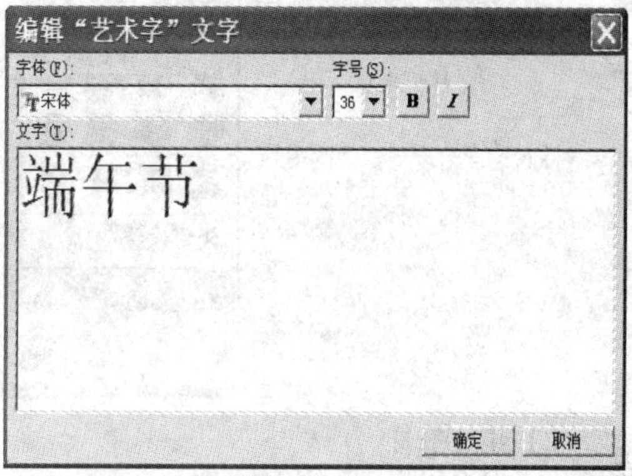

图 3-45　“编辑‘艺术字’文字”对话框

(2) 单击艺术字“端午节”，此时打开“艺术字”工具栏，如图 3-46 所示。

图 3-46　“艺术字”工具栏

(3) 选择艺术字，单击右键，选择“设置艺术字格式”命令，或单击“艺术字”工具栏上的“设置艺术字格式”按钮，弹出“设置艺术字格式”对话框，选择“大小”选项卡，设置高度为 1.5 厘米、宽度为 4 厘米。选择“版式”选项卡，选择环绕方式为“嵌入型”，设置填充颜色为

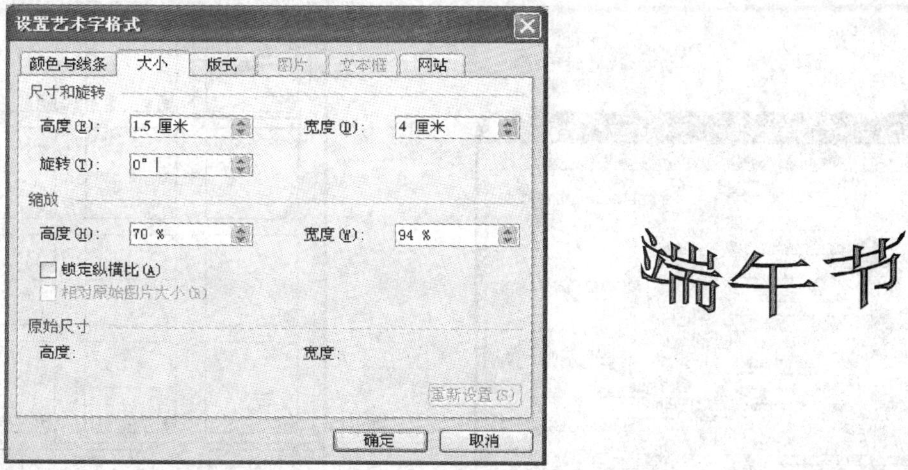

图 3-47　“设置艺术字格式”对话框及艺术字设置效果

"灰色－40%",线条为"黑色",单击"确定"按钮后,艺术字将填充灰色底纹,如图3-47所示。

(4)单击"绘图" 工具栏上的"阴影样式"按钮,在弹出的"阴影样式"中选择"阴影样式1",给艺术字加上阴影效果,如图 3-48 所示。

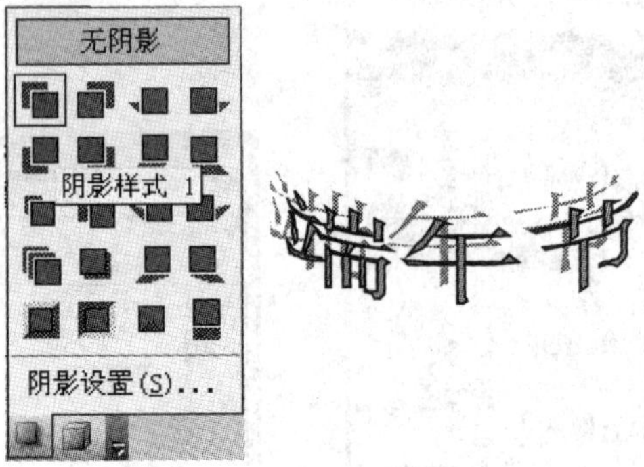

图 3-48　阴影效果

2)插入图片

选择菜单"插入"→"图片"→"来自文件"命令,插入一幅大小为 2 厘米 ×5.5 厘米的图片作为题头图片。

6. 版块②的设置

(1)插入文本框并设置格式。选择菜单"插入"→"文本框"→"横排"命令,选择横排文本框,大小为 4 厘米 ×5 厘米,在文本框输入副报头文字,要求文字为宋体、四号字、加粗、行间距为 1.5 倍,并设置文本框颜色与线条为无色。

(2)在报头下部有一根艺术化横线,起到美化和分隔作用。其插入步骤为:将插入点置于报头中要插入横线的位置,选择菜单"格式"→"边框和底纹"命令,打开"边框和底纹"对话框,如图 3-49 所示。在对话框中单击"横线..."按钮,打开如图 3-50 所示的"横线"对话框。在"横线"对话框中选择所需的横线类型,单击"确定"按钮后插入。在文中调整横线的

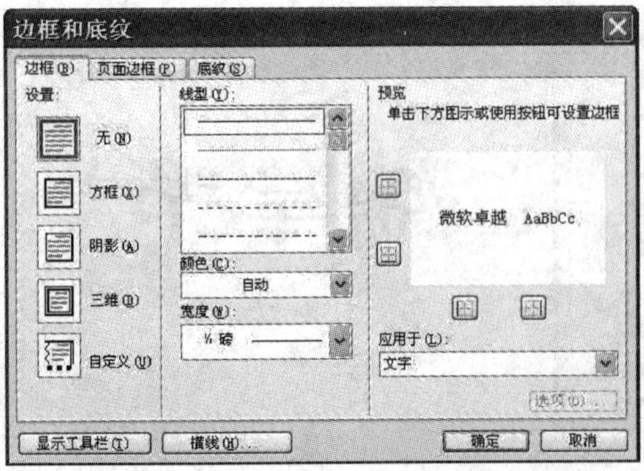

图 3-49　"边框和底纹"对话框

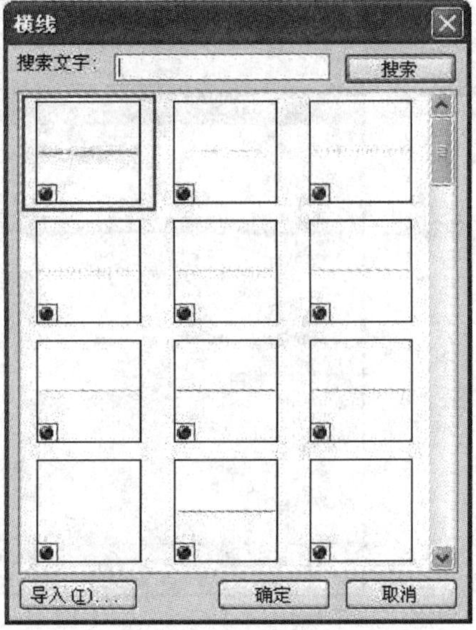

图 3-50　"横线"对话框

大小。

7. 版块③④的设置

(1)选择菜单“插入”→“文本框”命令,选择“横排”文本框插入,大小为 1.5 厘米 ×4 厘米,在文本框输入“端午节由来”的标题,要求文字为华文行楷、3 号字,加粗,并设置文本框颜色与线条为无色。

(2)选中标题,选择菜单“格式”→“中文版式”→“拼音指南”命令,打开“拼音指南”对话框,为标题添加拼音。在中文版式中还可以设置合并字符、带圈字符等。

(3)输入文字。输入简报的文字部分,插入一幅图片,设置图片的文字环绕为四周型,水平对齐方式为左对齐,字体为宋体,五号字。

(4)选中要分栏的内容,选择菜单“格式”→“分栏”命令,打开“分栏”对话框,如图 3-51 所示。在“预设”项中选择“两栏”,勾选“分隔线”复选框,单击“确定”按钮。

(5)插入自选图形并设置格式,步骤如下。

①单击“绘图”工具栏上的“自选图形”按钮,在弹出的菜单中选择“星与旗帜”类型,在其子菜单中选择“横卷形”,如图 3-52 所示。

② 将光标定位在目标位置,按住鼠标左键将横卷形拖动到大小合适后释放鼠标。这样一个“横卷形”图形就会出现在指定位置。

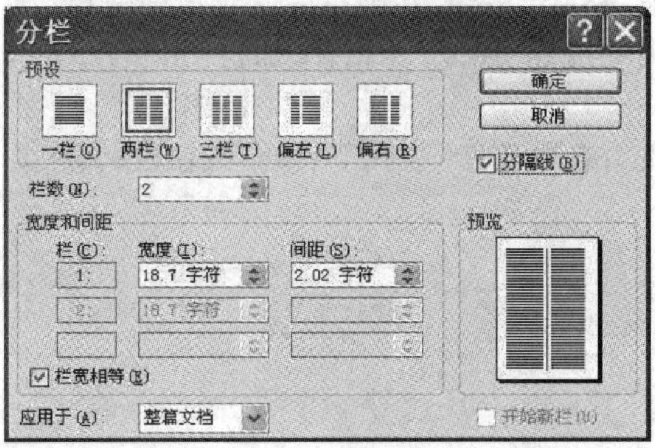

图 3-51　“分栏”对话框

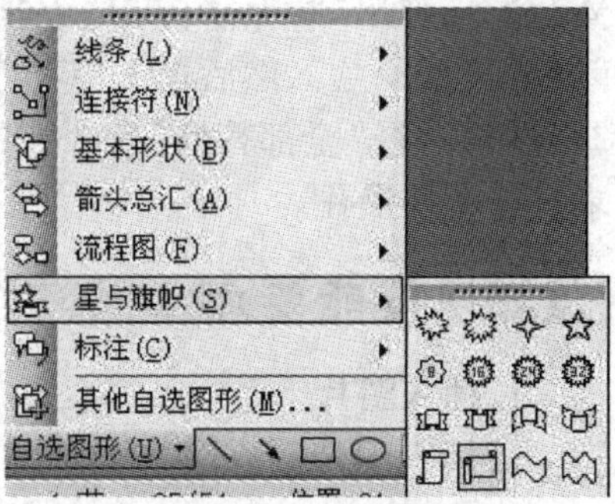

图 3-52　图形选择

③在横卷形上单击鼠标右键,选择菜单“设置自选图形格式”命令,在“自选图形”格式对话框中将横卷形填充为“蓝色”,线条颜色设为“红色”。

④在横卷形上单击鼠标右键,选择菜单“添加文字”命令,输入“端午节由来与传说”,然后选中文字设置格式,效果如图 3-53 所示。

图 3-53　自选图形及文字效果图

8. 查找和替换

(1)选择菜单“编辑 ” → “ 查找”命令,打开“查找和替换”对话框,选择“替换”选项卡,在“查找内容”文本框填入“屈原”,不设置任何格式。在“替换为”文本框内也输入“屈原”,如图3-54所示。

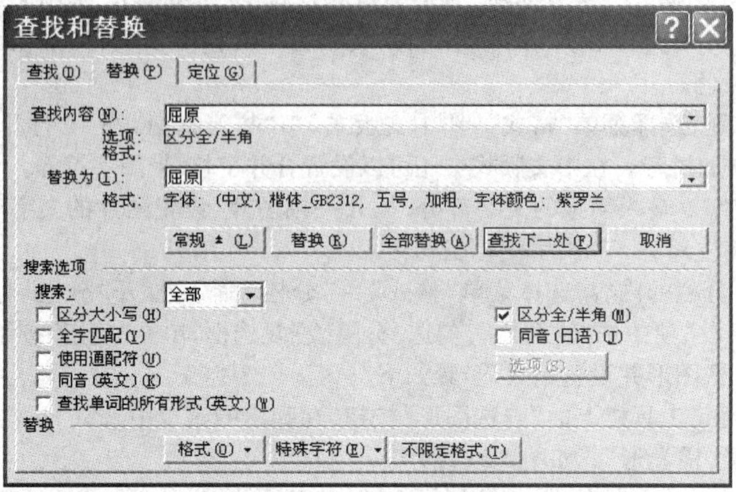

图3-54 “查找和替换”对话框

(2)将光标定位在“替换为”文本框内,单击“格式”按钮,在弹出的子菜单中选择“字体”命令,弹出“替换字体”对话框,在相应的项目中设定“屈原”为楷体、加粗、五号字,字体颜色为“紫罗兰”,然后单击“确定”按钮。

(3)选择“全部替换”命令按钮。如果不全部替换则选择“查找下一处”按钮,按实际要求进行替换操作。

🕮知识技能要点

1. 插入图片

1)插入图片的方法

将光标移至文中要插入图形处,选择菜单“插入”→“图片”→“剪贴画”或“来自文件”命令。选择“剪贴画”,打开剪贴画任务窗格,搜索所需的剪贴画插入。选择“来自文件”则打开“插入图片”对话框,查找所需的文件插入图片。

2)设置图片格式

双击选中的图片或选择菜单“格式”→“图片”命令,打开“设置图片格式”对话框,如图3-55所示。也可以选中图片单击右键,弹出快捷菜单,选择“设置图片格式”,按要求进行设置。

(1)选择“颜色与线条”选项卡。可设置图片的填充色、外边框线条的颜色、线型和粗细,如图3-56所示。

(2)选择“大小”选项卡。可设置图片的精确尺寸(高度和宽度)、旋转角度以及缩放比例,如图3-57所示。也可以选中图片,直接拖动图片的8个句柄调整图片尺寸。

(3)选择“版式”选项卡。可设置图片的文字环绕方式和水平对齐方式,如图3-58所示。在环绕方式中,嵌入型是图片以文字方式插入文中,而其他环绕方式都是以图片方式出现。水平对齐方式是指图片在文中的位置。单击“高级...”按钮可以打开“高级版式”对话

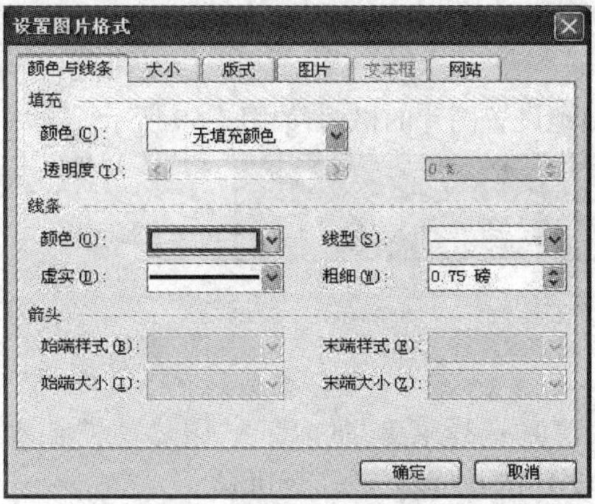

图 3-55　“设置图片格式”对话框

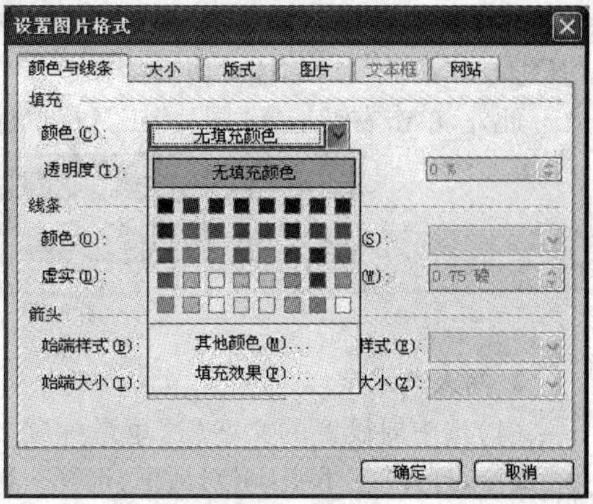

图 3-56　设置图片颜色与线条

框进行设置，如图 3-59 所示。

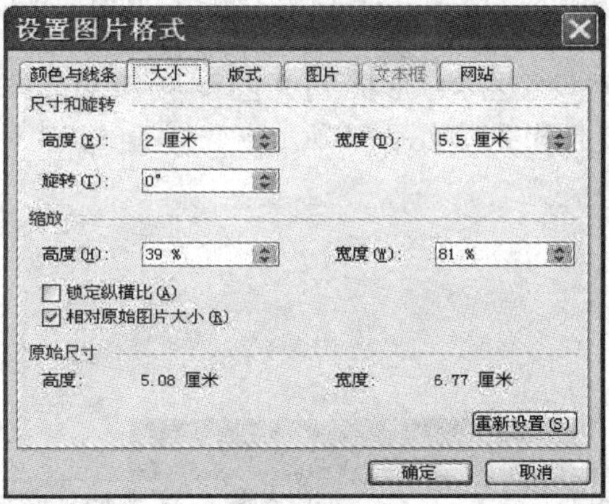

图 3-57　设置图片大小

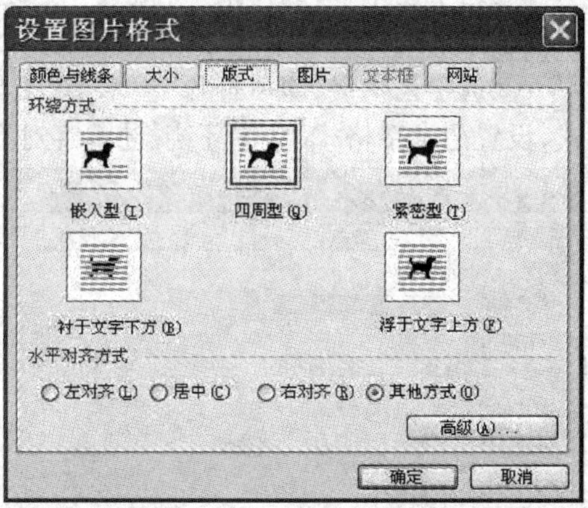

图 3-58　设置图片版式

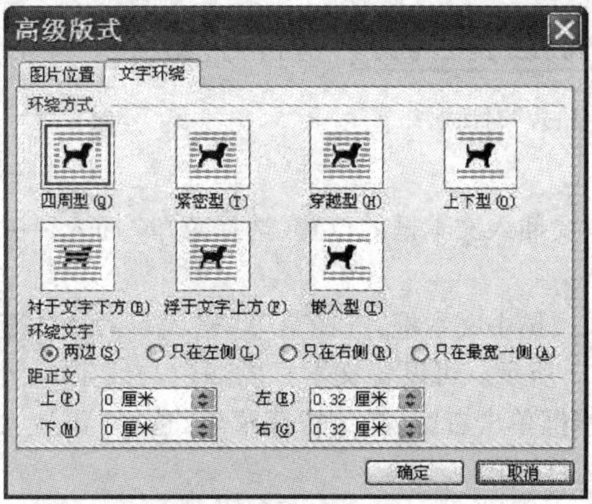

图 3-59　“高级版式”对话框

(4) 选择“图片”选项卡。可对图片进行裁剪以及图像控制。裁剪可以是从图片的上下左右精确地裁剪掉不需要的部分。图像控制可以调节图像的亮度、对比度和颜色。单击“压缩...”按钮可压缩掉裁剪掉的部分。

此外,单击右键选择“图片”工具栏,也可快捷地设置图片的格式,如图3-60所示。

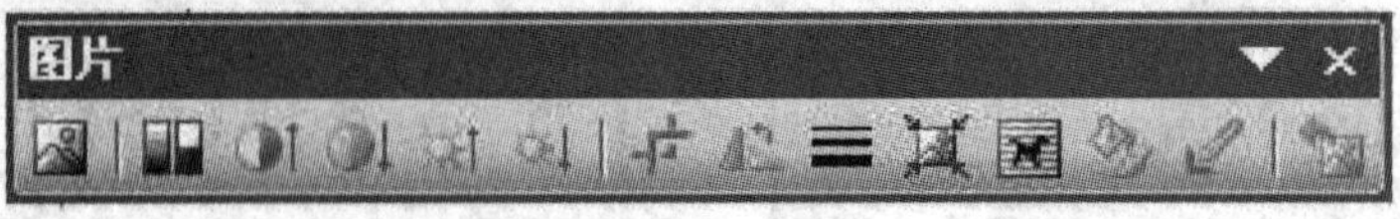

图3-60 “图片”工具栏

2. 插入艺术字

(1)选中要设置的文字(这里是标题“端午节”),选择菜单“插入”→“图片”→“艺术字”命令,打开“艺术字库”对话框,选择一种艺术字样式,单击“确定”按钮。

(2)在弹出的“编辑‘艺术字’文字”对话框中,编辑文字,插入艺术字。

(3)设置艺术字格式。

①选中艺术字,选择菜单“格式”→“艺术字”命令,打开“设置艺术字格式”对话框,可设置艺术字的颜色与线条、大小、版式,如图3-61所示。

②选中艺术字,即可打开“艺术字”工具栏,可设置艺术字形状,打开艺术字字库更改样式,设置艺术字格式、文字环绕、艺术字对齐方式、间距等,如图3-62所示。

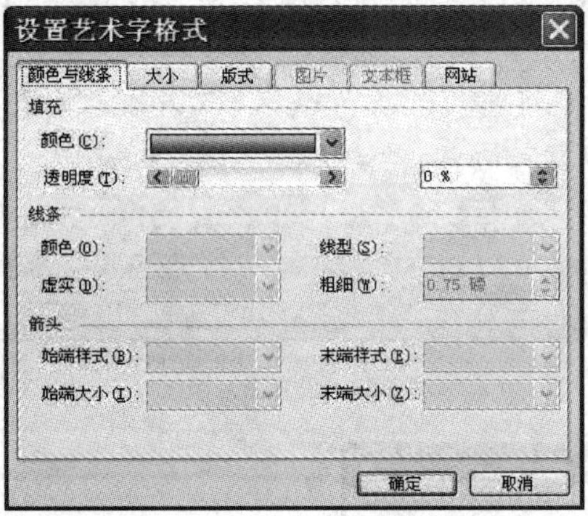

图3-61 “设置艺术字格式”对话框

图3-62 设置艺术字形状

3. 插入文本框

(1)将光标移至文中要插入文本框的位置,选择菜单“插入”→“文本框”命令,选择“横排”或“竖排”文本框插入。

(2)设置文本框格式。选中文本框,选择菜单“格式”→“文本框”命令,打开“设置文本框格式”对话框,如图3-63所示。可设置文本框的颜色与线条、大小、版式和文本框的内部边距等。也可以选中文本框单击右键,弹出快捷菜单,选择“设置文本框格式”命令进行设置。

选择“文本框”选项卡,可调整文本框内文本的内部边距。

(3)创建文本框链接。插入至少两个文本框,选中第一个文本框单击右键,弹出快捷菜单,选择“创建文本框链接”命令,这时指针变为一个杯子形状,然后指向第二个文本框,这

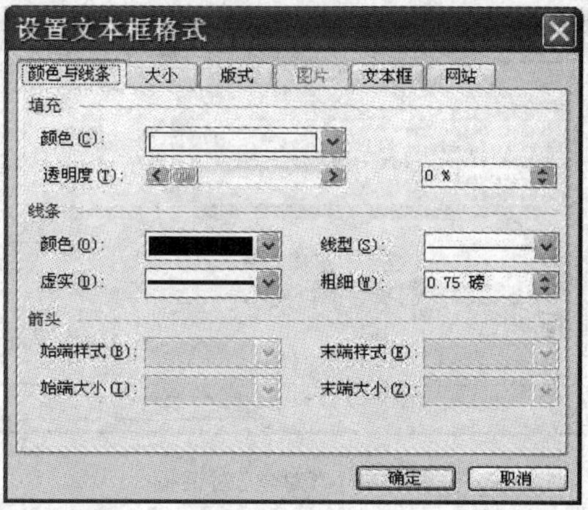

图3-63　“设置文本框格式”对话框

时指针变为一个杯子倾倒形状，单击鼠标完成链接设置。

4. 插入自选图形

(1)打开“绘图”工具栏，选择“自选图形”中的一个图形插入文中。

(2)设置自选图形格式。双击插入的自选图形或选择菜单“格式”→“自选图形”命令，打开“设置自选图形格式”对话框，可设置自选图形的颜色与线条、大小和版式等。也可以选中自选图形单击右键，弹出快捷菜单，选择“设置自选图形格式”命令来设置。

(3)在自选图形中添加文字。选中图形，单击右键弹出快捷菜单，选择“添加文字”命令。

(4)设置多个图形的组合。选中任一个图形，再按住[Shift]键单击其他图形，单击右键弹出快捷菜单，选择“组合”命令，如图3-64所示。

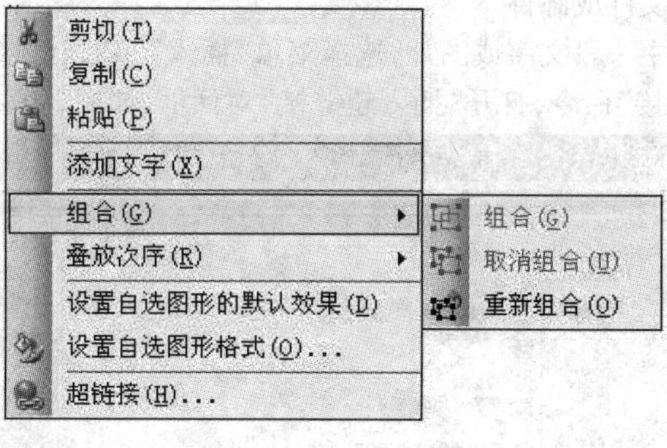

图3-64　图形组合菜单

(5)设置图形的叠放次序。选中图形，单击右键弹出快捷菜单，选择“叠放次序”命令进行设置即可。

5. 插入公式

Word 2003提供了公式编辑器，可以方便地编辑数学公式，使用方法如下：选择菜单“插入”→“对象”命令，弹出对话框如图3-65所示，选择对象类型中的“Microsoft 公式3.0”，打开“公式”工具栏，选择相应的模板编辑公式。

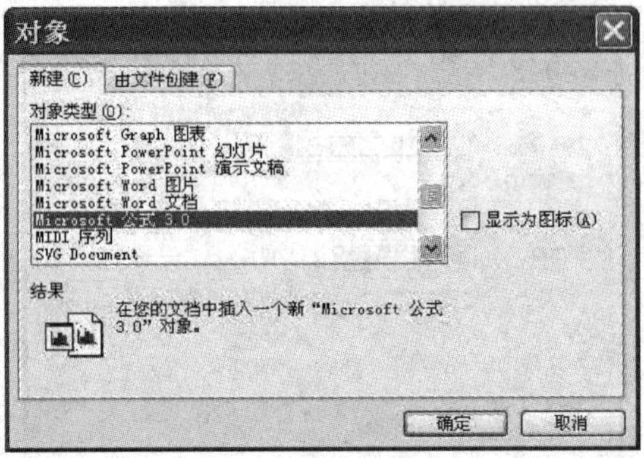

图 3-65 “对象”对话框

公式工具栏通常分为两栏，如图 3-66 所示。上面一栏是符号栏，用于插入各种数学符号；下面一栏是模板栏，用于插入积分、求和等公式符号。在输入公式时，公式中各元素的大小、间距、编排均能够自动调整。

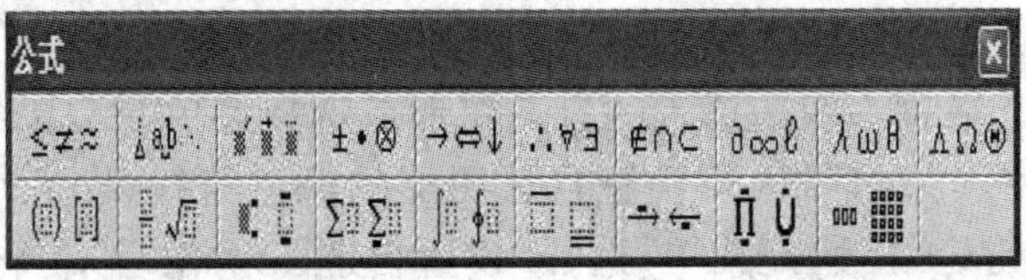

图 3-66 “公式”工具栏

6. 插入超链接

在 Word 2003 文档中，可直接插入超链接，也可以选中文字、图片或表格内容插入超链接。可以链接到网址、文件或邮件。

具体操作方法：选中一段文字或图片，选择菜单“插入”→“超链接”命令或单击右键，在快捷菜单中选择“超链接”命令，打开“插入超链接”对话框，如图 3-67 所示。

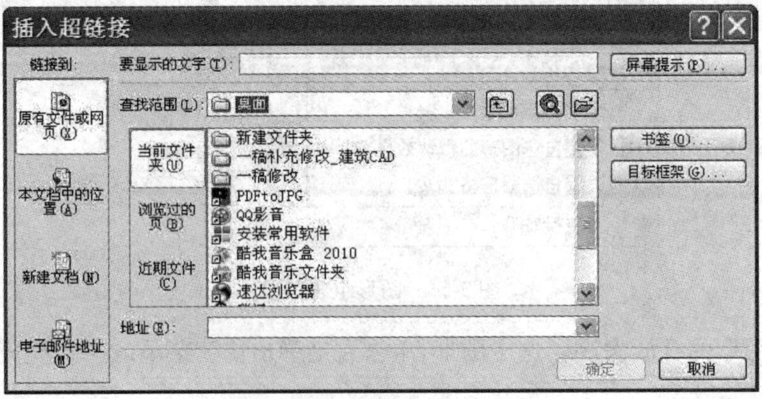

图 3-67 “插入超链接”对话框

在“链接到”项内选择位置。在“查找范围”选择链接到的文件。如果链接到网络，在“地址”栏内输入网址。如果链接到邮件，在“地址”栏内输入邮箱地址就可以了。

案例 4　制作文章目录

📖案例描述

在编写图书、论文、报告等长文档时，需要对其进行目录的编排，从而使文档的编排具有专业水准。本案例利用 Word 2003 的样式功能完成目录编排，结果如图 3-68 和图 3-69 所示。

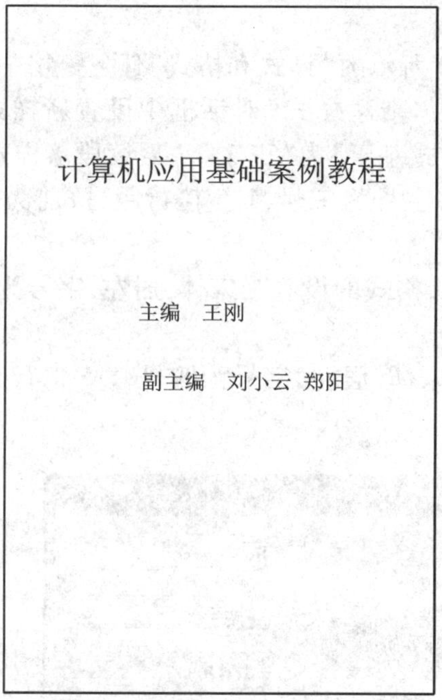

计算机应用基础案例教程

主编　王刚

副主编　刘小云 郑阳

图 3-68　文章封面示例

目录

第1章 计算机基础知识……………………2
1. 1任务分析……………………2
1. 1. 1任务的推出……………………2
1. 1. 2任务的设计思路……………………2
1. 2实现方法……………………2
1. 2. 1计算机概论……………………2
1. 2. 2数据表示与数据转换……………………2
1. 2. 3数据编码……………………2
1. 2. 4 计算机系统组成……………………2
1. 3任务总结……………………2
1. 4实践技能训练……………………2
1. 4. 1实例1……………………2
1. 4. 2实例1……………………2
习题……………………2

图 3-69　文章目录示例

通过本案例的学习，应基本做到以下几点。

(1)能够进行目录的编排。

(2)能够进行页码的设置。

实现本案例需要完成以下操作。

(1)在“F:\WORD\案例”文件夹中，新建 Word 2003 文档“文章目录. doc”。

(2)制作文章的封面。

(3)为文件目录创建三级标题样式，分别为“标题 1，黑体，居左，字号为三号，1.5 倍行距，段前为 10 磅，段后为 0 磅”、“标题 2，宋体，居左，字号为四号，1.5 倍行距，段前为 0 行，段后为 0.5 行”及“标题 3，宋体，居左，字号为四号，1.5 倍行距，段前为 0 行，段后为 0.5 行”。

(4)设置文件的页眉和页脚，偶数页页眉为“计算机应用基础案例教程”，格式为宋体，五号，居中；奇数页页眉为“第 1 章　计算机基础知识”，格式为宋体，五号，居中。奇数页和偶数页的页脚均为页码，格式为底部居中，宋体，小五号。

(5)添加脚注“建工校毕业，专业：水暖工程”等作者信息，为正文的第一段添加尾注“编写于 2012 年 2 月”。

(6)为文件创建三级目录,设置目录文字格式为宋体,五号,右对齐,段落间距 19 磅。

案例实现

1. 新建并保存文档

(1)启动 Word 2003,选择菜单"文件"→"另存为"命令,打开"另存为"对话框。

(2)在"保存位置"下拉列表框中选择"F:\WORD\案例",在"文件名"文本框中输入"文章目录","保存类型"下拉列表框中选择"Word 文档(*.doc)"选项。

(3)输入文章封面的文字内容,单击"保存"按钮。

2. 设置标题样式

(1)选择"格式"→"样式与格式"命令,在图 3-70 所示的"样式和格式"任务窗格中选择"标题 1",单击"新样式..."按钮,在图 3-71 所示的"新建样式"对话框中设置新样式,"名称"框中输入"样式 1","样式类型"为"段落","样式基于"为"正文","后续段落样式"为"样式 1",在"格式"区域中设置字体为黑体,居左,字号为三号,1.5 倍行距,段前为 10 磅,段后为0 磅。

(2)使用相同的方法选择"标题 2",新建"样式 2",格式的设置为宋体,居左,字号为四号,1.5 倍行距,段前为 0 行,段后为 0.5 行。

(3)选择"标题 3",新建"样式 3",格式的设置为宋体,居左,字号为四号,1.5 倍行距,段前为 0 行,段后为 0.5 行。

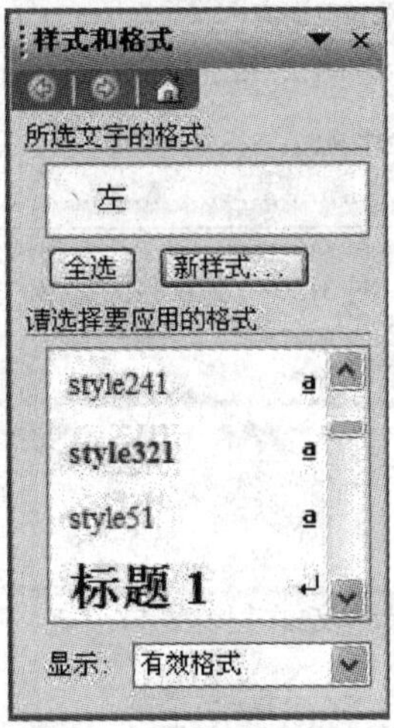

图 3-70 "样式与格式"任务窗格

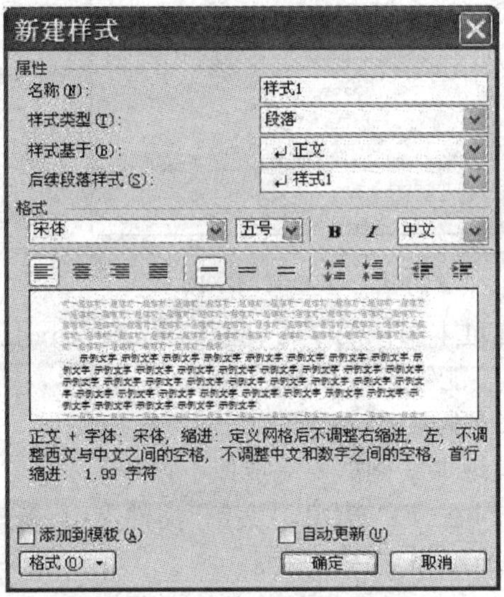

图 3-71 "新建样式"对话框

(4)分别将样式 1、样式 2、和样式 3 的样式应用于章、节及小节,用"格式刷"完成全部文章的标题设置。

3. 设置文章封面的分隔符

选择菜单"插入"→"分隔符"命令,在图 3-72 所示的"分隔符"对话框中选择"分节符类型"为"下一页",单击"确定"按钮。

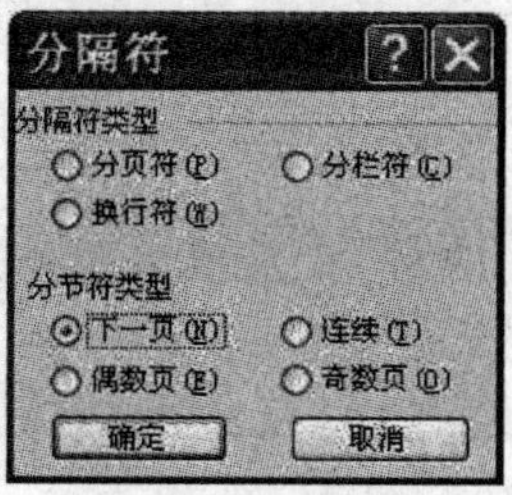

图 3-72　“分隔符”对话框

4. 设置页眉与页脚

(1)选择菜单“文件”→“页面设置”命令,在如图 3-73 所示的“页面设置”对话框中选择“版式”选项卡,在“页眉和页脚”区域中勾选“奇偶页不同”复选框,单击“确定”按钮。

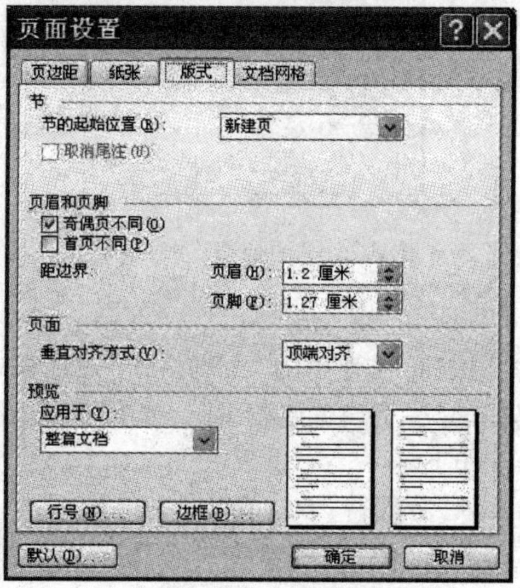

图 3-73　“页面设置”对话框

(2)添加页眉。选择菜单“视图”→“页眉和页脚”命令,弹出“页眉和页脚”工具栏,将光标定位在偶数页页眉处,输入文字“计算机应用基础案例教程”,选定文字,设置字体格式为宋体、五号、居中。将光标定位在奇数页页眉处,输入文字“第 1 章　计算机基础知识”,选定文字,设置字体格式为宋体、五号、居中。

光标移到第 2 章,可以看到第 2 章的页眉和第 1 章的页眉是相同的,用鼠标双击页眉,弹出页眉和页脚工具栏,工具栏上有一个“链接到前一个”按钮,如图 3-74 所示。把这个按钮调整为“弹起”,然后在页眉中输入第 2 章的标题,完成后关闭工具栏,同理可以制作其余的页眉。

(3)添加页脚。将光标定位在奇数页页脚处,单击“页眉和页脚”工具栏中的“插入页码”按钮,再单击“设置页码格式”按钮,在弹出的“页码格式”对话框中的“数字格式”下拉列表中选择数字类型,在“页码编排”栏下设置起始页码,单击“确定”按钮,如图 3-75 所示。

Word 文档中插入页码默认是从文档的第 1 页开始编号的,但文章的封面、目录等不需要编页码,页码应从正文第 1 章开始编号。对于正文页码的编排操作如下。

①单击“页眉和页脚” 工具栏中的“在页眉和页脚间切换”按钮,切换到页脚编辑区,单

图 3-74 “页眉和页脚”工具栏

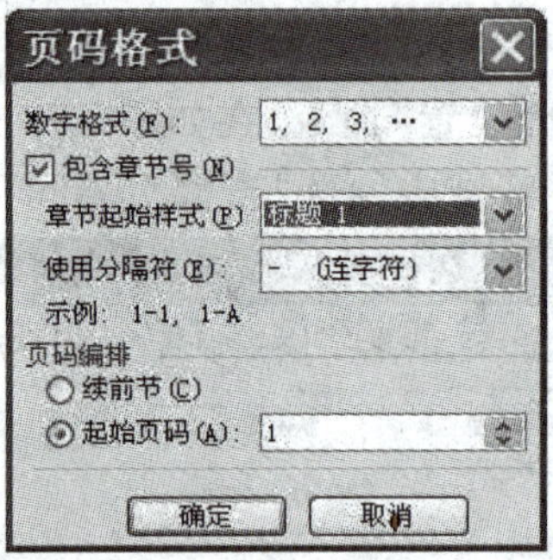

图 3-75 “页码格式”对话框

击“插入页码”。

②单击“设置页码格式”按钮,在弹出的“页码格式”对话框中的“数字格式”下拉列表中选择数字类型,在“页码编排”栏下设置起始页码,单击“确定”按钮。

对目录页码的编排操作如下。

①在目录和正文之间插入“分隔符”,分节符类型选择“下一页”,单击“确定”按钮。

②在“页眉和页脚”工具栏上,使“链接到前一个”按钮为“弹起”状态,单击“设置页码格式”按钮,在弹出的“页码格式”对话框中选择“罗马字体”,就可以使分节符前后的页脚显示不同的结果。

5. 插入脚注和尾注

1)插入脚注

选定文章作者,选择菜单“插入”→“引用”→“脚注和尾注”命令,在图 3-76 所示的“脚注和尾注”对话框的“位置”区域中设置“脚注”位于“页面底端”,“编号格式”为“1,2,3,…”,“起始编号”为“1”,“编号方式”为“连续”,单击“插入”按钮,在页面底部输入文字“建工校毕业,专业:水暖工程”,如图 3-77 所示。

2)插入尾注

选定正文第一段,选择菜单“插入”→“引用”→“脚注和尾注”命令,在图 3-76 所示的“脚注和尾注”对话框的“位置”区域中设置“尾注”位于“文档结尾”,编号格式为“ⅰ,ⅱ,ⅲ,…”,“起始编号”为“ⅰ”,“编号方式”为“连续”,单击“插入”按钮,在文档结尾处输入文字“编写于 2012 年 2 月”。

6. 添加三级目录

(1)选择菜单“插入”→“引用”→“索引和目录”命令,打开“索引和目录”对话框。

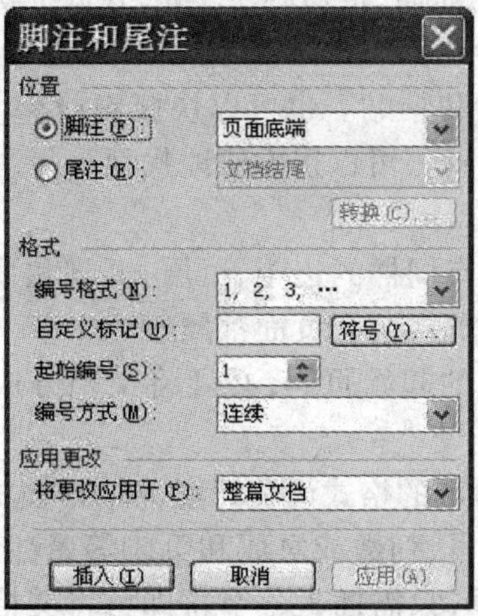

图 3-76　“脚注和尾注”对话框

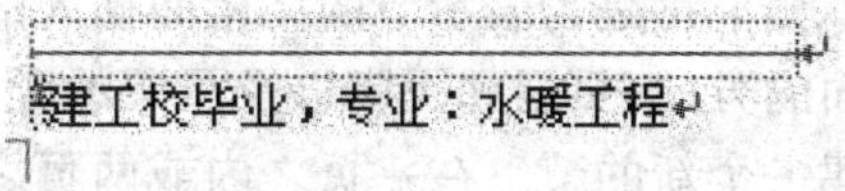

图 3-77　插入脚注

(2)选择“目录”选项卡,设置制表符前导符和显示级别,显示级别为 3 级,单击“确定”按钮,建立目录,如图 3-78 所示。

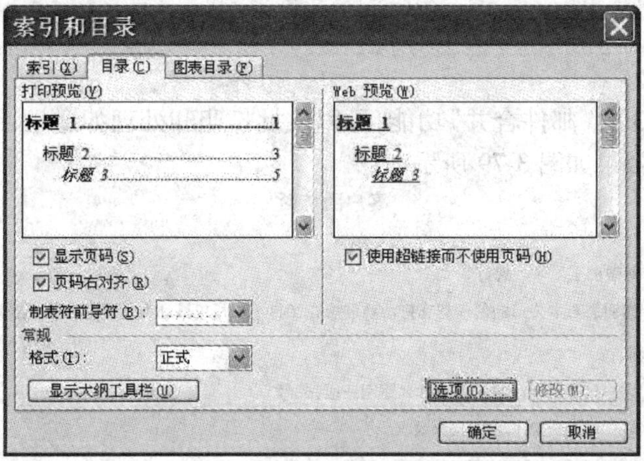

图 3-78　“索引和目录”对话框

知识技能要点

1. 分页符

在 Word 中输入文本时,Word 会按照页面设置中的参数使文字填满一行时自动换行,填满一页后自动分页,这叫做自动分页,而分页符则可以使文档从插入分页符的位置强制分页。

若要把两段分开在两页显示时,把光标定位到第一段的后面,选择菜单“插入”→“分隔符”命令,打开“分隔符”对话框,选择“分页符”,单击“确定”按钮,在这里就插入了一个分页符,这两段就会分在两页显示。

要是又不想把这些内容分页显示,把插入的分页符删除即可。默认情况下分页符不显示,单击常用工具栏上的“显示/隐藏编辑标记”按钮,在插入分页符的地方就会出现一个分页符标记,用鼠标在这一行上单击,光标就定位到分页符的前面,按[Delete]键,分页符就被删除了。

分页符是一个比较特殊的字符,可以选取、移动、复制和粘贴。也可以快捷键[Ctrl]+[Enter]方便地插入分页符。分页符插入以后会自动占据一行,可以很方便地找到。

2. 分节符

在 Word 文档中,节是一段连续的文档块,同节的页面有同样的边距、页眉、页脚和页码编排。如果没有插入分节符,Word 默认一个文档只有一个节,所有页面都属于这个节。若想对页面设置不同的页眉和页脚,对目录、正文设置不同的起始页码,必须将文档分成多个节。

分节符是为表示节的结尾而插入的标记。分节符包含节的格式设置元素,例如页边距、页面的方向、页眉和页脚以及页码的顺序。若要更改行编号、列数或页眉和页脚等属性,需创建一个新的节。在一页之内或两页之间改变文档的布局,只需插入分节符即可将文档分成几节,然后根据需要设置每节的内容。

案例5 制作客户信函

🕮案例描述

使用 Word 2003 的"邮件合并"功能,可以成批打印和处理如邀请函、会议通知、成绩单等。客户回访函的效果如图 3-79 所示。

客户回访函

尊敬的王××,您好!

感谢您对本公司的信任与支持,欢迎您在2011年12月12日到本公司客户服务部领取资料。

客户信息地址:哈尔滨市××路南三段168号

客户电话:0451-8540××××

谢谢!

远大有限公司

2011年11月18日

图 3-79 客户回访函效果

通过本案例的学习,应基本做到以下各点。

(1)创建数据源文件。

(2)建立邮件合并的主文档。

(3)生成客户信函。

实现本案例需要完成以下操作。

(1)在"F:\WORD\案例"文件夹中,新建 Word 2003 文档"客户信息.doc"文档为数据源。

(2)制作"信函"类型的文档为主文档,选择开始文档来设置信函。

(3)使用“客户信息.doc”作为合并的数据源。

(4)将信函内容插入信函的相应位置。

(5)合并到新文档中。

案例实现

1. 创建“客户信息.doc”文档为数据源

(1)启动 Word 2003 新建文档,选择菜单“文件”→“另存为”命令,打开“另存为”对话框。

(2)在“保存位置”下拉列表框中选择“F:\WORD\案例”,在“文件名”文本框中输入“客户信息”,“保存类型”下拉列表框中选择“Word 文档(*.doc)”选项。

(3)单击“保存”按钮。

(4)创建一个表格,建立数据源文件,如图 3-80 所示。

姓名	性别	通信地址	联系电话	购买时间
王××	先生	哈尔滨市××南三段 168 号	0451－8540××××	2011－10－27
马××	女士	哈尔滨市五桂桥××路 218 号	0451－8739××××	2011－10－12
孔××	先生	哈尔滨金牛区××西路 35 号	0451－8531××××	2011－10－11
张××	女士	哈尔滨市新区桂溪乡××村 165 号	0451－8662××××	2011－10－23

图 3-80　客户相关信息

2. 制作“信函”类型的文档为主文档

选择菜单“工具”→“信函与邮件”→“邮件合并”命令,打开“邮件合并”任务窗格,选择“信函”,如图 3-81 所示,单击“下一步”,选择“使用当前文档”,如图 3-82 所示,单击“下一步”。

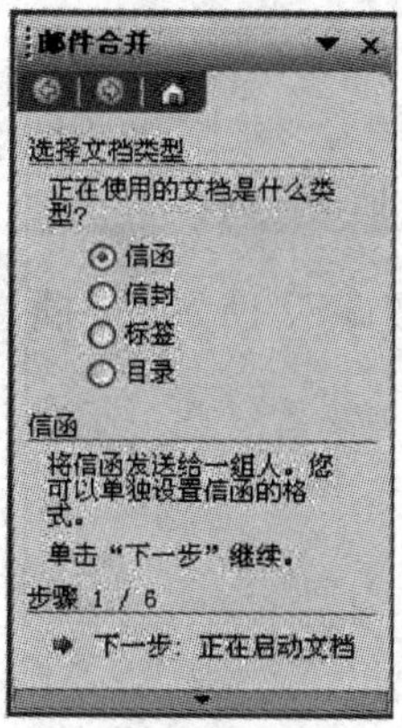

图 3-81　邮件合并第一步

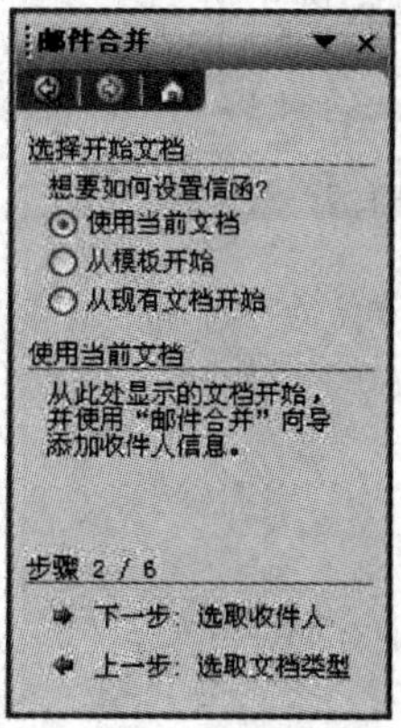

图 3-82　邮件合并第二步

3. 使用“客户信息.doc”作为合并的数据源

选择收件人为“使用现有列表”,如图 3-83 所示。单击“浏览...”按钮,在弹出的“选取数据源”对话框中选择“客户信息.doc”,单击“打开”按钮,弹出如图 3-84 所示的“邮件合并收件人”对话框,单击“确定”按钮。

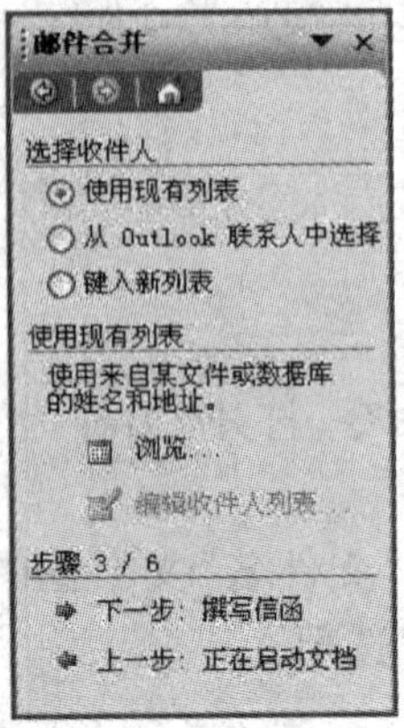

图 3-83　邮件合并第三步

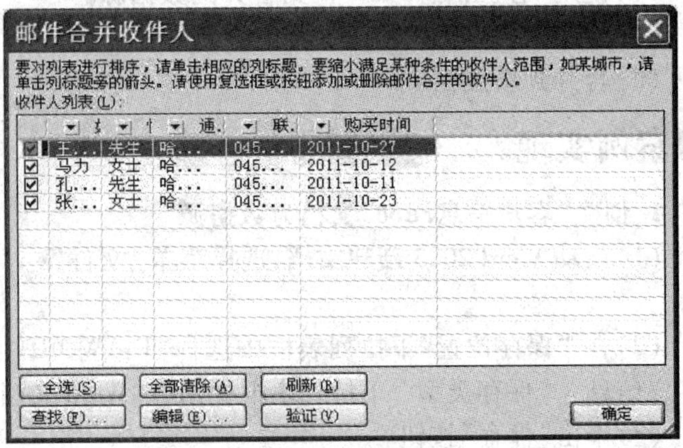

图 3-84　“邮件合并收件人”对话框

4. 将信函内容插入信函的相应位置

弹出“撰写信函”任务窗格，如图 3-85 所示。撰写的内容如图 3-86 所示。

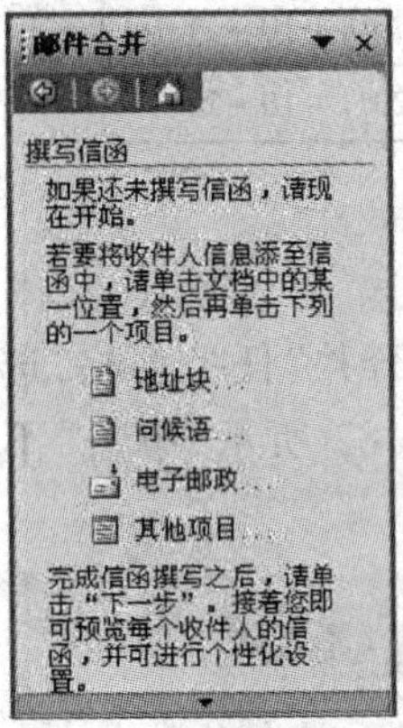

图 3-85　邮件合并第四步

尊敬的《姓名》，您好！

感谢你对本公司的信任与支持，欢迎您在 2011 年 12 月 12 日到本公司客户服务部领取资料。

客户信息地址:《通信地址》

客户电话:《联系电话》

谢谢！

远大有限公司

2011 年 11 月 18 日

图 3-86　客户回访函内容

将指针定位在“姓名”位置，单击“其他项目”链接，在如图 3-87 所示的“插入合并域”对

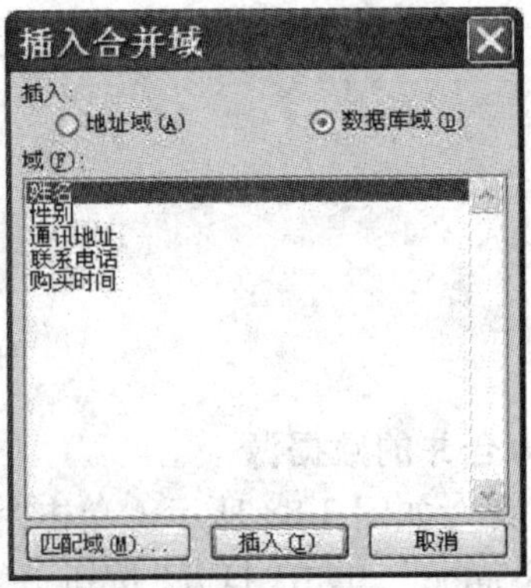

图 3-87　“插入合并域”对话框

话框中,"域"区域选择"姓名",然后单击"插入"按钮,使用同样的方法将"通信地址"、"联系电话"插入相应的位置。

5. 预览信函并合并到新文档中

设置完成后,结果如图3-88和图3-89所示。

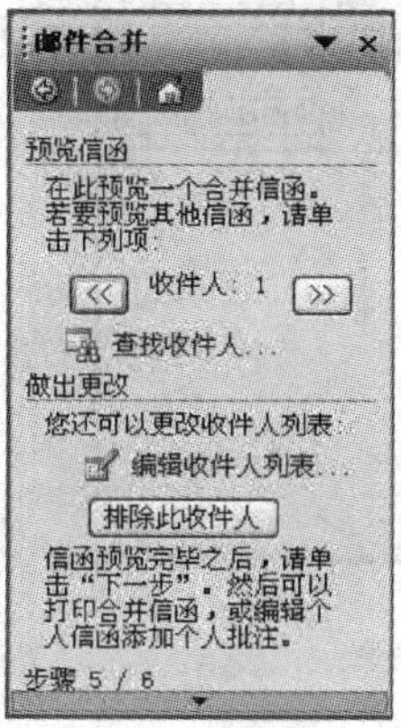

图3-88　邮件合并第五步

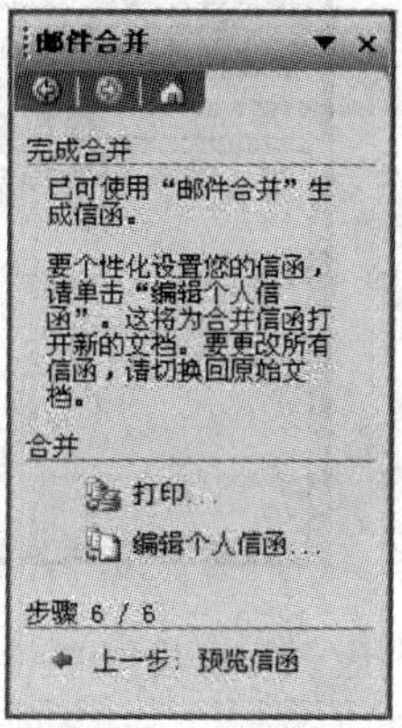

图3-89　邮件合并第六步

知识技能要点

1. 邮件合并工具栏

邮件合并可以使用邮件合并工具栏进行操作。在Word中,选择菜单"视图"→"工具栏"→"邮件合并"命令,弹出如图3-90所示的"邮件合并"工具栏。

图3-90　"邮件合并"工具栏

选择工具栏中"合并到新文档"按钮,将数据源中的数据和主文档的共有文本生成一个合并文档。

2. 发送电子邮件

(1)在Word中,选择菜单"文件"→"发送"→"邮件收件人(以附件形式)"命令,在出现的新邮件编辑窗口中输入相应的条目,就可以发送电子邮件了,如图3-91所示。

(2)在主文档中单击"邮件合并"工具栏上的"合并选项"按钮,打开"合并选项"对话框,从"合并到"下拉列表中选择"电子邮件"。

(3)单击"设置"按钮,打开"合并设置"对话框,从"含邮件/传真地址的数据域"下拉列表中选择电子邮件地址所在的域。

(4)单击"确定"按钮,回到"合并选项"对话框。

(5)单击"合并"按钮,就可以使用Outlook把当前的文档作为电子邮件发送出去了。

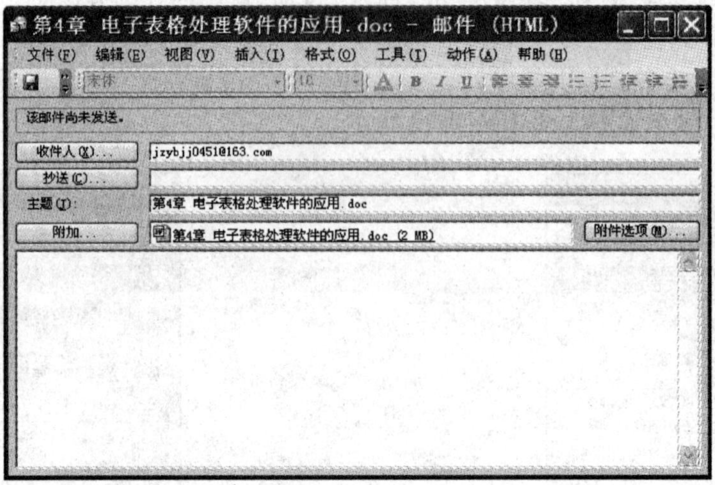
第4章 电子表格处理软件的应用.doc - 邮件 (HTML)
文件(F) 编辑(E) 视图(V) 插入(I) 格式(O) 工具(T) 动作(A) 帮助(H)
该邮件尚未发送。
收件人(X)...
jzybjj0451@163.com
抄送(C)...
主题(J):
第4章 电子表格处理软件的应用.doc
附加...
第4章 电子表格处理软件的应用.doc (2 MB)
附件选项(M)...

图 3-91 邮件发送窗口

第 4 章　电子表格处理软件的应用

Excel 是 Office 的重要组件之一，是微软公司推出的电子表格处理软件。本章主要通过 Excel 2003 的应用案例，介绍 Excel 软件在数据图表化、数据管理和数据分析处理等方面的功能，并介绍表格的数据录入、编辑、数据分析处理等方法。

案例 1　制作学生基本情况表

📖案例描述

制作“学生基本情况表. xls”电子表格，在 Excel 中输入基础信息，并修饰表格，结果如图 4-1 所示。通过学习本案例，应基本做到以下两点。

（1）掌握 Excel 的基本使用方法。

（2）熟练掌握 Excel 电子表格的创建及格式设置的方法。

	A	B	C	D	E	F	G	H
1	学生基本情况表							
2								
3	考号	姓名	性别	出生日期	专业	班级	学号	入学成绩
4	08230708230042	马宏超	女	1990-4-12	造价	造价0812	93701	420.5
5	08230104230125	王海旭	女	1988-9-21	造价	造价0812	93702	431
6	08232700230061	王预光	女	1989-4-28	造价	造价0812	93703	400
7	08232325230158	付广成	女	1987-3-11	造价	造价0812	93704	454
8	08234070270003	左海鹏	男	1987-2-28	造价	造价0812	93705	390
9	08230900270017	田宝贵	男	1988-12-5	造价	造价0812	93706	380.5
10	08232326270013	任传奇	男	1988-6-16	造价	造价0812	93707	430
11	08232325230056	伊红双	女	1988-9-17	造价	造价0812	93708	487
12	08230227270017	刘双双	男	1989-8-9	造价	造价0812	93709	432
13	08234142230015	刘宝庆	男	1990-1-6	造价	造价0812	93710	462

图 4-1　“学生基本情况表”效果图

本案例需要完成以下操作。

（1）启动 Excel 2003 应用程序。

（2）了解 Excel 2003 工作窗口。

（3）将空白工作簿保存为“学生基本情况表. xls”文件。

（4）输入基础信息。

（5）简单修饰表格。

①标题的格式：居中，字体为“华文行楷”，字号 20，颜色为红色。

②选择需要的日期形式。

③表头文字居中。

④边框和底纹的设置:表格外边框为粗实线,内边框为细实线,表头加"淡青绿"底纹。

(6) 关闭文件并退出 Excel 2003。

🕮案例实现

1. 启动 Excel 2003 应用程序

1)使用"开始"菜单启动

选择"开始"→"所有程序"→"Microsoft Office"→"Microsoft Office Excel 2003"命令,即可创建一个空白的工作簿(系统自动创建工作簿 Book1. xls,并包含 3 张工作表 Sheet1、Sheet2 和 Sheet3),进入如图 4-2 所示的 Excel 2003 工作窗口。

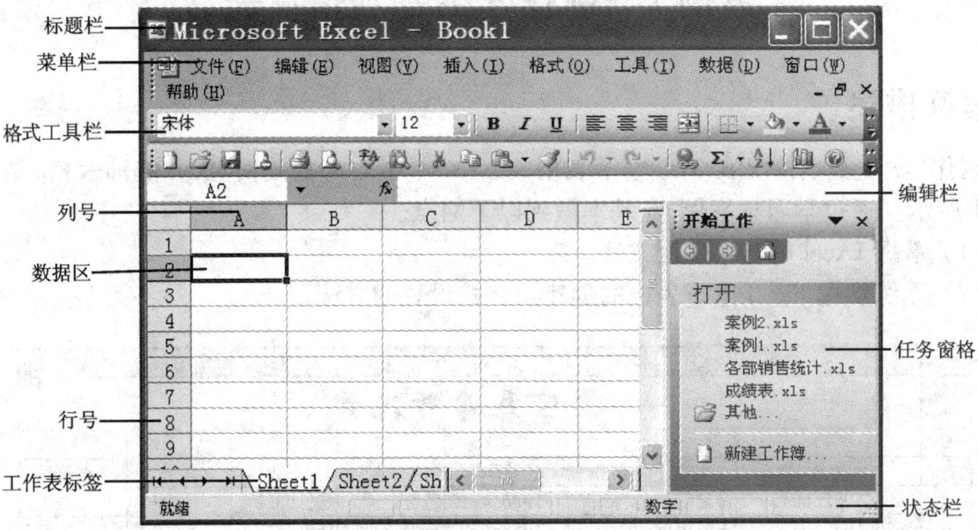

图 4-2 Excel 2003 工作窗口

2)使用快捷菜单启动

在桌面空白处右击,在弹出的快捷菜单中,选择"新建"→"Microsoft Excel 工作表"命令,再双击出现在桌面上的"新建 Microsoft Excel 工作表"图标即可。

3)使用快捷方式图标启动

在桌面上,双击"Microsoft Office Excel 2003" 快捷方式图标也可以打开该程序。

2. 了解 Excel 2003 的工作窗口界面

Excel 2003 工作窗口由标题栏、菜单栏、格式工具栏、编辑栏、数据区、任务窗格、工作表标签、状态栏等几部分组成。

(1)标题栏。它位于窗口顶部第一行。在标题栏中显示的是应用软件的名字及当前使用的工作簿的名字。启动 Excel 2003 后,打开的第一个空白工作簿的缺省名为"Book1",扩展名系统默认为". xls"。

(2)菜单栏。它提供 Excel 2003 的操作命令,默认有 9 组菜单项。选择菜单项中的命令就可以实现 Excel 2003 中的相应功能。

(3)格式工具栏。在格式工具栏中,集中了用于修饰单元格格式的一组常用命令按钮,包括文本格式、对齐方式、边框线及背景等项内容。

(4)编辑栏。它用来显示当前单元格的名称和当前单元格的内容。编辑栏的左边是单元格名称框,显示当前单元格名称。编辑栏的右边是编辑区,也叫公式栏,显示的是当前单元格的内容。可以在公式栏中输入或编辑所选单元格的数据和公式。选择菜单"视图"→"编辑栏"命令,可显示或隐藏编辑栏。

(5)行号和列号。单元格的名称(也称为地址)由列号和行号组成。例如B3,表示的是位于第3行和第2列的单元格。列号代表列的编号,用字母A,B,…,IV等表示,共256列。行号代表行的编号,从1到65 536。

(6)数据区。此区又称为工作簿区域,所有的数据和文字信息都将显示在此区域中。

(7)任务窗格。任务窗格位于窗口右侧。如果没有出现,可以通过选择菜单"视图"→"任务窗格"命令来打开。常用的操作命令都集中放置在任务窗格中,单击"开始工作"按钮,打开"任务窗格"的下拉菜单,可选择相应的命令。

(8)工作表标签。Excel工作簿包含若干个工作表,一个新创建的工作簿默认含有3个工作表,每个工作表都有自己的名称,即工作表标签,显示在工作簿窗口底部的标签显示区中,系统默认每个工作表名称是Sheet1、Sheet2和Sheet3。

(9)状态栏。它位于窗口底部,用于显示表格处理过程中的状态信息。

3. 保存文件

在Excel 2003窗口中,选择菜单"文件"→"保存"命令,将当前文件保存为"学生基本情况表.xls",并存放在"F:\EXECL\案例"文件夹中。

4. 输入基础信息

1)输入文本字符

在A1单元格中输入"学生基本情况表"标题,在A3到H3的单元格中分别输入"考号"、"姓名"、"性别"、"出生日期"、"专业"、"班级"、"学号"和"入学成绩"。

2)输入数字字符

在A4单元格中先输入英文"'"单引号,然后输入考号"08230708230042",按回车键。依次输入所有人的考号。

3)输入日期和时间

在D4单元格中输入"1990-4-12",按回车键,依次完成各位学生出生日期的输入。

4)输入专业名称

选中E4单元格,输入专业名称,将鼠标指针移到该单元格右下角,出现黑色十字(称为填充柄),向下拖动鼠标,即可自动填充所有人的专业,均为"造价"。

5)输入学号

输入G4和G5单元格的数据,用鼠标选中两个单元格,将鼠标指针移到选中区域右下角,出现黑色十字,向下拖动鼠标,即可完成自动填充。

6)输入其他信息

入学成绩是数值型数据,可直接输入,另外姓名、性别、班级等信息也可直接输入。

5. 简单修饰表格

1)标题的格式化

选中A1:H1单元格区域,单击格式工具栏上的"合并及居中"按钮,此时标题居中;字体设为“华文行楷”，字号20，文字颜色为红色。

2）日期格式的设置

选定D4：D13单元格区域，选择菜单“格式”→“单元格”命令，打开“单元格格式”对话框，如图4-3所示。选择“数字”选项卡，单击“分类”中的“日期”项，选择“类型”中需要的日期形式，最后单击“确定”按钮。

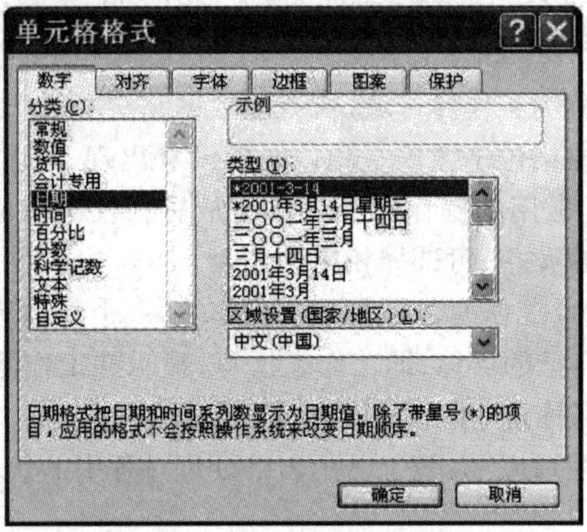

图4-3 “单元格格式”对话框

3）对齐方式

选择要对齐的单元格区域A3：H3，选择菜单“格式”→“单元格”命令，切换到“对齐”选项卡，在“水平对齐”下拉列表框中选择“居中”，单击“确定”按钮。

4）边框和底纹的设置

（1）选中单元格区域A3：H13，选择菜单“格式”→“单元格 ”命令，打开“单元格格式”对话框。如图4-4所示，在“边框”选项卡中选择线条样式中的粗实线，单击“预置”中的“外边框”按钮；在线条样式中选择细实线，单击“预置”中的“内部”按钮。最后单击“确定”按钮，完成边框的设置。

（2）选定单元格区域A3：H3，在“单元格格式”对话框中，选择“图案”选项卡，选择“单元格底纹”的“颜色”为“淡青绿”色，如图4-5所示。单击“确定”按钮，完成底纹的设置。

6. 关闭文件并退出Excel 2003

退出Excel 2003有以下3种方法。

（1）单击标题栏右端的“关闭”按钮退出程序。

（2）双击窗口控制菜单图标退出程序。

（3）选择菜单“文件”→“退出”命令。在退出Excel时，如果文件没有被保存，会出现提示对话框。

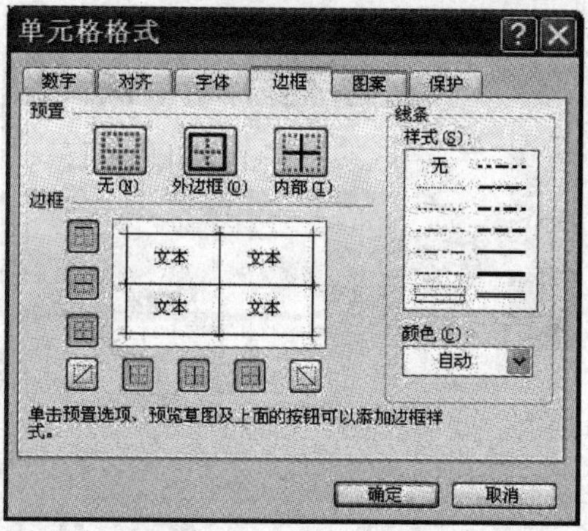

图 4-4　单元格边框设置

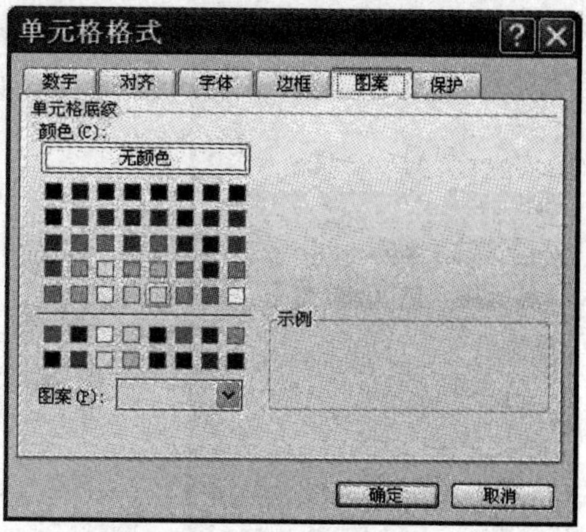

图 4-5　单元格底纹设置

知识技能要点

1. Excel 常用概念

(1)工作簿。工作簿是工作表的集合,一个工作簿可以包含一个或多个工作表(最多可达 255 个工作表)。当需要进行工作表切换时,只要用鼠标单击工作表标签,对应的工作表就被激活而成为当前工作表,原来的工作表即被隐藏。

(2)工作表。工作簿中的每一张表称为一个工作表,工作表是由单元格构成的。

(3)单元格。Excel 2003 的工作表中每一行和列的交叉处即为一单元格。每个单元格用它所在的行号和列号来引用,行号从 1 开始,依次为 2,3,…,65 536,共 65 536 行;列号从 A 开始依次为 B,C,…,Z,AA,AB,…AZ,BA,BB,…,IV,共 256 列。单元格的引用为列号在前,行号在后。例如,F4 就代表第 F 列第 4 行相交的单元格。单元格是 Excel 中最小的编辑单位,工作簿中的每一个数据项都保存在一个独立的单元格里,在单元格内可以输入数字、字符、公式、日期、图形或声音文件等。

(4)活动单元格。活动单元格由加粗的边框线包围,用来表示当前正在操作的单元格。

2. 新建工作簿

1)创建空的工作簿

启动 Excel 后,系统自动打开一个名为 Book1 的空白工作簿。如果要创建新工作簿,可按下列方法进行。

(1)选择菜单“文件”→“新建”命令,出现“新建工作簿”任务窗格,如图 4-6 所示,单击“空白工作簿”图标可打开新的空白工作簿。

(2)单击常用工具栏上的“新建”按钮。

(3)按[Ctrl]+[N]组合键。

2)利用模板创建工作簿

(1)选择菜单“文件”→“新建”命令,出现“新建工作簿”任务窗格。单击“本机上的模板”图标,出现“模板”对话框,如图 4-7 所示。

(2)在“模板”对话框中选择相应的选项卡,并选中所需的模板。在“预览”框中可以预览所选模板效果,单击"确定"按钮。

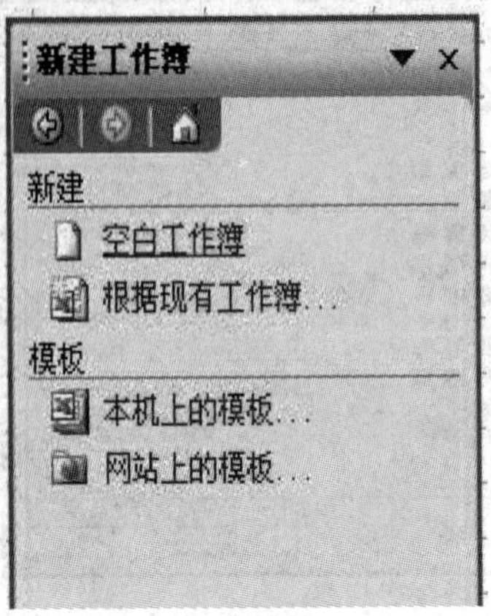

4-6 "新建工作簿"任务窗格

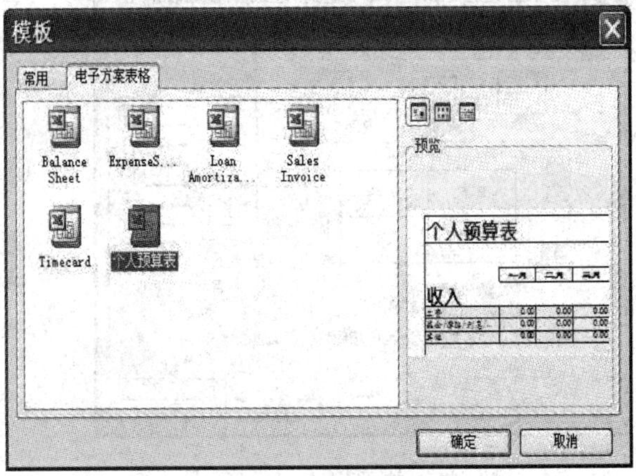

图 4-7 "模板"对话框

3. 保存工作簿

(1)单击常用工具栏上的"保存"按钮,或选择菜单"文件"→"保存"命令,出现"另存为"对话框,如图 4-8 所示。

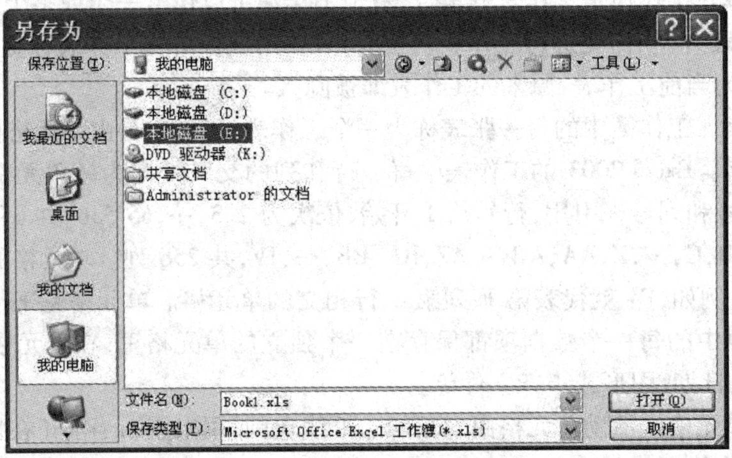

图 4-8 "另存为"对话框

(2)单击"保存位置"框右侧的向下箭头,选择保存位置。在"文件名"下拉列表框中输入文件名,在"保存类型"下拉列表框中选择文件的保存格式。

(3) 单击"保存"按钮。

提示:为防止因电脑突然断电导致数据丢失,要特别注意适时进行保存操作,即单击"保存"按钮,或选择菜单"文件"→"保存"命令,或按[Ctrl] +[S] 组合键,保存对文件所做的修改。

4. 打开工作簿

打开工作簿的方法通常有以下几种。

(1)打开"开始工作"任务窗格,单击"打开",在弹出的对话框中选择相应的文件。

(2)选择菜单"文件"→"打开"命令,在"打开"对话框中选中要打开的文件。

(3)用工具栏中的"打开"按钮打开文件。

(4)利用 Excel 最近使用过的文档清单打开工作簿。

(5)在资源管理器中双击要打开的工作簿文件名。

提示:为避免原文件的内容被修改,在查看时可以用副本或只读的方式打开。

操作方法:在常用工具栏上单击"打开"按钮,在弹出的对话框中选中要打开的文件,单击"打开"按钮右侧的向下箭头,在弹出的菜单中选择"以副本方式打开"或"以只读方式打开"。

5. 工作表中数据的输入

Excel 以单元格为录入数据的基本单位,一个单元格对应一个数据。输入的数据可分为数型值数据、文本型数据和日期等。

1)输入文本型数据

对于文本型数据,如姓名、性别等,可以直接在单元格中输入;对于数字形式的文本型数据,如身份证号、学号、电话号码、邮编等,输入时应在数字前加英文单引号"'"。

注意

①一个单元格最多允许输入 32 767 个字符,若字符长度超过了单元格显示宽度,右侧相邻的单元格中没有数据,则 Excel 允许多出来的数据临时占用相邻的单元格。如果右侧相邻的单元格中已有数据,则多出来的数据无法显示出来。此时可以通过调整单元格的宽度或在编辑框中看到输入的内容。

②若想取消当前单元格中刚输入的文本型数据,恢复输入前的状态,可以用两种方法:按[Esc]键或单击数据编辑栏的"×"按钮。

2)输入数值

数值可以直接输入。输入分数时,应先输入数字"0"和空格,否则,系统自动将分数处理为日期。例如,要输入 1/4,应输入"0　1/4"。

当单元格的类型选择"数值"时,输入数值数据时,有时会在单元格内出现符号"###",这是因为单元格列宽不够,调整列宽会显示出全部数据。

如果数据是负数,直接在数字前使用负号,或把数据写在一对小括号内,例如,输入 -20 时,可以写成(20)。

当单元格的类型选择"常规"时,若输入的数字超过单元格的列宽,Excel 将自动以科学计数法表示。如输入 12345678912345,单元格内则显示为"1.23457E+13";如果单元格数字格式设置为 2 位小数,当输入 3 位小数时,末位会自动进行四舍五入。

3)输入日期和时间

输入日期和时间的方法与输入数字和文字的方法类似。在同一单元格中,可同时输入日期和时间,先输入日期或先输入时间均可,但中间要用空格隔开。日期的年、月、日之间用"/"或"-"分隔。如果要输入当天的日期,可按[Ctrl]+[;]组合键。输入时间时,时分秒要用":"隔开。如果要输入当前时间,可按[Ctrl]+[Shift]+[;]组合键。如果以 12 小时制输入时间,需要在时间后加空格,并输入 AM 或 PM(或者 A 或 P),否则 Excel 将以 24 小时制来处理时间。

提示:默认状态下,数值数据的对齐方式为右对齐,文本型数据的对齐方式为左对齐。

4）填充数据

在单元格中连续地输入相同的数据或有规律的数字序列时，如本例中的“学号”和“专业”，可以用 Excel 的自动填充功能实现快速输入。

（1）输入相同数据。先输入第一项，选中该项单元格，将鼠标指针移动到填充柄上，指针变成黑色十字形状时，按住鼠标左键拖动。

（2）输入有规律的数字序列。只要输入前两项，然后选中这两个单元格，拖动填充柄向下或向右就可按该序列的顺序将后续数据逐一添加进来，如图 4-9 所示。

（3）如果是数字字符，或是文本中带有数字（如 B001）以及日期、时间，只要输入第一项，拖动填充柄就可按数值递增顺序添加出以后各项。

提示：对于含有数字的文本或日期，按照上述方法操作时，其文字不变，数字递增。对于含有数字的文本或日期，利用自动填充功能输入相同的数据时，需按住［Ctrl］键。

技巧：按［Ctrl］键选中不连续的单元格，输入数据，然后按［Ctrl］+［Enter］组合键，则在这些单元格中输入了相同的数据。

	A	B	C	D	E	F	G
1	系统预定义	星期一	星期二	星期三	星期四	星期五	星期六
2		一	二	三	四	五	六
3	复制数据	5	5	5	5	5	5
4	等差数列	1	3	5	7	9	11
5	用户自定义	马宏超	王预光	付广成	左海鹏	田宝贵	任传奇

图 4-9 填充示例

（4）将常用的有序数据自定义为数据序列。选择菜单“工具”→“选项”命令，在弹出的对话框中选择“自定义序列”选项卡，在“输入序列”中分别输入序列中的各个数据，数据之间按［Enter］键分隔，然后依次单击“添加”和“确定”按钮，如图 4-10 所示。

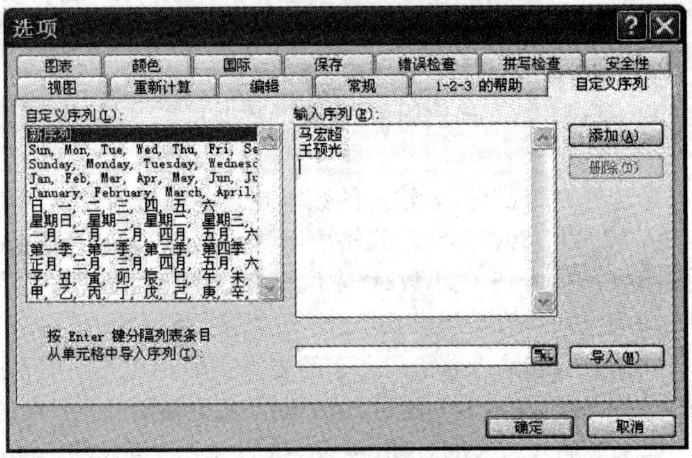

图 4-10 “自定义序列”选项卡

6. 设置单元格格式

选择菜单“格式”→“单元格”命令进行如下设置：数据格式化、字符格式化、标题居中、数据对齐和添加边框或底纹。

还可以根据给定的条件来决定数值的显示格式。例如,在"学生基本情况表. xls"中,将入学成绩小于 400 分的数据设置成红色、倾斜加粗格式。操作步骤如下。

(1)选定要使用条件格式的单元格区域。

(2)选择菜单"格式"→"条件格式"命令,弹出"条件格式"对话框,如图 4-11 所示,在相应的位置选择和输入条件。

(3)单击"格式"按钮,选择"字体"选项卡,设置颜色为红色、倾斜、加粗格式。

(4)单击"确定"按钮。

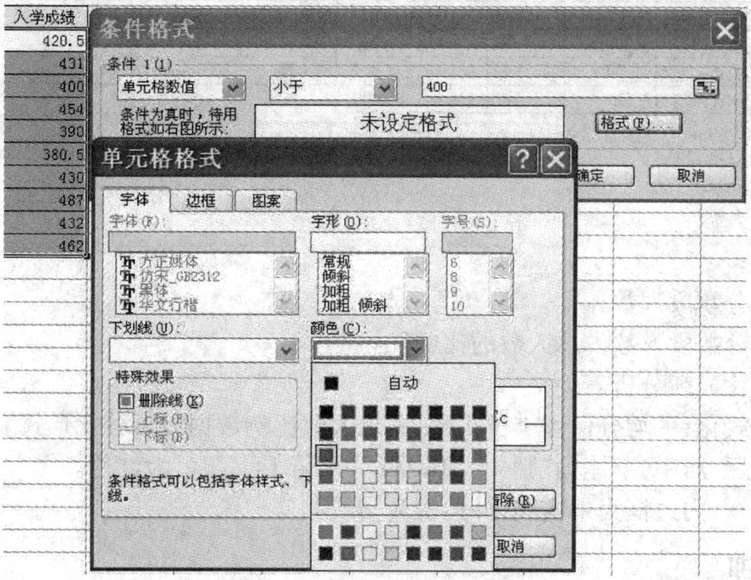

图 4-11　"条件格式"对话框

案例 2　制作期末成绩分析表

🕮案例描述

利用 Excel 2003 的公式与函数功能完成"期末成绩分析表"的制作,结果如图 4-12 所示。通过学习本案例,应基本做到以下两点。

(1)熟练掌握函数的用法。

(2)熟练掌握公式的用法。

本案例需要完成以下操作。

(1)新建 Excel 2003 文件"期末成绩分析表. xls",并将工作表标签 Sheet1 改名为"造价 1 班成绩分析表",保存在"F:\EXCEL\案例"文件夹中。

(2)输入基础数据。

(3)利用函数和公式计算以下各项:

①计算平均分;

②统计最高分和最低分;

	A	B	C	D	E	F	G	H	I
1	计算机成绩表					成绩分析表			
2	学号	姓名	成绩	名次			分数段人数	占总人数比例	备注
3	08231025810087	李芳	86	2		90--100分	1	9%	分段等级点
4	08230325810017	李斯	98	1		80--89分	5	45%	100
5	08230725810014	杨宝山	85	3		70--79分	2	18%	89
6	08230825810011	杨慧	64	10		60--69分	2	18%	79
7	08230625810009	苏嫱	41	11		0--59	1	9%	69
8	08230125810080	邹俊康	84	5					59
9	08230825810062	邹寒	79	7		最高分	98		
10	08230825810064	孟祥亭	65	9		最低分	41		
11	08232603050594	武晓琦	84	5		平均分	75.7		
12	08232601010127	逄迎	71	8		总人数	11		
13	08230208016020	王刚	85	3					

图 4-12 “期末成绩分析表”效果图

③统计总人数；

④排名次；

⑤统计各分数段人数；

⑥统计各分数段人数占总人数的比例。

（4）格式化成绩分析表。

①数字格式化：平均分保留 1 位小数，占总人数比例数据以百分比形式显示。

②设置标题：居中，字体为“仿宋_GB2312”，字号 14 ，颜色为红色。

③添加边框：内边框为单实线，外边框为实线。

案例实现

1. 创建工作簿

建立一个文件名为“期末成绩分析表. xls”的空工作簿，将工作表标签 Sheet1 改名为“造价 1 班成绩分析表”，将文件保存在“F:\EXCEL\案例”文件夹中。

2. 输入基础数据

在工作表“造价 1 班成绩分析表”中依次输入“学号”、“姓名”、“成绩”等数据内容，结果如图 4-13 所示。

3. 利用函数和公式计算

1）计算平均分

选择存放平均分结果的单元格 G11，选择菜单“插入”→“函数”命令，打开“插入函数”对话框，在“选择函数”下拉列表中选择 AVERAGE 函数，单击“确定”按钮，打开“函数参数”对话框，如图4-14所示。在“Number1”文本框中输入“C3:C13”或用鼠标选中 C3:C13 单元格区域，单击“确定”按钮。

2）统计最高分和最低分

选择存放最高分结果的单元格 G9，按上述步骤打开“插入函数”对话框，选择 MAX 函数，单击“确定”按钮，打开“函数参数”对话框，如图 4-15 所示。在 Number1 文本框中输入“C3:C13”或用鼠标选中 C3:C13 单元格区域，单击“确定”按钮。

最低分的选择步骤与最高分的选择方法相同，只是在“插入函数”对话框中选择 MIN 函数。

	A	B	C	D	E	F	G	H	I
1	计算机成绩表					成绩分析表			
2	学号	姓名	成绩	名次			分数段人数	占总人数比例	备注
3	08231025810087	李芳	86			90--100分			
4	08230325810017	李斯	98			80--89分			
5	08230725810014	杨宝山	85			70--79分			
6	08230825810011	杨慧	64			60--69分			
7	08230625810009	苏嫱	41			0--59			
8	08230125810080	邹俊康	84						
9	08230825810062	邹寨	79			最高分			
10	08230825810064	孟祥亭	65			最低分			
11	08232603050594	武晓琦	84			平均分			
12	08232601010127	逄迎	71			总人数			
13	08230208016020	王刚	85						

图 4-13　基础数据表

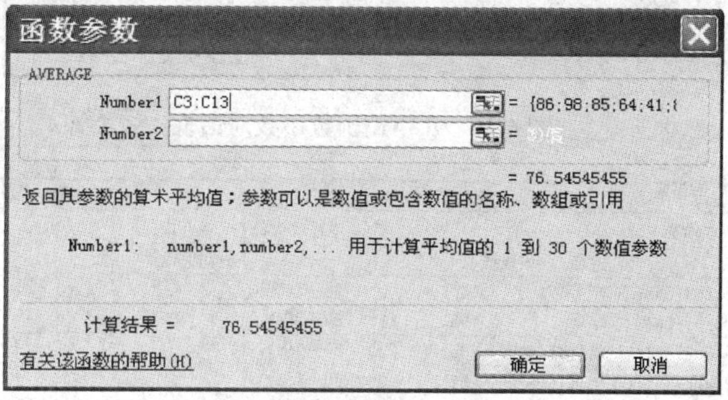

图 4-14　AVERAGE 函数参数对话框

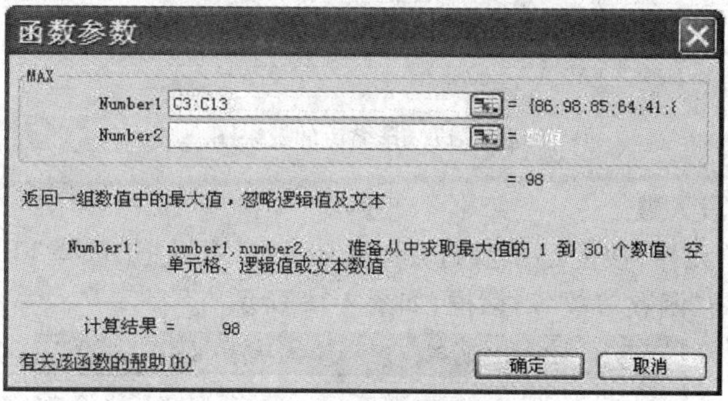

图 4-15　MAX 函数参数对话框

3）统计总人数

选中存放总人数结果的单元格 G12，按上述步骤打开“插入函数”对话框，选择 COUNT 函数，单击“确定”按钮，打开“函数参数”对话框，在 Value1 文本框中输入“C3:C13”或用鼠标选中 C3:C13 单元格区域，单击“确定”按钮。

4）排名次

选择 D3 单元格，按上述步骤打开“插入函数”对话框，选择 RANK 函数，单击“确定”按钮,其函数参数对话框如图4-16所示。在“Number”文本框中输入“C3”(或用鼠标选中 C3 单元格),在“Ref”文本框中输入“ $C $3: $C $13”,在“Order”文本框中输入“0”或省略,单击“确定”按钮,拖动 D3 单元格填充柄到 D13 单元格,则将 D3 单元格的公式复制到 D4:D13 单元格区域的每一个单元格中。结果如图 4-17 所示。

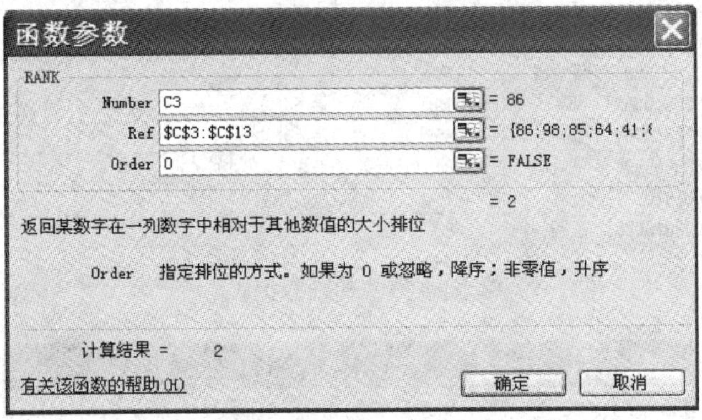

图 4-16　RANK 函数参数对话框

	A	B	C	D	E	F	G	H	I
1	计算机成绩表					成绩分析表			
2	学号	姓名	成绩	名次			分数段人数	占总人数比例	备注
3	08231025810087	李芳	86	2		90--100分			
4	08230325810017	李斯	98	1		80--89分			
5	08230725810014	杨宝山	85	3		70--79分			
6	08230825810011	杨慧	64	10		60--69分			
7	08230625810009	苏婧	41	11		0--59			
8	08230125810080	邹俊康	84	5					
9	08230825810062	邹骞	79	7		最高分	98		
10	08230825810064	孟祥亭	65	9		最低分	41		
11	08232603050594	武晓琦	84	5		平均分	76.5		
12	08232601010127	逄迎	71	8		总人数	11		
13	08230208016020	王刚	85	3					

图 4-17　排名后的效果图

5)统计各分数段人数

(1)选定 G3 单元格,按上述步骤打开“插入函数”对话框,选择 FREQUENCY 函数,单击“确定”按钮,打开“函数参数”对话框,如图 4-18 所示。

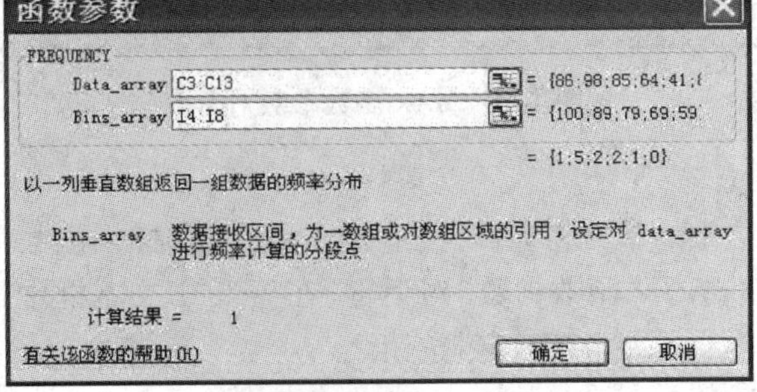

图 4-18　FREQUENCY 函数参数对话框

(2)在“Data_array”(数据范围)参数文本框中输入“C3:C13”或选中 C3:C13 单元格区域。

(3)在“Bins_array”(间隔点所在区域)参数文本框中输入“I4:I8”,按[Ctrl]+[Shift]+[Enter]键,结果如图 4-19 所示。

	A	B	C	D	E	F	G	H	I
1	计算机成绩表					成绩分析表			
2	学号	姓名	成绩	名次			分数段人数	占总人数比例	备注
3	08231025810087	李芳	86	2		90--100分	1		分段等级点
4	08230325810017	李斯	98	1		80--89分	5		100
5	08230725810014	杨宝山	85	3		70--79分	2		89
6	08230825810011	杨慧	64	9		60--69分	2		79
7	08230625810009	苏嫱	41	10		0--59	1		69
8	08230125810080	邹俊康	84	4					59
9	08230825810062	邹寒	79	6		最高分	98		
10	08230825810064	孟祥亭	65	8		最低分	41		
11	08232603050594	武晓琦	84	4		平均分	75.7		
12	08232601010127	逄迎	71	7		总人数	11		
13	08230208016020	王刚	85	3					

图 4-19　统计各分数段人数后效果图

6)统计各分段人数占总人数的比例

在 H3 单元格输入公式“=G3/$G$12”,拖动 H3 单元格填充柄到 H7 单元格,完成占总人数比例的统计。效果如图 4-20 所示。

	A	B	C	D	E	F	G	H	I
1	计算机成绩表					成绩分析表			
2	学号	姓名	成绩	名次			分数段人数	占总人数比例	备注
3	08231025810087	李芳	86	2		90--100分	1	9%	分段等级点
4	08230325810017	李斯	98	1		80--89分	5	45%	100
5	08230725810014	杨宝山	85	3		70--79分	2	18%	89
6	08230825810011	杨慧	64	9		60--69分	2	18%	79
7	08230625810009	苏嫱	41	10		0--59	1	9%	69
8	08230125810080	邹俊康	84	4					59
9	08230825810062	邹寒	79	6		最高分	98		
10	08230825810064	孟祥亭	65	8		最低分	41		
11	08232603050594	武晓琦	84	4		平均分	75.7		
12	08232601010127	逄迎	71	7		总人数	11		
13	08230208016020	王刚	85	3					

图 4-20　统计“各分数段人数所占比例”后效果图

4. 格式化成绩分析表

1)数字格式化

选择 G11 单元格,选择菜单“格式”→“单元格”命令,打开“单元格格式”对话框,选择“数字”选项卡,在“分类”项中选择“数值”,在“小数位数”文本框中输入“1”,单击“确定”按钮。选定 H3:H7 单元格区域,在“单元格格式”对话框的“数字”选项卡中,选择“分类”中的“百分比”,或单击工具栏上的“百分比样式”按钮。

2)设置标题格式

选择 F1:I1 单元格区域,单击工具栏上的“合并及居中”按钮,字体选择“仿宋_GB2312”,字号 14 ,颜色“红色”。

3）添加边框

选择 F2:I12 单元格区域，打开“单元格格式”对话框，选择“边框”选项卡，如图 4-21 所示，选择线条样式为单实线，单击“预置”中的“内部”按钮；选择“线条样式”为实线，单击“预置”中的“外边框”按钮。最后单击“确定”按钮。

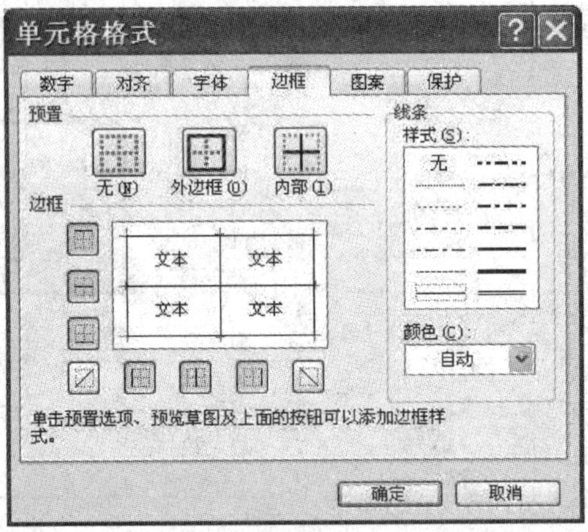

图 4-21　“单元格格式”对话框

📖知识技能要点

1. 管理工作表

1）选定工作表

单击要选择的工作表标签即可选定工作表。

2）工作表重命名

（1）双击要重命名的工作表标签，使工作表标签成为可编辑状态。

（2）输入工作表的新名称后，按[Enter]键即完成操作。

3）工作表的移动和复制

如果需要在同一个工作簿内移动工作表，则只需单击需要移动的工作表标签，将它拖动到合适的位置即可；如在拖动的同时按住[Ctrl]键可产生原工作表的副本，在复制工作表的同时，Excel 将自动为副本命名。

如需将一个工作表移动或复制到不同的工作簿时，则两个工作簿必须都是打开状态。选中需移动或复制的工作表，选择菜单“编辑”→“移动或复制工作表”命令，在打开的对话框中选择目标工作簿及放置位置，如图 4-22 所示。

4）插入工作表

在默认情况下，一个工作簿中有 3 个工作表，也可以根据需要在工作簿中插入更多的工作表。操作步骤如下。

（1）要在某工作表前插入新工作表，则在该工作表标签上右击，弹出快捷菜单。

（2）在快捷菜单中选择“插入”命令，弹出“插入”对话框，如图 4-23 所示。

（3）选择待插入的工作表，单击“确定”按钮，即可插入新的工作表。

5）删除工作表

删除工作表的操作步骤如下。

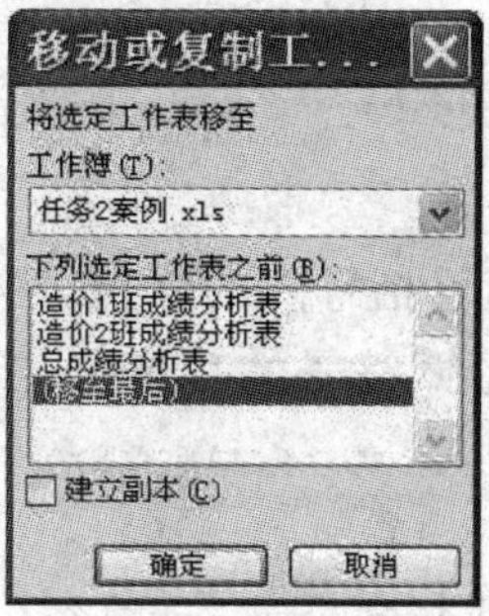

图4-22　“移动或复制工作表”对话框

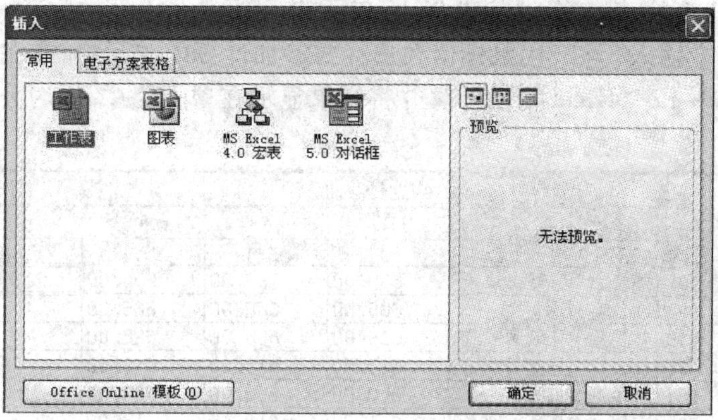

图4-23　“插入”对话框

(1)在要删除的工作表标签上右击,在弹出的快捷菜单中选择“删除”命令。

(2)在出现的提示信息对话框中单击“删除”按钮。

6)隐藏/显示工作表

此过程操作步骤如下。

(1)选中要隐藏的工作表。

(2)选择菜单“格式”→“工作表”→“隐藏/取消隐藏”命令,即可隐藏或显示工作表。

2. 公式与函数的应用

1)公式

公式是利用单元格的引用地址对存储在其中的数据进行计算的等式。它以“=”开始,后面是计算的内容,由常数、单元格引用、运算符和函数组成。

公式中常用的运算符如下。

(1)算术运算符。算术运算符有+(加)、-(减)、*(乘)、/(除)、%(百分比)、^(乘方),用于完成基本的数学运算。

(2)比较运算符。比较运算符有=、>、<、>=、<=、<>,它们用来比较数值,其结果为逻辑值TRUE或FALSE。如A1和A2中分别有“8”和“9”,如果在A4中输入公式“=A1=A2”,按[Enter]键或单击编辑栏上的“输入”按钮,则A4单元格中的结果为FALSE。

(3)文本运算符。文本运算符&将一个或多个文本连接成为一个组合文本。如A1中的文字数据为“计算机”,A4中的文字数据为“应用案例”,在A6中输入公式“=A1&A4”,

然后按[Enter]键或单击编辑栏上的“输入”按钮,则 A6 中的结果为“计算机应用案例”。

(4)引用运算符。引用运算符有“。”“:”、“,”和空格。

2)运算符优先级

公式中运算的先后顺序为:先运算括号内的数值,再按运算符号的优先级运算;优先级相同的,按从左到右的顺序运算。运算符号的优先级由高到低为::(引用运算符)、-(负号);%、^;*、/;+、-;&;=、>、<、>=、<=、<>。如果不清楚运算符的优先级,可以利用括号来确定运算的先后顺序。

例如:有“员工工资表.xls”如图 4-24 所示,计算每位员工的工资总和。

操作步骤如下。

(1)打开“员工工资表.xls”,选定“合计”单元格 G2。

(2)在单元格中输入“=”,用鼠标依次选择要参加计算的单元格,或在编辑栏中直接输入公式“=D2+E2+F2”,Excel 自动计算并将结果显示在单元格中,同时公式内容显示在编辑栏中。

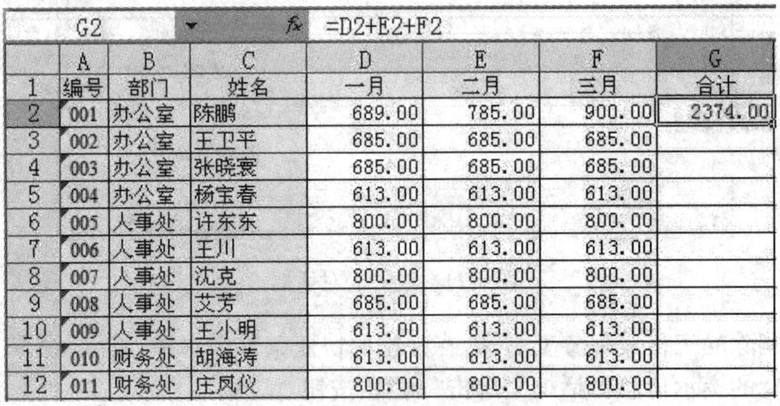
G2 =D2+E2+F2

	A	B	C	D	E	F	G
1	编号	部门	姓名	一月	二月	三月	合计
2	001	办公室	陈鹏	689.00	785.00	900.00	2374.00
3	002	办公室	王卫平	685.00	685.00	685.00	
4	003	办公室	张晓寰	685.00	685.00	685.00	
5	004	办公室	杨宝春	613.00	613.00	613.00	
6	005	人事处	许东东	800.00	800.00	800.00	
7	006	人事处	王川	613.00	613.00	613.00	
8	007	人事处	沈克	800.00	800.00	800.00	
9	008	人事处	艾芳	685.00	685.00	685.00	
10	009	人事处	王小明	613.00	613.00	613.00	
11	010	财务处	胡海涛	613.00	613.00	613.00	
12	011	财务处	庄凤仪	800.00	800.00	800.00	

图 4-24 “员工工资表”基础数据

3)函数

Excel 提供了许多功能完备、易于使用的函数。函数实际上是 Excel 预定义的内置公式。

所有函数都是由两部分组成:函数名和位于其后的一系列用括号括起来的参数,其格式为函数名(参数 1,参数 2,…)。其中,函数名代表该函数的功能,函数参数是函数运算的对象,可以是常量、单元格、单元格区域、公式或其他函数。函数参数中允许使用的引用运算符有区域运算符“:”、联合运算符“,”和交叉运算符“空格”,例如:

SUM(A1:D3),表示对 A1:D3 引用的单元格区域的数值求和;

SUM(A1,D3),表示对 A1 和 D3 两个引用的单元格求和;

SUM(A1:B2 C3:D4),表示对 A1:B2 区域和 C3:D4 区域共有单元格进行引用。

函数的输入有两种方法,即插入函数法和直接输入法。

对于函数的功能,可以查看帮助项,了解函数参数的意义。对一些常用函数介绍如下。

(1)RANK 函数。此函数返回一个数字,代表该项在数字列表中的排位。

语法:RANK(number,ref,order)。

其中 number 为需要排位的数字(单元格)。ref 为数字列表数组或对数字列表的引用,其中的非数值型参数将被忽略。order 为一数字,指明排位的方式。如果 order 为零或省略,Excel 对数字的排位是基于 ref 按照降序排列。如果 order 不为零,Excel 对数字的排位基于 ref 并按照升序排列。RANK 函数对重复数的排位相同。

(2)FREQUENCY 函数。FREQUENCY 函数以一列垂直数组返回某个区域中数据的频率分布。由于其返回一个数组,所以必须以数组公式的形式输入。

语法:FREQUENCY(data_array,bins_array)。

其中 data_array 为一数组或对一组数值的引用,用来计算频率。如果 data_array 中不包含任何数值,则函数 FREQUENCY 返回零数组。bins_array 为间隔的数组或对间隔的引用,该间隔用于对 data_array 中的数值进行分组。如果 bins_array 中不包含任何数值,函数 FREQUENCY 返回 data_array 中元素的个数。在本案例中可按如下方法输入。

在单元格 I3 (图 4-19)中输入"等级分段点",在 I4:I8 单元格依次输入数据 100、89、79、69、59 作为等级分段点,选定 G3:G8 单元格,单击编辑栏,输入公式" = FREQUENCY(C3:C13, $I$4: $I$8)",按[Ctrl] + [Shift] + [Enter]组合键,单元格 G3:G7 中即显示计算结果。这时编辑栏中的公式外侧自动添加一个大括号。

(3)COUNTIF 函数。用 COUNTIF 函数统计各分数段人数。COUNTIF 函数用于计算区域中满足给定条件的单元格的个数。

语法:COUNTIF(range,criteria)。

其中 range 为需要计算且满足条件的单元格区域。criteria 为确定哪些单元格将被计算在内的条件,其形式可以为数字、表达式或文本。在本案例中可按如下方法输入。

在 G3 单元格输入"COUNTIF(C3:C13,' > =90')",得到 90 分以上的人数。在 G4 单元格输入"COUNTIF(C3:C13,' > =80') - COUNTIF(C3:C13,' > =90')",得到 80 ~ 89 分的人数。在 G5 单元格输入"COUNTIF(C3:C13,' > =70') - COUNTIF(C3:C13,' > =80')",得到 70 ~ 79 分人数。在 G6 单元格输入"COUNTIF(C3:C13,' > =60') - COUNTIF(C3:C13,' > =70')",得到 60 ~ 69 分的人数。在 G7 单元格输入"COUNTIF(C3:C13,' < 60'),得到 60 分以下的人数。

3. 单元格的引用

单元格的引用分为相对引用、绝对引用和混合引用 3 种。

相对引用是指当公式被复制到新位置时,公式不变,单元格地址随着位置的不同而改变。相对引用地址由列标、行号组成。例如,本案例中 D4 单元格中的公式为" = RANK(C4, $C$3: $C$13)",当被复制到 D5 单元格时,公式会随位置的变化而自动变为" = RANK(C5, $C$3: $C$13)"。这是因为行发生了变化,由原来的位置下移了 1 行,列没有变化,因此,参加运算的单元格地址也随之改变。

绝对引用是指公式复制到新位置时,单元格地址保持不变。绝对引用地址的表示方法是在相对地址的列标和行号前分别加上一个" $ "符号。例如,本案例中统计"成绩分析表"中的各分数段人数占总人数比例。使用的公式是" = G3/ $G$12",其中 G3 单元格存放的是分数段的人数,G12 单元格存放的是总人数。当公式被复制到 G6 单元格时,公式会随位置的变化自动变为"G6/ $G$12"。由于总人数是不变的,因此,存放总人数的单元格的引用要用绝对引用,它不会因为公式复制或移动到目的位置而变化。

混合引用是指在一个单元格地址中，既有相对引用又有绝对引用。使用混合引用时，要很清楚地知道，如果“$”在行号之前，表明该行位置是“绝对不变”的，而列位置仍随目的位置的变化而变化；反之，如果“$”在列名之前，表明该列位置是“绝对不变”的，而行位置仍随目的位置的变化而变化。

案例3　制作期末成绩分析图表

🕮案例描述

在实际应用中，不仅可以用 Excel 制作表格，还可以在工作表中创建图表。本案例利用 Excel 2003 的图表功能完成“期末成绩分析图表”的制作，结果如图 4-25 所示。

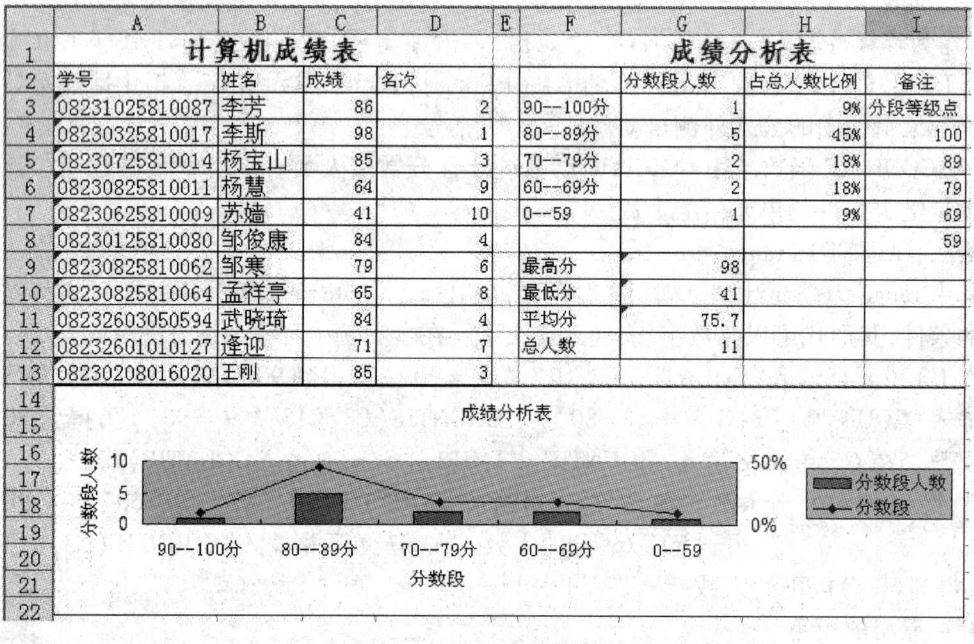

	A	B	C	D	E	F	G	H	I
1	计算机成绩表					成绩分析表			
2	学号	姓名	成绩	名次			分数段人数	占总人数比例	备注
3	08231025810087	李芳	86	2		90--100分	1	9%	分段等级点
4	08230325810017	李斯	98	1		80--89分	5	45%	100
5	08230725810014	杨宝山	85	3		70--79分	2	18%	89
6	08230825810011	杨慧	64	9		60--69分	2	18%	79
7	08230625810009	苏嫱	41	10		0--59	1	9%	69
8	08230125810080	邹俊康	84	4					59
9	08230825810062	邹寒	79	6		最高分	98		
10	08230825810064	孟祥亭	65	8		最低分	41		
11	08232603050594	武晓琦	84	4		平均分	75.7		
12	08232601010127	逄迎	71	7		总人数	11		
13	08230208016020	王刚	85	3					

图 4-25　期末成绩分析图表

数据的图表化，就是将数据以各种图形的形式表现出来。图表比数据表格有更好的直观性，将数据绘制成图表，能清楚地显示数据之间的关系和变化趋势。通过学习本案例，应基本做到以下两点。

(1)掌握图表的制作方法。

(2)掌握图表的格式设置方法。

本案例需要完成以下操作。

(1)建立文件“期末成绩分析图表.xls”，保存在“F:\EXECL\案例”文件夹中。

(2)创建图表。图表类型为“两轴线—柱图”，数据系列产生在列，图表标题为“成绩分析表”、分类轴标题为“分数段”、数值轴标题为“分数段人数”，并将其嵌入当前工作表中。

(3)格式化图表。

①格式化图表区：边框为“圆角”，填充效果为“画布”。

②设置分类轴格式:文字字号为 10。

③设置数值轴格式:文字字号为 10。

④设置图例格式:填充效果为“纸莎草纸”,字号为 8。

🕮案例实现

1. 建立工作簿

(1)打开文件“期末成绩分析表. xls”。

(2)选择菜单“文件”→“另存为”命令,将当前文件改名为“期末成绩分析图表. xls”,保存在“F:\EXECL\案例”文件夹中。

2. 创建图表

(1)选择菜单“插入”→“图表”命令,打开“图表向导”对话框,选择“自定义类型”选项卡,选定“图表类型”中的“两轴线—柱图”,如图 4-26 所示。

(2)单击“下一步”按钮,打开“图表向导 - 4 步骤之 2 - 图表源数据”对话框,在“数据区域”选项卡中将“系列产生在”选为“列”,数据区域选 F3:H7,如图 4-27 所示。

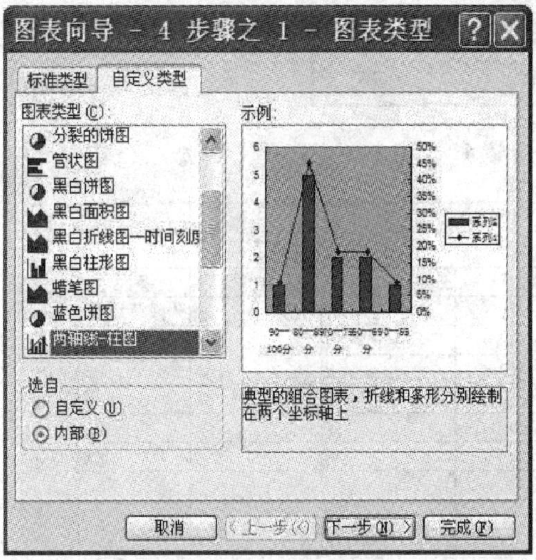

图 4-26　图表向导步骤 1

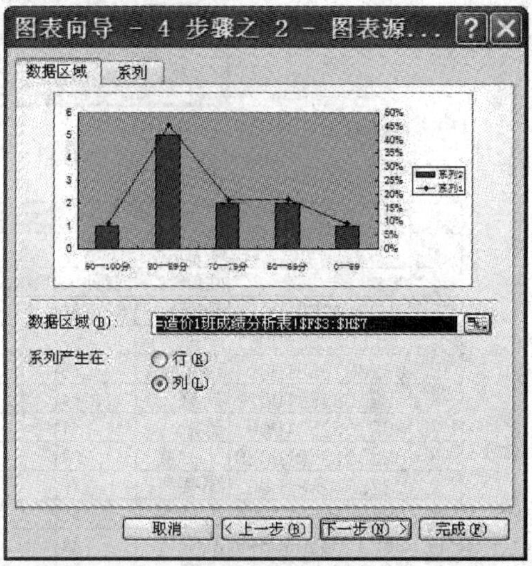

图 4-27　图表向导步骤 2

(3)单击“下一步”按钮。在打开的“图表向导 -4 步骤之 3 - 图表选项”对话框中,分别填入图表标题、分类轴标题和数值轴标题,如图 4-28 所示。

(4)单击“下一步”按钮。在“图表向导 -4 步骤之 4 - 图表位置”对话框中选择“作为其中的对象插入”,如图 4-29 所示。

(5)单击“完成”按钮,则图表嵌入到当前工作表中,如图 4-25 所示。

3. 格式化图表

1)格式化图表区

选定图表区,选择菜单“格式”→“图表区”命令,打开“图表区格式”对话框,如图 4-31 所示。单击“图案”选项卡,选择“圆角”复选框,单击“填充效果...”按钮,打开“填充效果”对话框,如图 4-32 所示,选择“纹理”选项卡,选择“画布”图案,单击“确定”按钮。

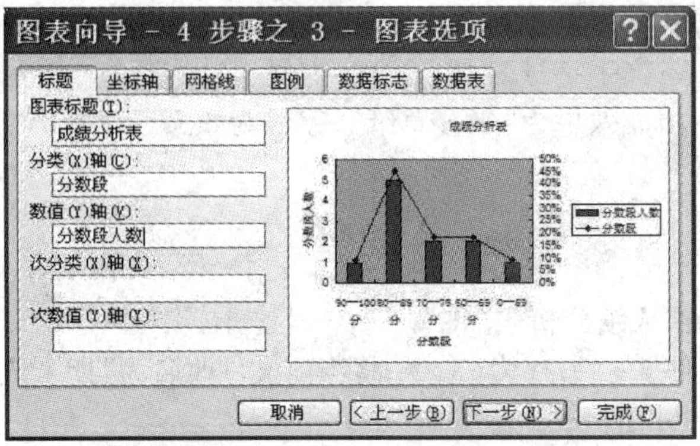

图 4-28　图表向导步骤 3

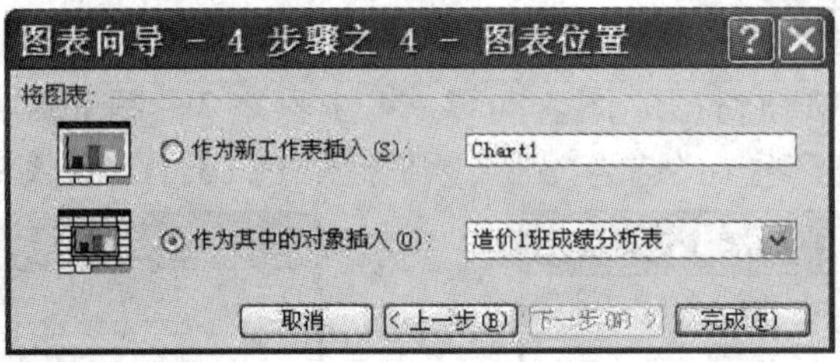

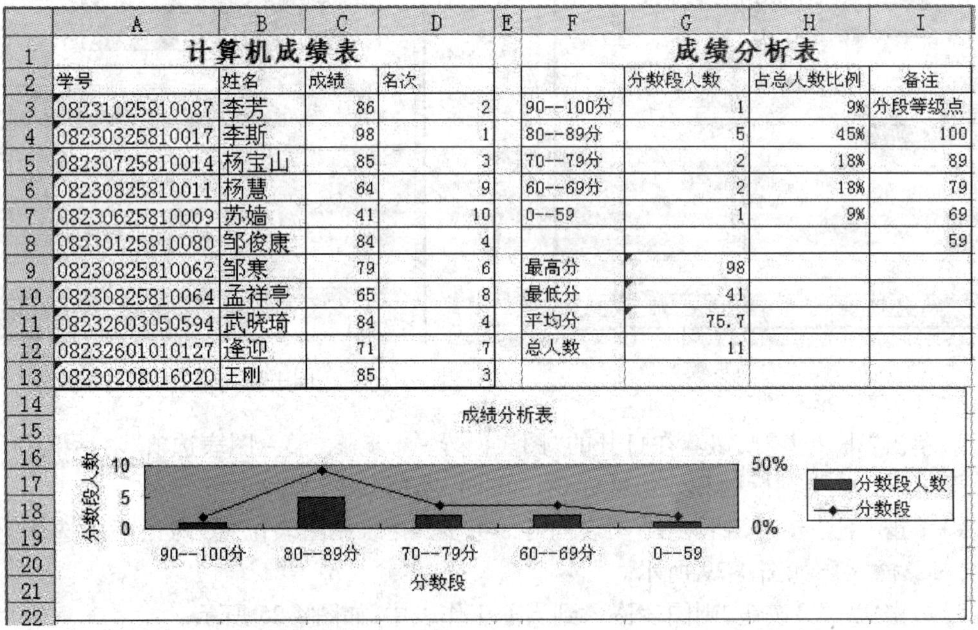

	A	B	C	D	E	F	G	H	I
1	计算机成绩表					成绩分析表			
2	学号	姓名	成绩	名次			分数段人数	占总人数比例	备注
3	08231025810087	李芳	86	2		90--100分	1	9%	分段等级点
4	08230325810017	李斯	98	1		80--89分	5	45%	100
5	08230725810014	杨宝山	85	3		70--79分	2	18%	89
6	08230825810011	杨慧	64	9		60--69分	2	18%	79
7	08230625810009	苏嫱	41	10		0--59	1	9%	69
8	08230125810080	邹俊康	84	4					59
9	08230825810062	邹寒	79	6		最高分	98		
10	08230825810064	孟祥亭	65	8		最低分	41		
11	08232603050594	武晓琦	84	4		平均分	75.7		
12	08232601010127	逢迎	71	7		总人数	11		
13	08230208016020	王刚	85	3					

图 4-30　嵌入图表效果图

2) 设置分类轴格式

双击"分类轴",打开"坐标轴格式"对话框,选择"字体"选项卡,设置字号为 10。

3) 设置数值轴格式

选中"数值轴",单击"图表"工具条上的"坐标轴格式"按钮,打开"坐标轴格式"对话

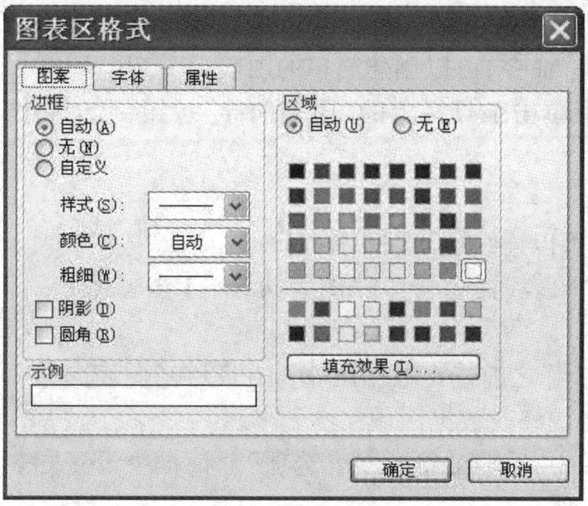

图 4-31　“图表区格式”对话框

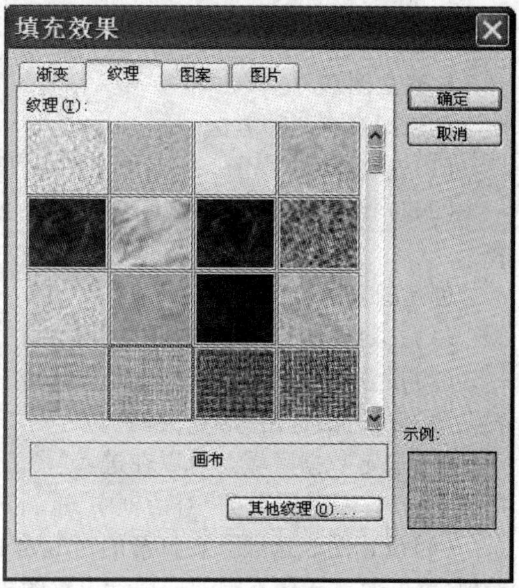

图 4-32　“填充效果”对话框

框，选择“字体”标签，设置字号为 10。

4）设置图例格式

双击“图例”，打开“图例格式”对话框，选择“图案”选项卡，在“填充效果”的“纹理”项中选择“纸莎草纸”图案，如图 4-33 所示，设置字号为 8，单击“确定”按钮，结果如图 4-25 所示。

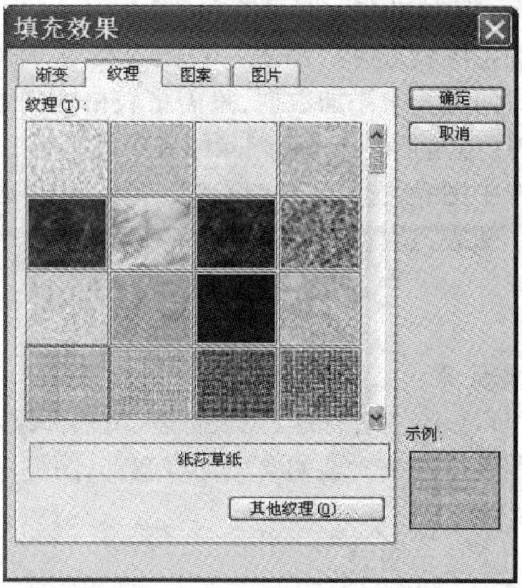

图 4-33　图例“填充效果”对话框

📖知识技能要点

1. 建立图表

创建图表有两种方法。

(1)选择菜单“视图”→“工具栏”→“图表”命令,可以创建简单的图表。

(2)选择菜单“插入”→“图表”命令,或者单击工具栏上的“图表向导”按钮,可创建图表。

创建图表的步骤如下。

(1)选定要制作图表的数据区域,此区域可以连续也可以不连续。

(2)设置图表类型。选择菜单“插入”→“图表”命令,打开“图表向导 -4 步骤之 1 - 图表类型”对话框,选定“图表类型”。

(3)选定数据区域。可以在进入“图表向导”之前选定数据区域,也可以在“图表向导 - 4 步骤之 2 - 图表源数据”对话框中,重新选定或修改数据区域。

(4)设置图表选项。在打开的“图表向导 -4 步骤之 3 - 图表选项”对话框中设置图表选项,也可通过选择不同的选项卡设置图表选项。

(5)设置图表位置。在打开“图表向导 -4 步骤之 4 - 图表位置”对话框中设置图表位置,可通过拖动句柄改变图表的大小。

2. 编辑图表

选中图表区,在菜单“图表”菜单中,选择要编辑的选项。

编辑图表的操作主要包括以下几项。

(1)调整图表的位置和大小 。用鼠标拖动的方法可以改变图表的位置;当选中图表时,图表边框出现八个句柄,拖动句柄可改变图表的大小。

(2)更改图表类型。选中图表,选择“图表”→“图表类型”命令可改变图表类型。

(3)添加和删除数据。向图表中添加数据,只需将表格中的数据复制粘贴到图表中;删除表格中的数据,图表中的数据也随之删除,删除图表中的数据,不影响表格中的数据。

(4)修改图表选项。选中图表,选择菜单“图表”→“图表选项”命令,可修改图表选项。

(5)添加趋势线。选中图表,选择菜单“图表”→“添加趋势线”命令,可为图表添加趋势线。

3. 格式化图表

图表一般包括以下基本元素。

(1)标题。每张图表里可以有 3 种标题,图表标题、*X* 轴标题及 *Y* 轴标题。

(2)图例。图例对绘图区中各个元素的含义加以解释,图例可以放在 5 个不同的位置,底部、右上角、靠上、靠右及靠左。

(3)绘图区。绘图区用来显示图表。

(4)坐标轴。坐标轴分为分类轴(*X* 轴)和数值轴(*Y* 轴)两种。

(5)网格线。图表中有两种网格线,即主要网格线和次要网格线。网格线主要用于衬托图表元素,有助于数据的分析和比较。

(6)数据表。数据表的数值与图表同时显示。

(7)数据标志。此标志为图表中显示数值大小或数据的标志,用户可根据实际情况决定是否添加。

(8)图表区域。图表区域即上述各元素所在的区域。

对图表的格式化操作主要包括以下几项。

(1)格式化图表区。

(2)设置分类轴格式。

(3)设置数值轴格式。

(4)设置图例格式。

案例 4　制作学生期末成绩表

📖案例描述

利用 Excel 2003 提供的数据库管理功能,可对工作表中的数据进行排序、筛选,可以加强对数据的管理,本案例“学生期末成绩表”的制作结果如图 4-34 所示。通过学习本案例,应基本做到以下 3 点。

(1)了解数据清单的建立方法,基本掌握数据清单的管理方法。

(2)掌握排序、筛选和分类汇总的方法。

(3)了解数据有效性的设置方法。

	A	B	C	D	E	F	G	H
1	学生期末成绩表							
2	学号	姓名	计算机	数学	语文	电工	总分	平均分
3	93704	付广成	98	89	89	89	365	91
4	93710	刘宝庆	65	74	89	85	313	78
5	93701	马宏超	87	81	85	95	348	87
6	93706	田宝贵	95	85	57	74	311	78
7	93709	刘双双	53	95	86	74	308	77
8	93705	左海鹏	68	69	98	65	300	75
9	93707	任传奇	75	85	54	78	292	73
10	93702	王海旭	83	85	86	96	350	88
11	93703	王预光	87	38	87	90	302	76
12	93708	伊红双	65	68	67	59	259	65

图 4-34　学生期末成绩表

本案例需要完成以下操作。

(1)按“总分”排序,如果总分相同,可依据“数学”成绩排序。

(2)筛选出总分大于 300 的学生。

(3)筛选出数学、电工、计算机成绩都大于 80 分的学生。

📖案例实现

1. 排序

(1)将“总分”所在列的任意单元格设置为活动单元格。

(2)选择菜单“数据”→“排序”命令，打开“排序”对话框，在“主要关键字”下拉列表框中选择“总分”，并选择“降序”单选框，如图4-35所示。

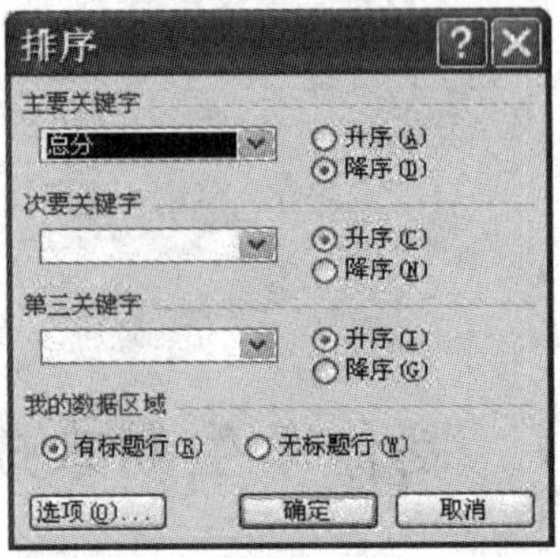

图4-35 “排序”对话框

如果总分相同，可选择次要关键字“数学”。

注意：在打开“排序”对话框前，需要选定数据清单中的任意单元格。

2. 按条件筛选

Excel 提供了自动筛选和高级筛选两种方法。

1)自动筛选

自动筛选可以对单个或多个字段建立筛选，多字段筛选是逻辑与的关系，即同时满足各个条件。例如筛选出总分大于300的学生操作如下。

(1)单击数据表第二行的任意单元格，选择菜单“数据”→“筛选”→“自动筛选”命令，此时，在每个字段名的右边都有一个下拉箭头按钮，如图4-36所示。

	A	B	C	D	E	F	G	H
1	学生期末成绩表							
2	学号	姓名	计算	数学	语文	电工	总分	平均分
3	93704	付广成	98	89	89	89	365	91
4	93710	刘宝庆	65	74	89	85	313	78
5	93701	马宏超	87	81	85	95	348	87
6	93706	田宝贵	95	85	57	74	311	78
7	93709	刘双双	53	95	86	74	308	77
8	93705	左海鹏	68	69	98	65	300	75
9	93707	任传奇	75	85	54	78	292	73
10	93702	王海旭	83	85	86	96	350	88
11	93703	王预光	87	38	87	90	302	76
12	93708	伊红双	65	68	67	59	259	65

图4-36 自动筛选示例

(2)根据筛选条件，单击“总分”旁边的下拉列表箭头，选择“自定义”选项，弹出如图4-37所示的对话框。选择比较运算符“大于”。

(3)单击后面的编辑列表框，输入“300”。单击“确定”按钮，这时可以看见以蓝色显示的所筛选出的记录的序号，如图4-38所示。

2)高级筛选

若要进行复杂条件的筛选，就需使用“高级筛选”功能。此时，一定要先建立一个条件

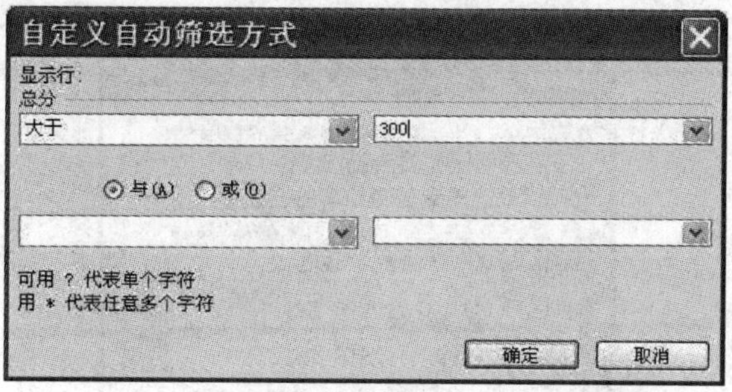

图 4-37　“自定义自动筛选方式”对话框

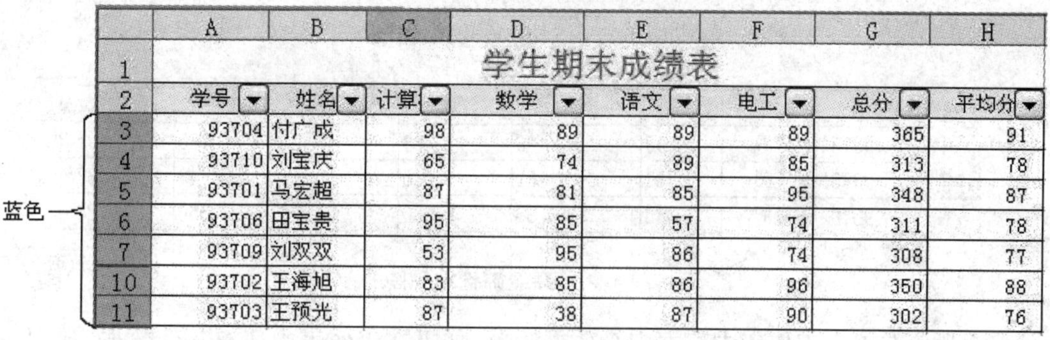

蓝色

	A	B	C	D	E	F	G	H
1	学生期末成绩表							
2	学号	姓名	计算	数学	语文	电工	总分	平均分
3	93704	付广成	98	89	89	89	365	91
4	93710	刘宝庆	65	74	89	85	313	78
5	93701	马宏超	87	81	85	95	348	87
6	93706	田宝贵	95	85	57	74	311	78
7	93709	刘双双	53	95	86	74	308	77
10	93702	王海旭	83	85	86	96	350	88
11	93703	王预光	87	38	87	90	302	76

图 4-38　自动筛选效果图

区域。条件区域用来表示筛选的数据必须满足的条件。例如筛选出数学、电工、计算机成绩都大于 80 分的学生的操作步骤如下。

(1)单击“计算机”单元格,按住[Ctrl]键并单击“数学”、“电工”单元格,单击“复制”按钮,选中条件区域中的 F16 单元格,单击“粘贴”按钮,将“计算机”、“数学”、“电工”3 个列标题复制到条件区域的第一行。

(2)在 F17、G17、H17 单元格分别输入“ >80”筛选条件,然后单击数据表的任意单元格。选择菜单“数据”→“筛选”→“高级筛选”命令,弹出“高级筛选”对话框,选择“将筛选结果复制到其他位置”单选按钮。

(3)在“列表区域”编辑框中选择“ $A$2:$H$12”;在“条件区域”编辑框中输入“ $F$16:$H$17”,在“复制到”编辑框中输入“ $A$18:$H$27”,如图 4-39 所示,单击“确定”按钮,结果如图 4-40 所示。

知识技能要点

1. 数据清单

如果要使用 Excel 的数据管理功能,首先必须将电子表格创建为数据清单。数据清单是一种特殊的表格,包括表结构和表记录。表结构即字段名称(列标题),Excel 将利用字段名对数据进行查找、排序以及筛选等操作。数据清单中的每一行为一条记录,表记录则是 Excel 实施管理功能的对象。

1)创建数据清单的准则

创建数据清单应遵循下列准则。

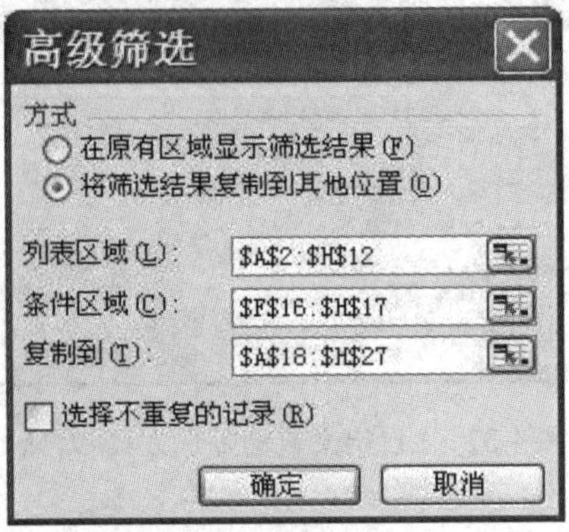

图 4-39　“高级筛选”对话框

18	学号	姓名	计算机	数学	语文	电工	总分	平均分
19	93704	付广成	98	89	89	89	365	91
20	93701	马宏超	87	81	85	95	348	87
21	93702	王海旭	83	85	86	96	350	88

图 4-40　高级筛选结果图

(1)避免在一个工作表中建立多个数据清单,如果在工作表中还有其他数据,数据与数据清单之间要留出空行或空列。

(2)数据清单中不允许有空行或空列,否则会影响 Excel 检测和选定数据列表。

(3)通常在数据清单的第一行创建字段名,如姓名、性别等。字段名必须唯一,并且同一列中的数据类型必须相同。

(4)每一行由各个字段值组合而成,存放相关的一组数据。如“0805160001、刘强、男、1987 - 2 - 20、08 级应用数学、2008 - 9 - 1”。

(5)数据清单中不能有数据完全相同的两行记录。

2)建立和编辑数据清单的方法

数据清单的建立和编辑有以下两种方法。

(1)与 Excel 工作表的建立和编辑方法相同。

(2)使用记录单。首先选定字段名区域及记录区域,选择菜单“数据”→“记录单”命令,在弹出的对话框中输入字段名后以记录为单位输入数据,进行编辑。

2. 数据排序

数值按大小排序,时间按先后排序,英文字母(不区分大小写)按字母顺序排序,汉字按拼音首字母顺序或笔画多少排序。

用来排序的字段称为关键字。排序分为升序(递增)或降序(递减),排序方向有按行排序和按列排序,此外,还可以自定义排序。数据排序包括简单排序和复杂排序。

(1)简单排序。只对一个关键字进行的排序称为简单排序。选定要排序列的任意单元格,单击常用工具栏上的“升序”或“降序”按钮就可以对该列数据快速排序,也可以选择菜单“数据”→“排序”命令来完成操作。

(2)复杂排序。按多个关键字进行排序的操作称为复杂排序。复杂排序时,应先按照主关键字排序，当主关键字字段值相同时，可按次关键字进行排序，Excel 最多允许设置 3 个排序关键字。可以通过选择菜单“数据”→“排序”命令，打开“排序”对话框，依次选择“主要关键字”、“次要关键字”和“第三关键字”。

案例 5　制作数据统计分析表

📖案例描述

对数据进行统计分析，可以获取所需要的信息，从而更好地开展工作，案例所需数据如图 4-41 所示。通过本案例的学习，应基本做到以下两点。

(1)掌握分类统计的方法。

(2)掌握透视统计的方法。

本案例需要完成以下操作。

(1)建立职工工资表，计算每人的实发工资。

(2)汇总各部门的实发工资总和。

	A	B	C	D	E	F	G	H
1	某单位各部门工资统计表							
2	部门	性别	姓名	基本工资	奖金	住房基金	扣款	实发工资
3	办公室	女	陈鹏	800.00	700.00	130.00	100.00	
4	办公室	男	王卫平	685.00	700.00	100.00	100.00	
5	办公室	女	张晓寰	685.00	600.00	100.00	100.00	
6	办公室	男	杨宝春	613.00	600.00	100.00	100.00	
7	人事处	女	许东东	800.00	700.00	130.00	100.00	
8	人事处	男	王川	613.00	700.00	100.00	100.00	
9	财务处	女	连威	800.00	700.00	130.00	100.00	
10	人事处	女	艾芳	685.00	700.00	100.00	100.00	
11	人事处	男	王小明	613.00	600.00	100.00	100.00	
12	人事处	男	胡海涛	613.00	600.00	100.00	100.00	
13	统计处	女	庄凤仪	800.00	700.00	130.00	100.00	
14	统计处	男	岳晋生	613.00	600.00	100.00	100.00	
15	后勤处	女	林海	685.00	700.00	130.00	100.00	
16	后勤处	女	刘学燕	613.00	600.00	100.00	100.00	
17	按部门求和:							

图 4-41　某单位各部门工资统计表

📖案例实现

1. 计算实发工资

(1)用鼠标单击 H3 单元格，输入公式“ = D3 + E3 + F3 - G3”。

(2)用鼠标拖动填充柄，在其他单元格复制公式，即可计算出每人的实发工资。

2. 汇总各部门的实发工资总和

分类汇总的操作规则是先排序后汇总，即先按照分类字段进行排序，针对排序后的数据进行分类汇总。按照题目要求，依据“部门”字段进行排序。

(1)选定数据区域任意单元格，选择菜单“数据”→“排序”命令，打开“排序”对话框，选择“部门”为主关键字，单击“确定”按钮，完成排序，结果如图 4-42 所示。

(2)选择菜单“数据”→“分类汇总”命令，弹出“分类汇总”对话框。在“分类字段”下拉列表中选择“部门”为分类字段，在“汇总方式”下拉列表中选择“求和”，在“选定汇总项”列表框中设置“实发工资”为汇总字段，如图 4-43 所示。

	A	B	C	D	E	F	G	H
1	某单位各部门工资统计表							
2	部门	性别	姓名	基本工资	奖金	住房基金	扣款	实发工资
3	办公室	女	陈鹏	800.00	700.00	130.00	100.00	1530.00
4	办公室	男	王卫平	685.00	700.00	100.00	100.00	1385.00
5	办公室	女	张晓寰	685.00	600.00	100.00	100.00	1285.00
6	办公室	男	杨宝春	613.00	600.00	100.00	100.00	1213.00
7	财务处	女	连威	800.00	700.00	130.00	100.00	1530.00
8	后勤处	女	林海	685.00	700.00	130.00	100.00	1415.00
9	后勤处	女	刘学燕	613.00	600.00	100.00	100.00	1213.00
10	人事处	女	许东东	800.00	700.00	130.00	100.00	1530.00
11	人事处	男	王川	613.00	700.00	100.00	100.00	1313.00
12	人事处	女	艾芳	685.00	700.00	100.00	100.00	1385.00
13	人事处	男	王小明	613.00	600.00	100.00	100.00	1213.00
14	人事处	男	胡海涛	613.00	600.00	100.00	100.00	1213.00
15	统计处	女	庄凤仪	800.00	700.00	130.00	100.00	1530.00
16	统计处	男	岳晋生	613.00	600.00	100.00	100.00	1213.00

图 4-42　部门排序结果

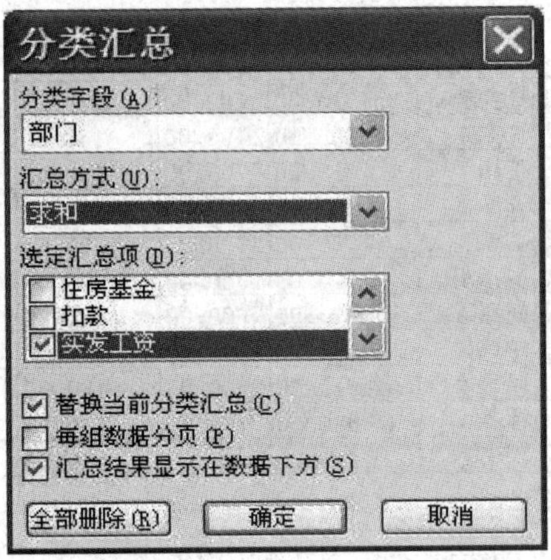

图 4-43　“分类汇总”对话框

(3)单击“确定”按钮，完成分类汇总，分类汇总结果如图 4-44 所示。

📖 知识技能要点

1. 分类汇总

分类汇总是针对某个字段进行分类，将同类别的数据放在一起，再进行求和、计数、求平均值等汇总运算。

在分类汇总之前，必须对分类字段排序，否则得不到正确的分类汇总结果；在数据清单中 Excel 同时只能对一个字段分类，可进行多次汇总。

分类汇总有简单汇总和嵌套汇总两种方法。

	A	B	C	D	E	F	G	H
1	某单位各部门工资统计表							
2	部门	性别	姓名	基本工资	奖金	住房基金	扣款	实发工资
3	办公室	女	陈鹏	800.00	700.00	130.00	100.00	1530.00
4	办公室	男	王卫平	685.00	700.00	100.00	100.00	1385.00
5	办公室	女	张晓寰	685.00	600.00	100.00	100.00	1285.00
6	办公室	男	杨宝春	613.00	600.00	100.00	100.00	1213.00
7	**办公室 汇总**							5413.00
8	财务处	女	连威	800.00	700.00	130.00	100.00	1530.00
9	**财务处 汇总**							1530.00
10	后勤处	女	林海	685.00	700.00	130.00	100.00	1415.00
11	后勤处	女	刘学燕	613.00	600.00	100.00	100.00	1213.00
12	**后勤处 汇总**							2628.00
13	人事处	女	许东东	800.00	700.00	130.00	100.00	1530.00
14	人事处	男	王川	613.00	700.00	100.00	100.00	1313.00
15	人事处	女	艾芳	685.00	700.00	100.00	100.00	1385.00
16	人事处	男	王小明	613.00	600.00	100.00	100.00	1213.00
17	人事处	男	胡海涛	613.00	600.00	100.00	100.00	1213.00
18	**人事处 汇总**							6654.00
19	统计处	女	庄凤仪	800.00	700.00	130.00	100.00	1530.00
20	统计处	男	岳晋生	613.00	600.00	100.00	100.00	1213.00
21	**统计处 汇总**							2743.00
22	**总计**							18968.00

图4-44　分类汇总结果

1)简单汇总

简单汇总是指对数据清单的某个字段进行一种方式的汇总。

2)嵌套汇总

嵌套汇总是指对同一字段进行多种不同方式的汇总,通常需要进行多次汇总。

例如,统计各部门人数以及各部门实发工资总和。操作步骤如下。

(1) 打开“某单位各部门工资统计表. xls”。

(2) 按“部门”分类,对其排序。选定“部门”一列任意单元格,单击工具栏上的“升序”或“降序”按钮。

(3)选择菜单“数据”→“分类汇总”命令,打开“分类汇”总对话框,在“分类字段”下拉列表中选择“部门”,“汇总方式”下拉列表中选择“计数”,单击“确定”按钮,结果如图4-45所示。

对于第二次分类汇总设置,应取消勾选“替换当前分类汇总”复选框,如图4-46所示。

取消分类汇总的操作很简单,用户只需选择菜单“数据”→“分类汇总”命令,在打开的“分类汇总”对话框中,单击“全部删除”按钮即可。

2. 数据的编辑

1)使用批注

插入批注,可以对某一个单元格的内容进行注释。方法是:选中单元格,选择菜单“插入”→“批注”命令,在打开的“批注”窗口中输入文字即可。

2)选择性粘贴

用复制与粘贴命令复制单元格时,包含了单元格的全部信息。如果希望有选择地复制单元格数据,可选择菜单“编辑”→“选择性粘贴”命令。

3)查找和替换

使用菜单“编辑”中的“查找”命令,可以在工作表中快速找到要查找的内容。使用“替

	A	B	C	D	E	F	G	H
1	某单位各部门工资统计表							
2	部门	性别	姓名	基本工资	奖金	住房基金	扣款	实发工资
3	办公室	女	陈鹏	800.00	700.00	130.00	100.00	1530.00
4	办公室	男	王卫平	685.00	700.00	100.00	100.00	1385.00
5	办公室	女	张晓寰	685.00	600.00	100.00	100.00	1285.00
6	办公室	男	杨宝春	613.00	600.00	100.00	100.00	1213.00
7	**办公室 汇总**							5413.00
8	**办公室 计数**							4
9	财务处	女	连威	800.00	700.00	130.00	100.00	1530.00
10	**财务处 汇总**							1530.00
11	**财务处 计数**							1
12	后勤处	女	林海	685.00	700.00	130.00	100.00	1415.00
13	后勤处	女	刘学燕	613.00	600.00	100.00	100.00	1213.00
14	**后勤处 汇总**							2628.00
15	**后勤处 计数**							2
16	人事处	女	许东东	800.00	700.00	130.00	100.00	1530.00
17	人事处	男	王川	613.00	700.00	100.00	100.00	1313.00
18	人事处	女	艾芳	685.00	700.00	100.00	100.00	1385.00
19	人事处	男	王小明	613.00	600.00	100.00	100.00	1213.00
20	人事处	男	胡海涛	613.00	600.00	100.00	100.00	1213.00
21	**人事处 汇总**							6654.00
22	**人事处 计数**							5
23	统计处	女	庄凤仪	800.00	700.00	130.00	100.00	1530.00
24	统计处	男	岳晋生	613.00	600.00	100.00	100.00	1213.00
25	**统计处 汇总**							2743.00
26	**统计处 计数**							2
27	**总计**							18968.00
28	**总计数**							14

图 4-45　分类汇总结果

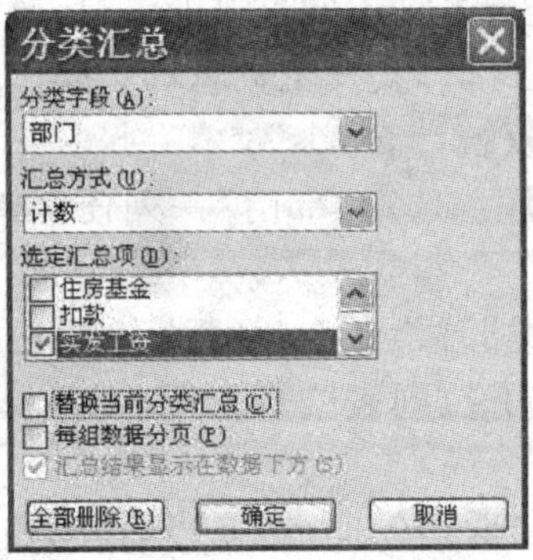

图 4-46　“分类汇总”对话框

换”命令时,可以在查找的同时自动进行替换操作。

(1)查找。选择菜单“编辑”→“查找”命令,出现“查找和替换”对话框。在对话框中输入要查找内容,并指定搜索方式(按行或列)和搜索范围。输入查找内容时,可以采用通配符“?”、“ * ”。与 Windows 一样,通配符“?”表示一个任意字符,“ * ”表示多个任意字符。

(2)替换。在上述对话框中选择“替换”选项卡。在“替换为”文本框中输入新数据(替换值),单击“全部替换”按钮,所有找到的指定内容都被替换为新数据。

3. 工作表的分割

对于较大的表格,由于屏幕尺寸的限制,看不到全部单元格。若要在同一屏幕查看相距较远的两个区域的单元格,可以对工作表进行横向或纵向分割,以便查看或编辑同一工作表中不同区域的单元格。利用“水平分割条”或“垂直分割条”可以对工作表进行横向或纵向分割。方法为:在表格窗口的右下角和右上角的顶端左拉/下拉可以垂直和水平分割。也可以选择菜单“窗口”→“拆分”命令,就会把表格窗口分成默认的垂直和水平4部分。

4. 数据管理和分析

分类汇总适合按一个字段分类,可对一个或多个字段进行汇总。如果要对多个字段分类汇总,就需要使用数据透视表。

数据透视表是一种交互式报表,主要用于快速汇总大量数据。可以通过对行和列的不同组合来查看对源数据的汇总,也可以通过显示不同的页来筛选数据,还可以根据需要显示区域中的数据明细。例如,针对“某单位各部门工资统计表·xls”,建立男女结构透视表和透视图。

(1)选择“数据”菜单→“数据透视表和数据透视图”命令,打开“数据透视表和数据透视图向导—3步骤之1”对话框,如图4-47所示。

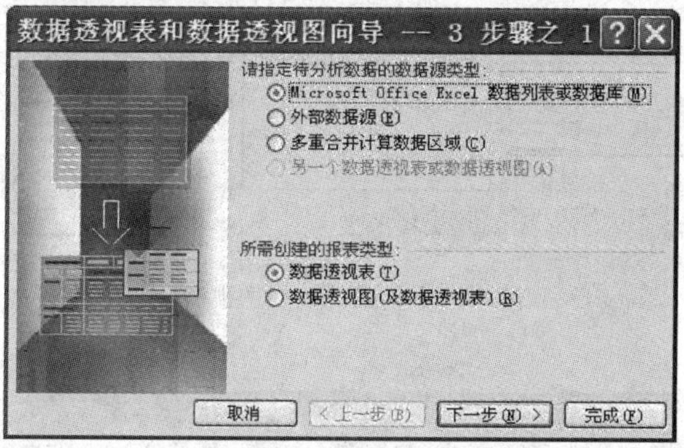

图4-47　向导步骤1

(2)选择“所需创建的报表类型”中的“数据透视表”单选按钮,单击“下一步”按钮,打开“数据透视表和数据透视图向导—3步骤之2”对话框,如图4-48所示。

图4-48　向导步骤2

(3)单击“下一步”按钮,打开“数据透视表和数据透视图向导—3步骤之3”对话框,选择“数据透视表显示位置”中的“新建工作表”单选按钮,如图4-49所示。

(4)单击“布局...”按钮,打开“数据透视表和数据透视图向导—布局”对话框,拖动“部门”字段到“行”区域,拖动“性别”字段到“列”区域,拖动“性别”字段到“数据”区域。结果如图4-50所示。

建立男女透视图的过程除在“数据透视表和数据透视图向导—3步骤之1”对话框中设置“所需创建的报表类型”的单选按钮为“数据透视图”外,其余步骤与建立透视表的步骤相同,透视图如图4-51所示。

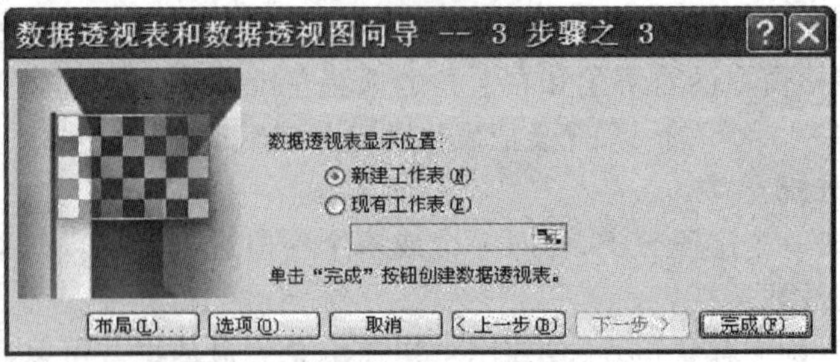

图 4-49 向导步骤 3

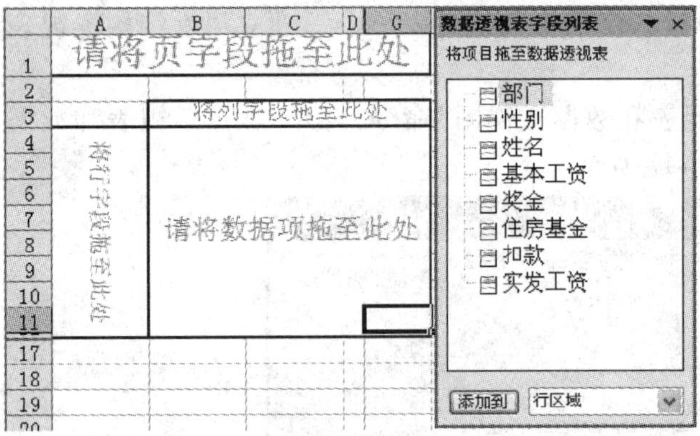

计数项:性别	性别		
部门	男	女	总计
办公室	2	2	4
财务处		1	1
后勤处		2	2
人事处	3	2	5
统计处	1	1	2
总计	6	8	14

图 4-50 生成的数据透视表

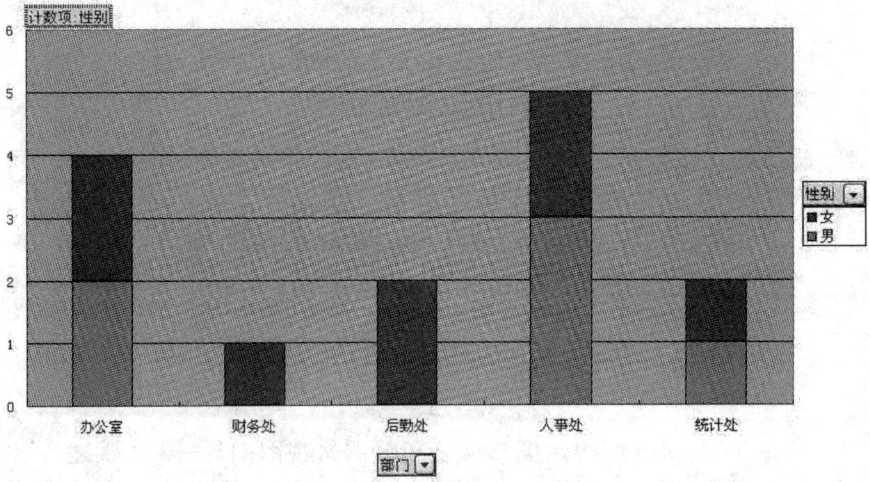

图 4-51 生成的数据透视图

5. 宏的制作方法

在 Office 2003 中,宏具有很强的功能,既可以帮助人们批量地完成某个操作,也可以把一个操作存储起来便于下次直接调用。

1) 录制宏

(1) 选择菜单“工具”→“宏”→“录制新宏”命令,打开“录制新宏”对话框,如图 4-52 所示。在“宏名”文本框中输入宏的名字。

(2)单击“确定”按钮,开始录制宏。

(3)进行相应的操作。

(4)单击“停止录制”按钮,结束宏的录制。

注意:如果在录制宏时出错,所做的修改也会被录制下来。

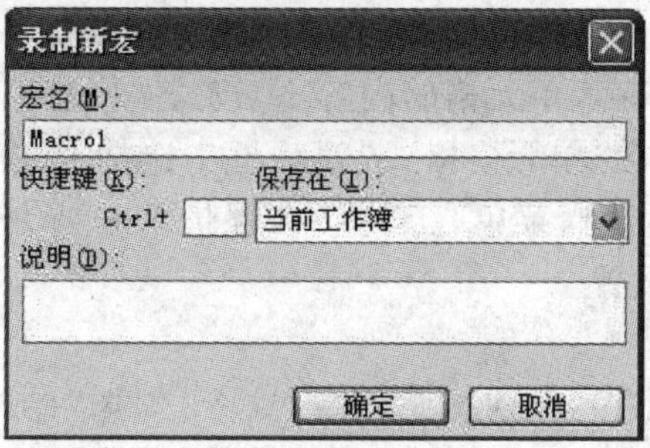

图 4-52　“录制新宏”对话框

2)使用宏按钮

将光标定位到相应的单元格,单击宏命令,就会在该单元格执行宏。

6. 设置数据的有效性

在录入大量数据时,难免会出现错误,因此,对要录入的数据设定“有效性”、“提示信息”或“出错警告”,以避免错误发生。操作步骤如下。

(1)选中需要进行数据有效性设定的单元格或单元格区域。

(2)选择菜单“数据”→“有效性”命令,打开“数据有效性”对话框,如图 4-53 所示,选择“设置”选项卡。

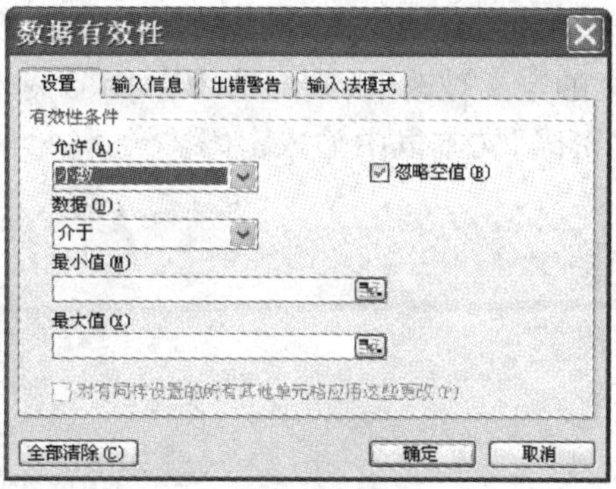

图 4-53　“数据有效性”对话框

(3)在“允许”下拉列表框中,选择在单元格中允许输入的数据类型,如整数、日期或文本等,也可以通过“自定义”设置数据取值范围。

(4)在“输入信息”、“出错警告”等选项卡中,输入相应的信息。

(5)单击“确定”按钮。

7. 加密 Excel 文件

1)设置 Excel 文件密码

如果不想让自己的 Excel 文件被别人查看,可以将其加密。选择菜单“工具”→“选项”

命令，在弹出的“选项”对话框中选择“安全性”选项卡，然后在“打开权限密码”(只允许读不能做修改)、“修改权限密码”(既可以阅读，也能修改)文本框中输入该文件的打开权限密码及修改权限密码。单击“确定”按钮，在弹出的密码确认窗口中重新输入一遍密码，再单击“确定”按钮，最后单击“保存”按钮完成对文件的加密。

2)对单元格进行写保护

设置锁定属性可以保护存入单元格的内容不被修改。选定需要锁定的单元格，选择菜单“格式”→“单元格”命令，在“单元格格式”对话框中选择“保护”选项卡并选中“锁定”复选框，单击“确定”按钮，然后选择菜单“工具”→“保护”→“保护工作表”命令，设置保护密码，即完成了单元格的锁定设置。

3)保护工作簿

选择菜单“工具”→“保护”→“保护工作簿”命令，勾选“结构”复选框可保护工作簿结构，以免现有工作表被删除、移动、隐藏、取消隐藏或重命名，并且不可插入新的工作表。勾选“窗口”复选框则可以保护工作簿窗口不被移动、缩放、隐藏、取消隐藏或关闭。

4)保护工作表

在设置保护工作表前，首先确认要保护的单元格是否处于“锁定”状态，选中并右击单元格，在弹出的菜单中选择“设置单元格格式”命令，在弹出的对话框中选择“保护”选项卡，确认已选中“锁定”项，在默认状态下，单元格和图形对象均处于锁定状态，此时，如果设置工作表被保护，则相应信息不能修改。

保护工作表的设置方法如下。选择菜单“工具”→“保护”→“保护工作表”命令，在打开的对话框中有“选定锁定单元格”、“编辑对象”和“编辑方案”等复选框，如果要防止工作表中的单元格或图表中的数据及其他信息被修改，并防止隐藏的数据行、列和公式被查看，则勾选“内容”复选框；如果要防止工作表或图表中的图形对象被改变，则勾选“对象”复选框；如果要防止工作表中方案的定义被改变，则应选中“方案”复选框。最后，为防止其他用户取消工作表保护，还要在“密码”文本框中输入密码。

第 5 章　演示文稿制作软件的应用

PowerPoint 2003 是进行广告宣传、产品演示的幻灯片制作工具，利用它可以制作出形象生动、个性鲜明的演示文稿。演示文稿的形式十分丰富，包括文本、图形、图表、艺术字、视频图像和声音等。本章主要介绍演示文稿的基本编辑、动画设置及放映设置等操作方法及使用技巧。

案例 1　制作公司简介

案例描述

学生的毕业答辩、教师的教案、企业的产品简介等，都可以用演示文稿的形式向大家展示。本案例利用 PowerPoint 2003 完成"公司简介"演示文稿的制作方法，效果如图 5-1 所示。通过本案例的学习，应基本做到以下两点。

(1) 了解 PowerPoint 2003 创建演示文稿的基本过程。

(2) 掌握演示文稿的基本编辑方法和操作技巧。

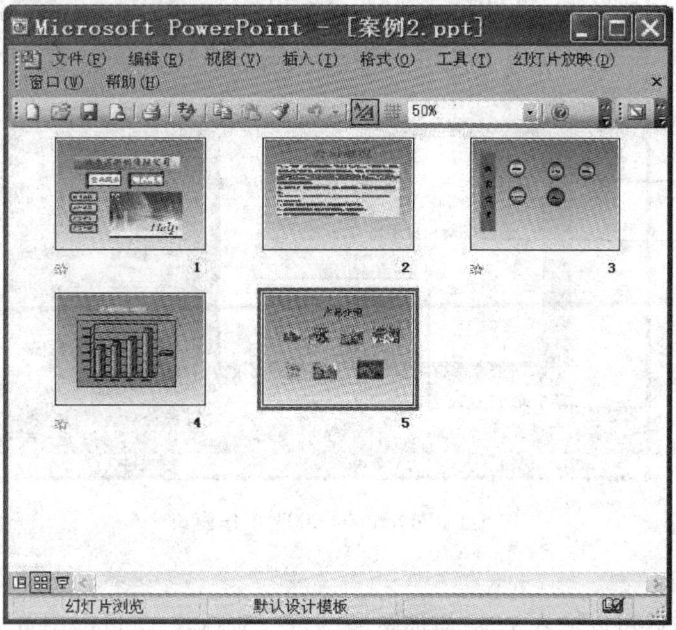

图 5-1　公司简介的效果图

本案例需要完成以下操作。

(1) 启动 PowerPoint 2003 应用程序。

(2) 了解 PowerPoint 2003 的工作窗口。

(3)建立文档。

(4)设置幻灯片背景。

(5)设置幻灯片的动画效果。

(6)设置超链接。

(7)保存文件。

🕮案例实现

1. 启动 PowerPoint 2003 应用程序

用户可以使用以下任何一种方法启动 PowerPoint 2003。

(1)单击"开始"按钮,选择"所有程序"→"Microsoft Office"→"Microsoft Office PowerPoint 2003"命令。

(2)从"资源管理器"或"我的电脑"中双击一个 PowerPoint 2003 演示文稿图标,可以启动 PowerPoint 2003,并打开指定的演示文稿。

(3)在 Windows 桌面上双击 PowerPoint 2003 快捷方式图标。

2. 了解 PowerPoint 2003 的工作窗口

启动 PowerPoint 2003 后,就可以看到 PowerPoint 2003 的工作窗口,如图 5-2 所示,主要由标题栏、菜单栏、工具栏、幻灯片编辑区、状态栏、大纲/幻灯片窗格、视图切换工具栏、任务窗格、备注窗格组成。

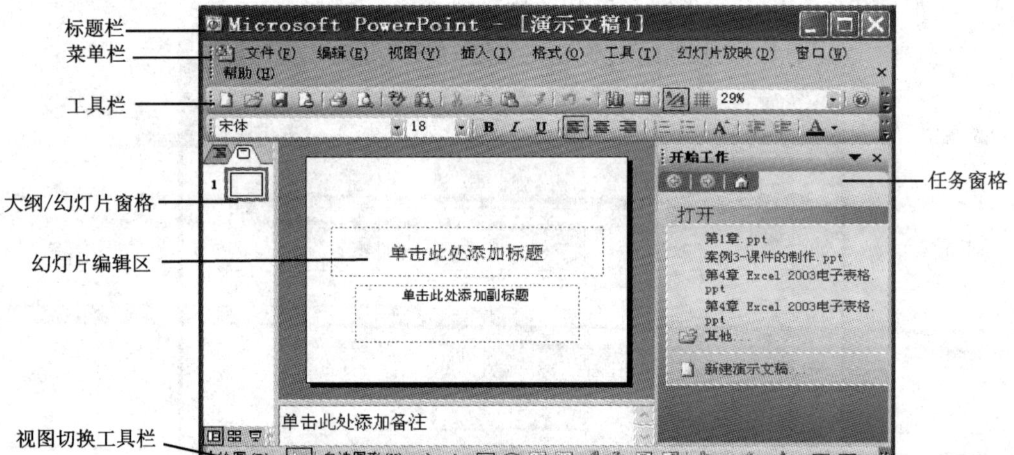

图 5-2 PowerPoint 2003 工作窗口

1)幻灯片编辑区

在幻灯片编辑区可以输入文本,添加图形、影片、动画等,也可以浏览每张幻灯片,便于观看幻灯片的设计效果。

2)任务窗格

任务窗格中显示一些常用的菜单命令,如在任务窗格中包含"幻灯片版式"、"幻灯片设计"、"幻灯片切换"、"自定义动画"等命令。可使用"视图"→"任务窗格"菜单命令打开任务窗格。

3）视图模式

为了便于用户以不同的方式观看自己制作的幻灯片的内容和效果，PowerPoint 2003 提供了普通视图、幻灯片浏览视图和幻灯片放映视图 3 种视图方式。

(1)普通视图。普通视图是系统默认的视图，在这种视图方式下用户可以撰写和设计演示文稿，并组织当前所有幻灯片的结构。普通视图包含 3 种窗格：大纲窗格、幻灯片窗格和备注窗格。单击视图切换工具栏上的“普通视图”按钮，即可打开普通视图。

(2)幻灯片浏览视图。在幻灯片浏览视图中，可以在屏幕上同时看到演示文稿中的所有幻灯片的缩略图。在该视图中，可以很容易地复制、添加、删除和移动幻灯片。单击视图切换工具栏上的“幻灯片浏览视图”按钮，即可打开幻灯片浏览视图。

(3)幻灯片放映视图。幻灯片放映视图可在计算机屏幕上像幻灯机那样动态地播放演示文稿的全部幻灯片，可以预览当前幻灯片的播放效果。单击视图切换工具栏上的“幻灯片放映视图”按钮，即可打开幻灯片放映视图。

3. 建立文档

1)制作第 1 张幻灯片

(1)插入第 1 张幻灯片，选择“空白”版式。

(2)在标题位置插入一个横排的文本框，输入内容“哈尔滨彩钢有限公司”，设置格式为：华文行楷、48 磅、红色、阴影、水平居中。

(3)设置文本框的填充效果。选中文本框，选择菜单“格式”→“文本框”命令，打开“设置文本框格式”对话框。设置填充颜色为黄色、填充效果设置底纹样式为“斜下”的渐变效果。

(4)在文本框的下方插入一个“横卷形”的自选图形，添加文字内容“敬业诚信”，设置格式为：华文行楷、32 磅、酸橙色，填充颜色为白色。

(5)利用“绘图”工具栏上的“阴影设置”按钮，为自选图形添加阴影样式 1。

(6)按照步骤(4)的做法，再添加一个文字内容为“团队创新”、文字颜色为白色、填充颜色为酸橙色的横卷形。

(7)适当调整两个横卷形的大小，按案例所示并排放置。

(8)插入一张公司的图片。用鼠标选中图片，把光标移动到图片的句柄处，拉动鼠标适当调整图片的大小，将图片放在幻灯片的右侧。选中图片，单击鼠标右键，选择“设置图片格式”命令，在打开的对话框中选择“颜色与线条”选项卡，单击“填充”选项，将幻灯片的背景填充为“雨后初晴”。

(9)在图片的左侧插入一个圆角矩形效果，添加文字内容“公司概况”，设置文字格式为：楷体、24 磅、红色。类似步骤(3)的做法，选择一种渐变的填充颜色填充底纹，并适当调整矩形的大小。

(10)在适当位置再插入 3 个圆角矩形，文字内容分别为“机构设置”、“产品销售”、“产品介绍”。按步骤(9)分别进行底纹设置第 1 张幻灯片效果，如图 5-3 所示。

2)制作第 2 张幻灯片

(1)插入一张“空白”版式的新幻灯片。

(2)插入任意一种样式的艺术字，内容为“公司概况”，将其移动到标题位置，适当调整

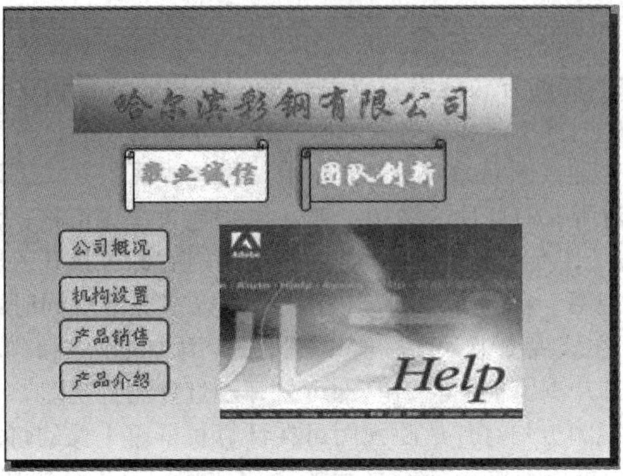

图 5-3　第 1 张幻灯片

其大小。

(3)在标题下面插入一个横排的文本框,输入一段关于公司概况的内容。

一、公司简介:哈尔滨彩钢有限公司成立于 1989 年,公司秉承务实、诚信的信念,提供优质的产品和服务。哈尔滨彩钢有限公司已成为以建筑彩钢为主打产品的世界知名企业。公司总部设在哈尔滨。在国外有 5 个分公司和 18 个销售网点,在国内各省有 15 个分公司 31 个产品销售处。产品已经遍及世界各地,现已发展到有 8 个系列 50 多个品种,受到各方面的欢迎。

二、经营宗旨:为顾客创造价值、为员工创造机会、为社会和股东创造效益。

三、经营策略:研制最好的产品、提供最好的服务、创建最好的品牌。

四、经营理念:

1. 依托技术创新和价值创新,为顾客提供优质产品。

2. 用有效到位的人性化服务使产品增值,使品牌提升。

(4)设置文本框中文字的格式:宋体、18 磅、文字颜色为红色。再将文本框设置为浅绿的填充效果。第 2 张幻灯片效果如图 5-4 所示。

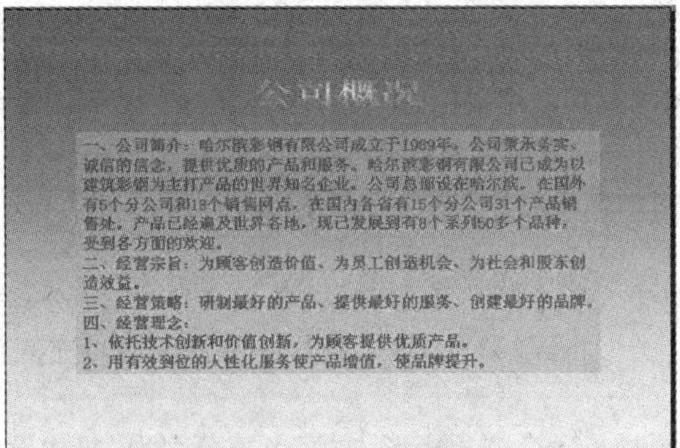

图 5-4　第 2 张幻灯片

3)制作第3张幻灯片

(1)插入一张“空白”版式的新幻灯片。

(2)在左侧插入一个竖排文本框,添加文字内容“机构设置”,设置文字格式为:华文行楷、48磅、黑色。再将文本框设置为紫色的填充效果。

(3)选择“绘图”工具栏上的“椭圆”按钮,在圆环上按下[Shift]键画一个圆形,并添加文本内容“办公室”,设置文字格式为:宋体、24磅。为圆形添加任意一种渐变的填充颜色,适当调整其大小。

(4)用同样的方法再画出4个圆形图形,并分别添加相应的科室。第3张幻灯片效果如图5-5所示。

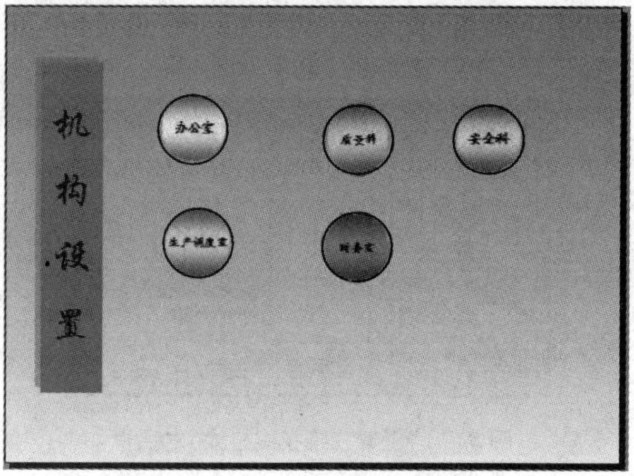

图5-5 第3张幻灯片

4)制作第4张幻灯片

哈尔滨彩钢有限公司利润总额见表5-1所示。

表5-1 哈尔滨彩钢有限公司利润总额

序号	年份	利润(万元)
1	2005	3 430
2	2006	3 805
3	2007	4 510
4	2008	5 436

(1)插入一张“空白”版式的新幻灯片。

(2)在标题位置插入任意一种样式的艺术字,内容为“产品销售情况”,适当调整其大小。

(3)选择菜单“插入”→“图表”命令,在幻灯片中插入一张图表,并打开“数据表”表格(图5-6),进入图表编辑模式。选中第3行“北部”数据行,单击鼠标右键,在弹出的菜单中选择“删除”命令,删除数据。用同样方法,删除第2行“西部”的数据行。

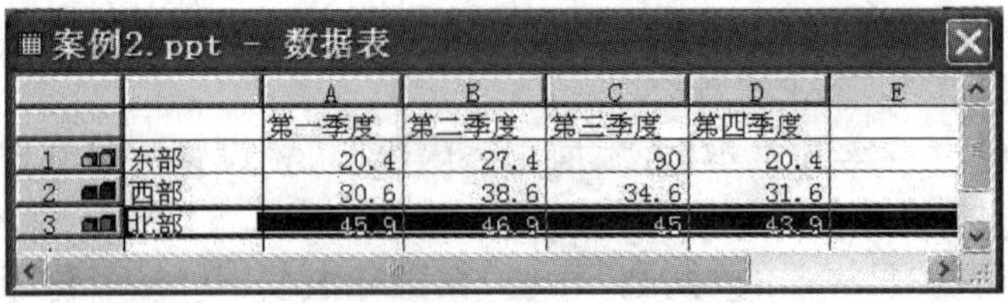

图 5-6 数据表

将“第一季度”改为“2005”，同样，将 2006、2007、2008 依次填到表格中。将“东部”改为“利润”，分别将对应年份的利润额填入表中，关闭数据表，返回图表。

在图表上单击鼠标右键，在弹出的菜单中选择“设置三维视图格式”命令，打开“设置三维视图格式”对话框，将“上下仰角”设置为“40”，“旋转”设置为“40”，如图5-7所示，单击“确定”按钮返回。

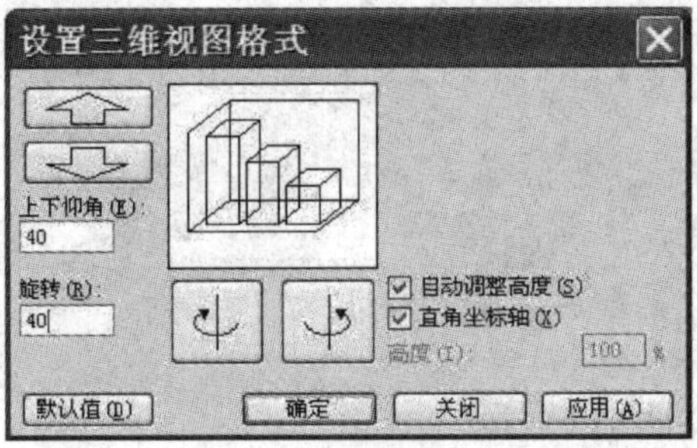

图 5-7 “设置三维视图格式”对话框

在图表上单击鼠标右键，在弹出的菜单中选择“图表选项”命令，打开“图表选项”对话框，选择“数据标签”选项卡，在“数据标签包括”区域中，选中“值”复选框，如图 5-8 所示，单击“确定”按钮。

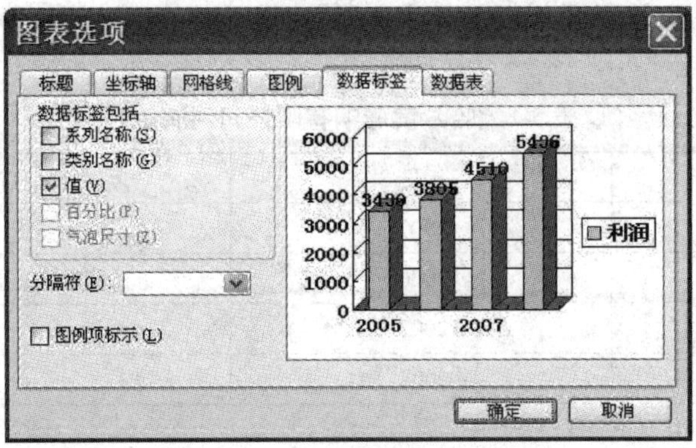

图 5-8 “图表选项”对话框

选中图表中的柱形图，单击鼠标右键，在弹出的菜单中选择“设置数据系列格式”命令，打开“设置数据系列格式”对话框，选择“图案”选项卡，在“内部”区域中单击“填充效果”。打开“填充效果”对话框，选择“渐变”选项卡，在“颜色”区域中选择“单色”，在“底纹样式”区域中选择“垂直”，如图 5-9 所示，单击两次“确定”按钮返回图表。

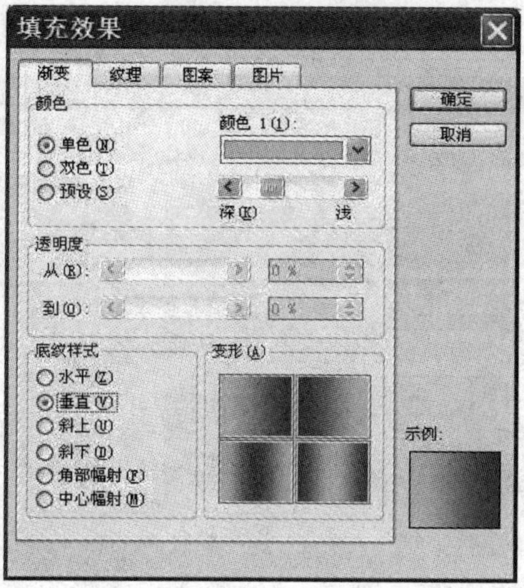

图 5-9　“填充效果”对话框

在幻灯片非图表区域单击鼠标左键，退出图表编辑模式。在图表上单击鼠标右键，在弹出的菜单中选择“设置对象格式”命令，弹出“设置对象格式”对话框，选“颜色和线条”选项卡，在“填充”区域中，打开“颜色”下拉菜单，单击“其他颜色...”按钮，在“颜色”对话框中选择“自定义”选项卡，选择“颜色模式”为 RGB，红色、绿色、蓝色分别设置为 133、162、255，单击“确定”按钮返回“设置对象格式”对话框。将“线条”区域中的颜色设置为“深蓝”，单击“确定”按钮返回。

(4)设置文本框中文字的格式为宋体、32 磅，再插入任意一种样式的项目符号。

5)制作第 5 张幻灯片

(1)插入一张“空白”版式的新幻灯片。

(2)在标题位置插入一个横排的文本框，输入内容“产品介绍”。设置文本框中文字的格式：宋体、48 磅、黑色、水平居中对齐。

(3)设置文本框的填充效果为“雨后初晴”效果。

(4)选择菜单“插入”→“图片”→“来自文件”命令，在弹出的对话框中选择 7 张相关产品的图片，单击“插入”按钮。适当调整图片的大小，将图片放在幻灯片的右侧边缘处。

4. 设置幻灯片背景

(1) 选择菜单“格式”→“背景”命令，打开“背景”对话框，使用“预设”颜色中的“雨后初晴”效果。

(2) 单击“背景”对话框中的“全部应用”按钮将背景设置应用到全部幻灯片，若单击“应用”按钮则将背景设置应用到当前幻灯片中。

5. 设置幻灯片的动画效果

1)设置第 1 张幻灯片中各对象的动画效果

(1)选中第 1 张幻灯片中的标题对象，选择菜单“幻灯片放映”→“自定义动画”命令。

(2)在打开的任务窗格中，单击“添加效果”按钮，在弹出的下拉菜单中选择“进入”→“飞旋”效果(也可以添加其他效果)，其他设置如“开始”设置为“之后”，“速度”设置为“中速”，如图 5-10 所示。

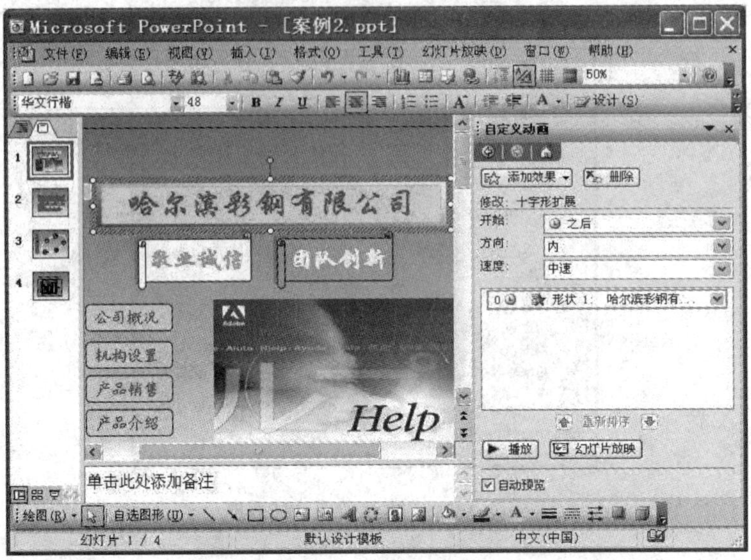

图 5-10　“自定义动画”设置窗口

(3)选中左边的“横卷形”图形对象，单击“添加效果”按钮，选择“进入”→“飞入”效果(可以添加其他效果)。“开始”设为“之后”，“方向”设为“自左侧”，“速度”设为“快速”。

(4)选中右边的“横卷形”图形对象，单击“添加效果”按钮，选择“进入”→“飞入”效果。“开始”设为“之前”，“方向”设为“自右侧”，“速度”设为“快速”。

(5)选中右边的“图片”对象，单击“添加效果”按钮，选择“进入”→“圆形扩展”效果。“开始”设为“之后”，“方向”设为“向外”，“速度”设为“中速”。

(6)选中左面的第一个“公司概况”图形对象，单击“添加效果”按钮，选择“进入”→“展开”效果。“开始”设为“之后”，“速度”设为“非常快”。

(7)分别选中下面的 3 个图形对象，添加与步骤(6)同样的动画效果。

(8)单击“播放”按钮或按[F5]键，观看动画效果。

2)设置第 2 张幻灯片中各对象的动画效果

(1) 选中标题位置处的艺术字对象，单击“添加效果”按钮，选择“进入”→“缩放”效果。其他设置如“开始”设为“之后”，“显示比例”设为“内部”，“速度”设为“中速”。

(2)单击“播放”按钮或按[F5]键，观看动画效果。

3)设置第 3 张幻灯片中各对象的动画效果

(1) 选中左侧的文本框对象，单击“添加效果”按钮，选择“进入”→“空翻”效果，出现“空翻”对话框，如图 5-11 所示，设置后单击“确定”按钮。

(2)选中一个圆形，单击“添加效果”按钮，选择“进入”→“飞入”效果(可以添加其他效果)。“开始”设为“之后”，“方向”设为“自右侧”，“速度”设为“非常快”，其他圆形的动画效果可任意设置。

(3)单击“播放”按钮或按[F5]键，观看动画效果。

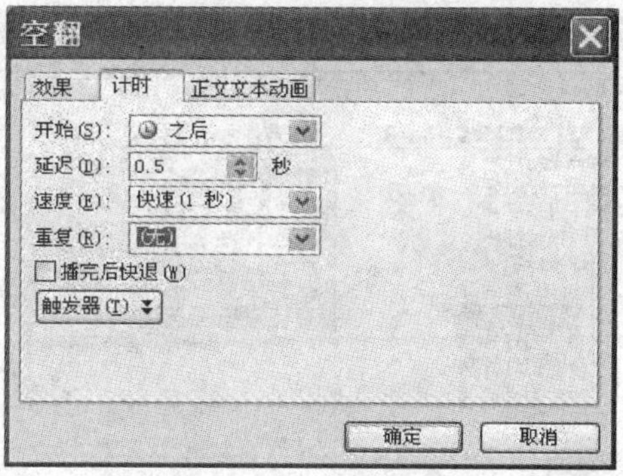

图 5-11　“空翻”对话框

4)设置第 4 张幻灯片中各对象的动画效果

(1)选中标题位置处的艺术字对象,单击“添加效果”按钮,选择“进入”→“百叶窗”效果。“开始”设为“之后”,“显示比例”设为“向外”,“速度”设为“快速”。

(2)选中图表对象,单击“添加效果”按钮,选择“进入”→“圆形扩展”效果。“开始”设为“之后”,“方向”设为“向外”,“速度”设为“中速”。

(3)单击“播放”按钮或按[F5]键,观看动画效果。

5)设置第 5 张幻灯片中对象的动画效果

(1)选中标题位置处的文本框对象,单击“添加效果”按钮,选择“进入”→“飞旋”效果。“开始”设为“之后”,“速度”设为“中速”。

(2)选中左边的第 1 张图片对象,单击“添加效果”按钮,选择“进入”→“ 随机效果”效果。“开始”设为“之后”,“方向”设为“自右侧”,“速度”设为“非常慢”。

(3)选中左边的第 2 张图片对象,单击“添加效果”按钮,选择“进入”→“随机效果”效果。“开始”设为“之后”,“方向”设为“自右侧”,“速度”设为“非常慢”。

(4)选中左边的第 3 张图片对象,单击“添加效果”按钮,选择“动作路径”→“绘制自定义路径” →“自由曲线”效果,任意规定运动路径。用同样的方法设置其他图片路径。

(5)单击“播放”按钮或按[F5]键,观看动画效果。这时可以看到 7 张图片的运动效果图。

6. 设置超链接

(1)选择第 1 张幻灯片,在幻灯片的下方插入一个文本框,输入公司网址(http://www.hao123.cn),选中文本框,选择菜单“插入”→“超链接”命令,在打开的对话框中选择链接到“原有文件或网页”按钮,在下面的地址栏中输入网址(http://www.hao123.cn),单击“确定”按钮即可。在放映幻灯片时,当鼠标单击超链接位置时,将会打开公司的网站。

(2)选择 “公司简介”图片,单击鼠标右键,选择快捷菜单“超链接”命令,打开“插入超链接”对话框,如图 5-12 所示,选择链接到幻灯片 2 上,单击“确定”按钮。

(3)同理选择“机构设置”、“产品销售”、“产品介绍”图片,分别链接到幻灯片 3、幻灯片 4、幻灯片 5 上,单击“确定”按钮。

(4)在第 2 张幻灯片中插入两个“动作按钮”,如图 5-13 和图 5-14 所示。

(5)把两个动作按钮复制到幻灯片 3 和幻灯片 4 上。

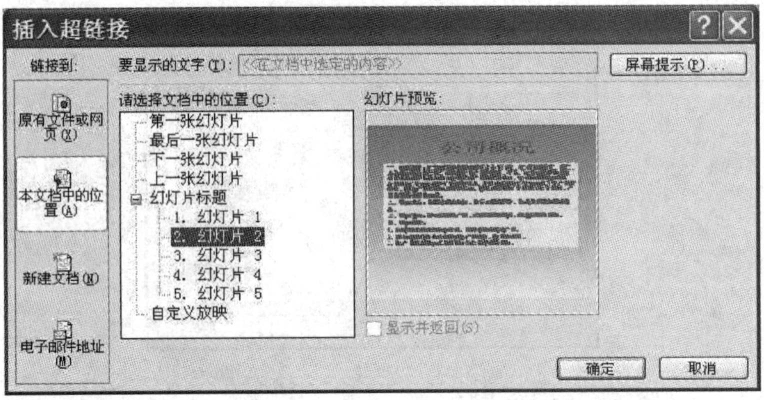

图 5-12 “插入超链接”对话框

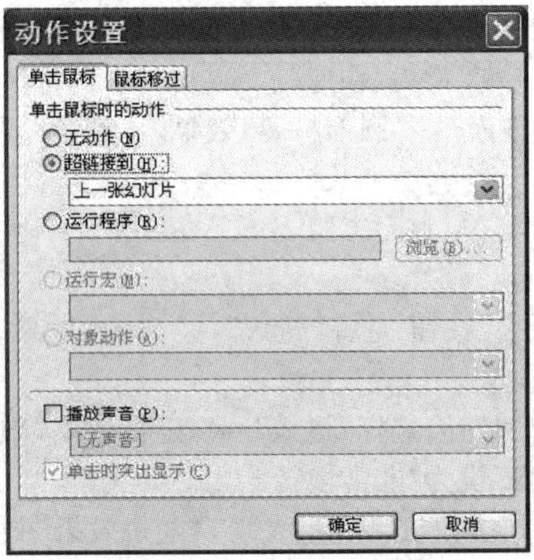

图 5-13 “动作设置”对话框

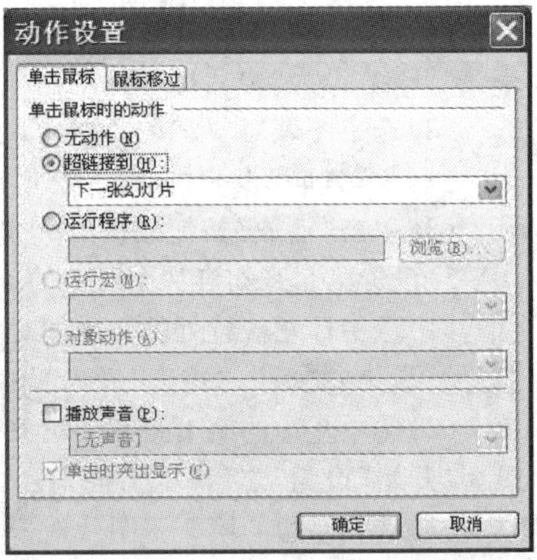

图 5-14 “动作设置”对话框

7. 保存文件并退出 PowerPoint 2003

1)保存文件

选择菜单“文件”→“保存”或“另存为”命令,将文件命名为“公司简介. ppt”,保存在适当的位置。

2)退出 PowerPoint 2003

退出 PowerPoint 有以下几种常用方法。

(1)在 PowerPoint 窗口中,选择菜单“文件”→“退出”命令。

(2)用[Alt]+[F]组合键打开控制菜单,然后按[X]键退出 PowerPoint。

(3)在 PowerPoint 窗口中单击窗口右上角的“关闭”按钮。

知识技能要点

1. 演示文稿的建立、打开与保存

1)创建演示文稿

为某一项演示工作而制作的若干张幻灯片单独存放在一个 PowerPoint 文件中,这个文件就称为演示文稿。演示文稿以文件的形式存放在 PowerPoint 文件中，称为演示文件，该文件的扩展名为.ppt。PowerPoint 启动后默认的演示文稿名为“演示文稿1”。

PowerPoint 2003 为用户提供了 4 种创建演示文稿的方法。

(1)利用“内容提示向导”创建新演示文稿。

启动 PowerPoint 2003，在右侧的任务窗格中选择“新建演示文稿”，然后单击“根据内容提示向导”按钮，弹出如图 5-15 所示的“内容提示向导”对话框。此对话框分为两个区域：左边区域是内容提示向导的主要操作步骤流程，流程由一个直观的导航结构图表示，绿色方块表明该步骤是当前流程中的位置；右侧是内容提示向导的内容提示和说明部分。接下来用户就可以根据向导一步一步地进行操作，来完成新演示文稿的创建了。

在根据内容提示向导创建文稿过程中，可以随时单击“上一步”按钮修改不满意的步骤，也可以通过左边的导航结构图单击具体某一步骤来迅速回到某一位置进行修改。

(2)从空白幻灯片创建演示文稿。

启动 PowerPoint 2003，选择任务窗格的“新建演示文稿”，单击“空演示文稿”。任务窗格出现“幻灯片版式”，如图 5-16 所示，从中选择一种合适的版式，操作界面上出现一个定制的演示文稿，这样就可以在上面输入文字、图片等来制作演示文稿了。

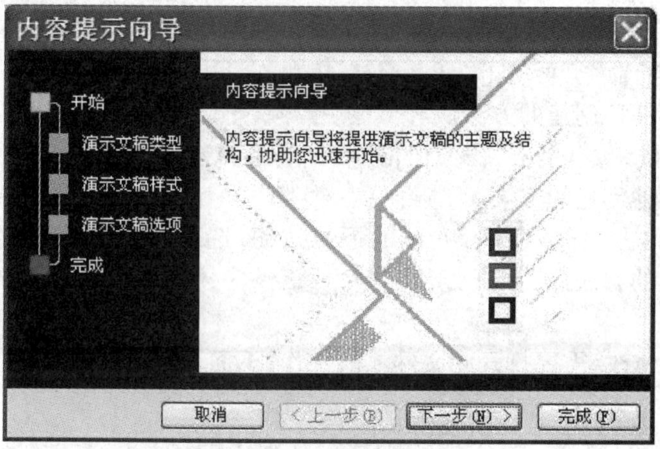

图 5-15　“内容提示向导”对话框

图 5-16　“幻灯片版式”任务窗格

(3)根据设计模板创建演示文稿。

模板是指一个演示文稿整体上的外观设计方案，它包含预定义的文字格式、颜色以及幻灯片背景图案等，可以在这种设计方案基础上制作演示文稿。PowerPoint 所提供的模板通常保存在 Microsoft Office 中的“Template”文件夹中。

启动 PowerPoint 2003，选择任务窗格的“新建演示文稿”，单击“设计模板”按钮，从任务窗格中选择某种风格的设计模板，此时在编辑区域中就会出现用户所选择的设计模板，然后就可以在编辑区域设计编辑幻灯片了，如图 5-17 所示。

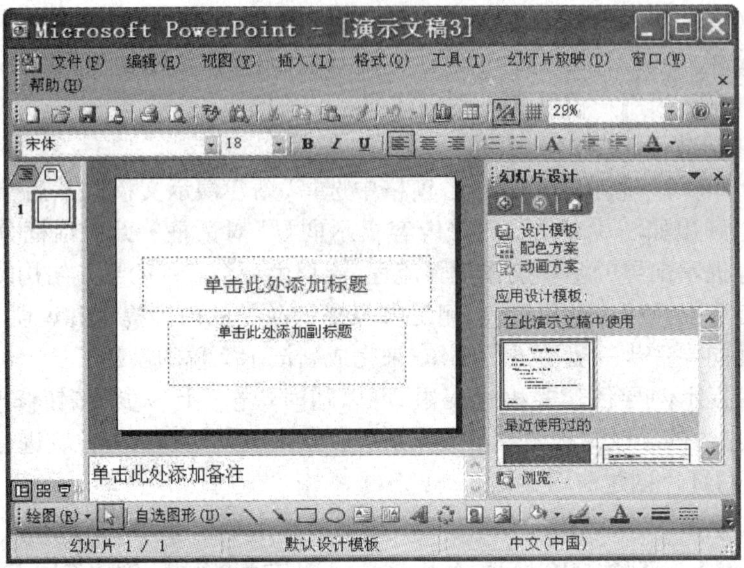

图 5-17 幻灯片模板的编辑窗口

(4)利用“现有的演示文稿”创建演示文稿。

若在用户的计算机中有现成的演示文稿,也可以参照这些现有的演示文稿进行创建。

创建新演示文稿的操作步骤如下。

(1)选择菜单“文件”→“新建”命令,在打开的任务窗格中选择一种创建的方法。

(2)选择菜单“视图”→“任务窗格”命令,再单击“任务窗格”右侧的下拉按钮,选择“新建演示文稿”命令,在任务窗格中选择一种创建的方法。

(3)单击常用工具栏上的“新建”按钮,再单击“任务窗格”右侧的下拉按钮,选择“新建演示文稿”命令,在任务窗格中选择一种创建的方法。

在首次启动 PowerPoint 2003 后,单击“任务窗格”右侧的下拉按钮,选择“新建演示文稿”命令,在任务窗格中选择一种创建的方法。

2)打开演示文稿

要对以前的演示文稿进行排版或修改,需要打开此文件才能工作,下面介绍打开演示文稿的常用操作方法。

(1)启动 PowerPoint 2003,选择菜单“文件”→“打开”命令。在弹出的“打开”对话框中,单击“查找范围”列表框的下拉按钮,在下拉列表中选择演示文稿所存放的文件夹,再单击想要打开的演示文稿的文件图标,然后单击“打开”按钮,或者直接双击文件图标。

“打开”下拉菜单中各命令含义如下。

①打开:以正常方式打开选中的文件。

②以只读方式打开:打开的文件只能浏览,不能修改。

③以副本方式打开:对副本的修改不会影响源文件。

④以浏览器打开:对网页文件有效,在网页浏览器中显示文件。

(2)在“我的电脑”或“资源管理器”中,直接找到想要打开的文件,然后双击其图标。

3) 保存演示文稿

创建演示文稿后,应及时将其保存起来,以避免停电或没有制作完成就误将 PowerPoint

2003 关闭而造成损失。保存演示文稿的具体步骤如下。

(1)选择菜单“文件”→“保存”命令,或单击常用工具栏上的“保存”按钮。

(2)选择菜单“文件”→“另存为”命令,打开“另存为”对话框,在“保存位置”下拉列表框中,选择存放该演示文稿的文件夹,再在“文件名”文本框中输入文件名如图 5-18 所示,然后单击“保存”按钮即可。

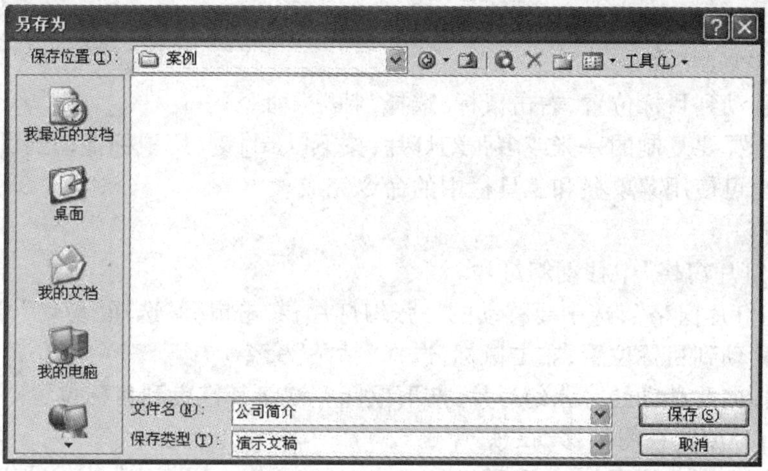

图 5-18　“另存为”对话框

注意:系统默认保存文件为演示文稿格式(.ppt);用户还可以单击“保存类型”右边的下拉列表按钮,在下拉列表中选择保存文件为单个文件网页格式(.mht)、网页格式(.html)或 PowerPoint 放映格式(.pps)。

PowerPoint 2003 具有文件恢复功能,这对于忘记保存已改动文件的用户很有用处。而且当 PowerPoint 2003 遇到问题而停止响应时,系统会提供给用户一些信息,以便恢复文件中没有及时保存的信息。系统默认保存自动恢复时间为 10 分钟。如果要更改这个时间可以选择菜单“工具”→“选项”命令,在打开的“选项”对话框单击“保存”选项卡,在“保存选项”区域中便可以更改保存自动恢复时间。

2. 编辑幻灯片

在 PowerPoint 演示文稿中,创建和编辑的单页称为幻灯片。一个演示文稿文件通常由若干张幻灯片组成,制作演示文稿的过程就是制作一张一张幻灯片的过程。

1)添加幻灯片

如果要在已经完成的幻灯片中添加新的幻灯片,可以在普通视图和幻灯片浏览视图模式下进行操作。

(1)在普通视图的左侧大纲窗格中,选定需要添加新幻灯片位置之前的那张幻灯片,然后选择菜单“插入”→“新幻灯片”命令,在任务窗格中选择需要插入的新幻灯片的版式,单击“确定”按钮即可。

(2)在幻灯片浏览视图方式下添加新幻灯片,在需要添加幻灯片的位置单击,则在新幻灯片的位置出现一条竖线,然后选择菜单“插入”→“新幻灯片”命令即可。

使用上述两种方法中的任何一种,都会在当前选中的幻灯片之后添加一张新的幻灯片。

2)复制幻灯片

(1)在普通视图左侧的“幻灯片窗格”中复制幻灯片。

①打开“幻灯片窗格”,选中需要复制的幻灯片,右击鼠标,选择“复制”命令。

②将鼠标移动到目标位置,右击鼠标,选择“粘贴”命令。

(2)在幻灯片浏览视图中复制幻灯片。

①打开幻灯片浏览视图,选中需要复制的一张幻灯片或按下[Ctrl]键选择多张幻灯片,右击鼠标,选择“复制”命令。

②将鼠标移动到目标位置,右击鼠标,选择“粘贴”命令。

也可直接选择要复制的一张或多张幻灯片,按下[Ctrl]键,用鼠标拖动到目标位置。

以上操作也可使用菜单栏和工具栏中的命令完成。

3)移动幻灯片

(1)在“幻灯片窗格”中移动幻灯片。

①打开“幻灯片窗格”,选中要移动的一张幻灯片,右击鼠标,选择“剪切”命令。

②将鼠标移动到目标位置,右击鼠标,选择“粘贴”命令。

也可直接指向要移动的一张幻灯片,按下鼠标左键将其拖曳到目标位置。

(2)在幻灯片浏览视图中移动幻灯片。

①打开幻灯片浏览视图,选中要移动的一张幻灯片,右击鼠标,选择“剪切”命令。

②将鼠标移动到目标位置,右击鼠标,选择“粘贴”命令。

也可直接选择要移动的一张幻灯片,按下鼠标将其左键拖动到目标位置。一条浮动的水平直线可以让用户知道将幻灯片放置之前的确切位置。

以上操作也可使用菜单栏和工具栏中的命令完成。

4)删除幻灯片

(1)在“幻灯片窗格”中删除幻灯片。打开“幻灯片窗格”,选中需要删除的一张幻灯片,右击鼠标,选择“删除幻灯片”命令或按[Backspace]键、[Delete]键。

(2)在幻灯片浏览视图中删除幻灯片。打开“幻灯片浏览视图”,选中需要删除的一张幻灯片,右击鼠标,选择“删除幻灯片”命令或按[Backspace]键、[Delete]键。

3. 幻灯片版式的设置

幻灯片的版式就是幻灯片上对象的布局形式。PowerPoint 提供了 31 种幻灯片版式供用户选择。

每当插入新幻灯片时,都可以在“幻灯片版式”任务窗格中为其选择一种版式。版式由占位符组成,而占位符可放置文字(例如标题和项目符号列表)和其他片内容(例如表格、图表、图片、形状和剪贴画)。占位符用虚线显示在幻灯片上,并且包含提示信息。

在有些情况下,用户需要通过改变幻灯片版式来改变幻灯片的布局。修改幻灯片的版式步骤如下。

(1)选择菜单“格式”→“幻灯片版式”命令,或单击“任务窗格”中的“幻灯片版式”命令。

(2)在打开的“应用幻灯片版式”列表框中,用鼠标指向选定的版式图,将会出现该版式的类型名称,同时在版式图的右侧出现一个下三角按钮,如图 5-19 所示,可单击按钮打开快捷菜单。

(3)在菜单中根据需要选择相应的命令即可。

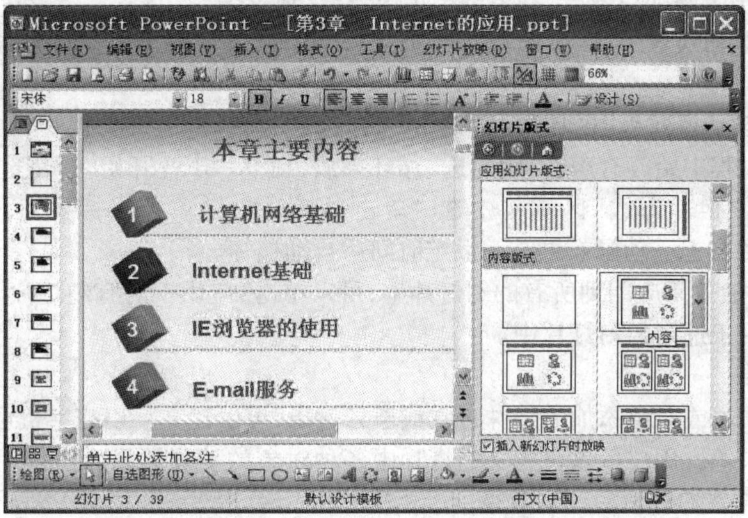

图 5-19　“幻灯片版式”设置窗口

4. 幻灯片的动画设置

幻灯片的动画体现在以下几个方面。

1)幻灯片切换效果

切换效果是加在连续放映的幻灯片之间的特殊效果。设置幻灯片切换效果的步骤如下。

(1)选择菜单“视图”→“幻灯片浏览”命令,或点击“幻灯片浏览视图”按钮,进入幻灯片浏览视图方式。

(2)选择菜单“幻灯片放映”→“幻灯片切换”命令,打开“幻灯片切换”任务窗格,如图 5-20 所示。

图 5-20　“幻灯片切换”设置窗口

(3)选中要添加切换效果的幻灯片(一张或多张)。

(4)在“应用于所选幻灯片”列表框中选择一种切换效果。

(5)在“修改切换效果”区域的“速度”下拉列表中设置切换速度,有“快速”、“慢速”和“中速”3个选项。

(6)在“修改切换效果”区域的“声音”下拉列表中选择合适的切换声音。如果要求在幻灯片演示的过程中始终有声音,则勾选“循环播放,到下一声音开始时”复选框。

(7)如果在“换片方式”区域勾中选“单击鼠标时”,则单击鼠标换片,如果选中“每隔”,则可以设置在上一动画效果结束设定时间后自动换片。

(8)要将切换效果应用到所有的幻灯片上,可以单击“应用于所有幻灯片”按钮,否则设置的效果将应用于选定的幻灯片中。

2)动画效果

动画是为文本或对象添加的特殊视觉或声音效果,可以让文字以打字机形式播放,让图片产生飞入效果等。用户可以自定义幻灯片中各种对象的动画效果,也可以利用系统提供的“动画方案”设置幻灯片的动画效果。

(1)动画方案。

PowerPoint 2003 提供了多种动画方案供用户选择,利用这些方案用户可以非常方便地为幻灯片设置动画效果。利用“动画方案”快速创建动画效果的步骤如下。

①选择要设置动画效果的幻灯片为当前幻灯片。

②选择菜单“幻灯片放映”→“动画方案”命令,打开“幻灯片设计”任务窗格,在“动画方案”列表中列出了系统提供的预定义动画方案,并对这些动画方案进行了分类。

③把鼠标指向“应用于所选幻灯片”列表中的动画方案稍停片刻,系统会弹出该动画效果的切换方式和幻灯片中各区域的动画效果,如图5-21所示。在列表中单击所需的动画方案,此时在幻灯片工作窗口中可以预览选择的动画效果。

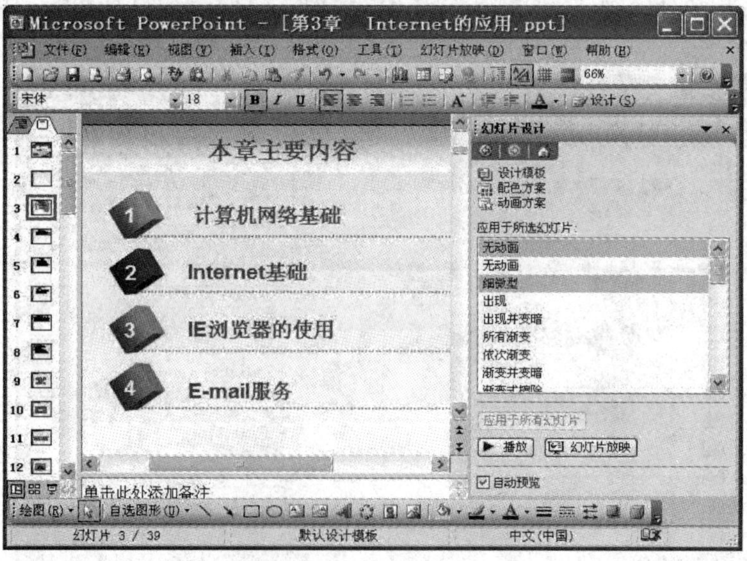

图5-21 幻灯片动画设置窗口

④如果单击“应用于所有幻灯片”按钮,可以为所有的幻灯片加上相同的动画效果。

⑤如果单击“播放”可以播放当前幻灯片效果。

⑥如果单击“幻灯片放映”则从当前幻灯片开始连续播放。

(2)自定义动画效果。

使用动画方案可以很方便地为幻灯片添加动画效果,但不能对幻灯片中的对象添加动画。用户可以使用 PowerPoint 2003 提供的自定义动画功能为幻灯片中的对象添加动画效果,步骤如下。

①选择要设置文本动画效果的幻灯片为当前幻灯片,选择菜单“幻灯片放映”→“自定义动画”命令,打开“自定义动画”任务窗格。

②选中要自定义动画的对象,如选中标题占位符。

③单击“添加效果”按钮,出现效果列表菜单,系统共提供了 4 大项效果,分别为“进入”、“强调”、“退出”和“动作路径”。每种效果中又包含了不同的效果,如图 5-22 所示。

④在“开始”下拉列表中用户可以选择何时开始展示该动画效果,如图 5-23 所示。有 3 种选择,即“单击时”、“之前”和“之后”。如果选择“单击时”,则单击鼠标时开始展示该动画效果,如果选择“之后”则在上一项动画结束后自动开始展示该动画效果,如果选择“之前”则与上一项动画同时自动开始展示该动画效果。

图 5-22　自定义动画设置窗口

图 5-23　自定义动画设置窗口

⑤在“方向”下拉列表中选择对象的方向。用户要注意“方向”会随着用户添加效果的不同而改变名称。设置了动画效果后,对象前面会显示出动画编号。

⑥单击“播放”按钮,则设置的动画效果在幻灯片区自动播放,用户可以观察动画效果。

⑦把鼠标移至动画效果列表中任意一个动画效果上时,在该效果的右端将会出现一个下三角按钮,单击该按钮将会出现一个下拉列表,如图 5-24 所示。

⑧在列表中选择“效果选项...”,打开动画效果对话框(不同的动画效果将打开不同的对话框),如图 5-25 所示。在对话框中分别打开“效果”、“计时”、“正文文本动画”选项卡,根据需要设置相应的效果。

5. 幻灯片背景效果的设置

任何时候都可以对演示文稿中的一张、多张或全部的幻灯片设置背景效果,具体操作

图 5-24 自定义动画设置窗口

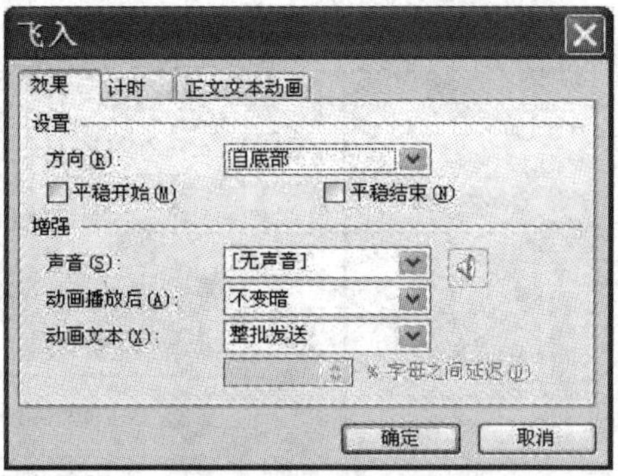

图 5-25 自定义动画设置窗口

如下。

（1）选定要设置的一张或多张幻灯片，选择菜单“格式”→“背景”命令，单击“填充”按钮，弹出如图5-26 所示的“填充效果”对话框。分别选择对话框中“渐变”、“纹理”、“图案”、“图片”选项卡，即可设置相应的背景效果，然后单击“确定”按钮。

（2）如果单击“背景”对话框中的“应用”按钮，设置好的背景会应用到当前选定的幻灯片中。如果单击“全部应用”按钮，设置好的背景会应用到全部幻灯片中。

6. 创建交互式演示文稿

交互式演示文稿可以通过事先设置好的超级链接和动作按钮进行设置，在放映时可以跳转到指定的幻灯片上。

1）创建动作按钮

用户可以将某个动作按钮添加到演示文稿中，然后定义如何在放映幻灯片时使用它。在幻灯片中创建动作按钮的步骤如下。

（1）将要创建动作按钮的幻灯片切换为当前幻灯片。

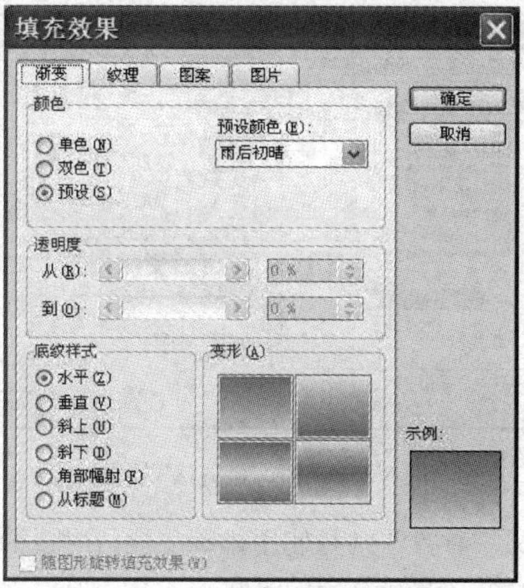

图 5-26　“填充效果”对话框

(2)选择菜单“幻灯片放映”→“动作按钮”命令，打开一个子菜单，在菜单中的按钮上稍作停留，可显示出该按钮的名称和功能。

(3)在“动作按钮”子菜单中选择一项，按住鼠标拖动画出矩形框。

(4)当拖动到适当大小时松开鼠标，打开“动作设置”对话框，选择“单击鼠标”选项卡。

(5)在“单击鼠标时的动作”区域中选择“超链接到”单选按钮，并在下拉列表中选择需要链接到的幻灯片。

(6)单击“确定”按钮，返回到幻灯片中。

提示：用户还可以在创建的动作按钮上右击鼠标，在打开的快捷菜单中选择“设置自选图形格式”命令，对动作按钮的动作效果进行设置。

2)创建超链接

用户可以利用超链接将某一段文本或图片或其他对象链接到另一张幻灯片上，也可链接到其他外部文件。在幻灯片中创建超链接的步骤如下。

(1)选中要进行超链接的对象。

(2)选择菜单“插入”→“超链接”命令，打开“插入超链接”对话框，如图 5-27 所示。

(3)在“链接到”区域中根据需要选择相应的按钮，并在右面的提示中选择具体链接的位置。

(4)单击“确定”按钮，即可将选中的对象链接到相应的对象上。

7. 放映演示文稿

制作演示文稿，最终是要播放给观众看的。通过放映幻灯片，可以将精心创建的演示文稿展示给观众或客户，以正确表达自己想要说明的问题。

为了让所做的演示文稿更精彩，以使观众更好地观看并接受、理解演示文稿，在放映前，还必须对演示文稿的放映方式进行一定的设置。

在放映幻灯片的时候，可以通过人工移动每张幻灯片，也可以通过设置让幻灯片自动转换。设置自动转换的第一种方法就是人工为每一张幻灯片设置时间，然后运行幻灯片放映

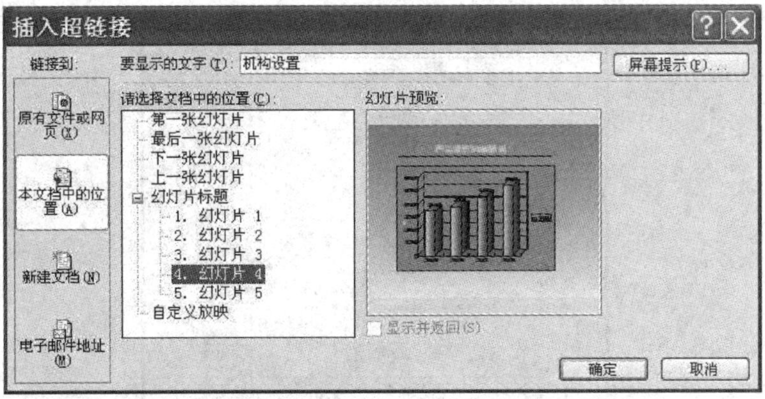

图 5-27 “插入超链接”对话框

并查看所设置的时间;而另一种方法则是使用排练功能,在排练时自动记录时间。当然,也可以先调整已设置的时间,然后再排练新的时间。

1)设置放映方式

PowerPoint 2003 提供了 3 种放映幻灯片的方法:演讲者放映、观众自行浏览和在展台浏览。3 种方式各有特点,可以满足不同环境、不同对象的需要。

选择“幻灯片放映”→“设置放映方式”命令,打开“设置放映方式”对话框,如图 5-28 所示,选择要使用的放映方式类型。

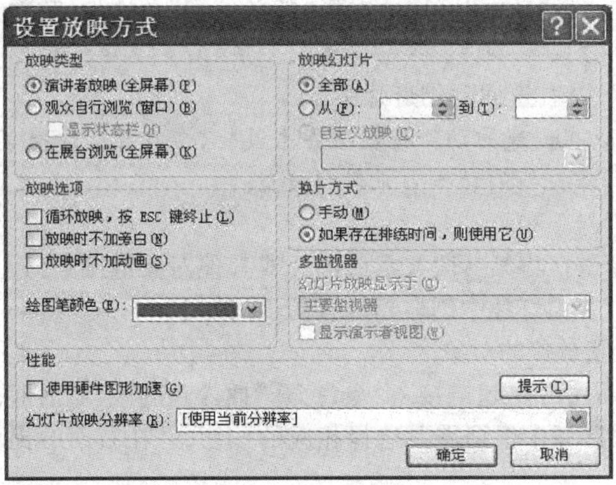

图 5-28 “设置放映方式”对话框

(1)单击“演讲者放映(全屏幕)”单选按钮,可以运行传统的全屏幕幻灯片放映。放映时可以手动或自动放映幻灯片,演讲者控制演示节奏,具有放映的完全控制权。

(2)单击“观众自行浏览(窗口)”单选按钮,可以在窗口中运行幻灯片放映,并允许用户使用一些 PowerPoint 功能。如可以在放映时移动、编辑、复制和打印幻灯片,还可浏览其他的演示文稿和 Office 文档。

(3)单击“在展台浏览(全屏幕)”单选按钮,可为展台创建自运行的不必维护的幻灯片放映。可以让幻灯片自动放映,也可以一张一张地放映幻灯片,还可以激活超链接。

根据需要,选中以下放映设置复选框。

(1)循环放映,按[Esc]键终止。

(2)放映时不加旁白。

(3)放映时不加动画。

2)启动幻灯片放映

当制作演示文稿的全部工作完成以后,就可以将它放映展示给观众。有3种方法可以放映幻灯片。

(1)单击"视图切换"工具栏上的"从当前幻灯片开始幻灯片放映"切换按钮,可以从当前幻灯片开始放映。

(2)选择菜单"幻灯片放映"→"观看放映"命令,幻灯片从第一张开始放映。

(3)选择菜单"视图"→"幻灯片放映"命令,幻灯片从第一张开始放映。

3)创建自定义放映

设置自定义放映的步骤如下。

(1)选择菜单"幻灯片放映"→"自定义放映"命令,打开"自定义放映"对话框,如图5-29所示。

(2)单击"新建..."按钮,打开"定义自定义放映"对话框。

(3)在"幻灯片放映名称"的文本框中输入自定义放映文件的名称。

(4)在"在演示文稿中的幻灯片"列表中选择要添加到自定义放映的幻灯片,并单击"添加"按钮。按此方法依次添加幻灯片到自定义幻灯片列表中。

(5)单击"确定"按钮,返回到"自定义放映"对话框,在"自定义放映"列表中显示刚才创建的自定义名称。

(6)根据需要单击"放映"或"关闭"按钮。

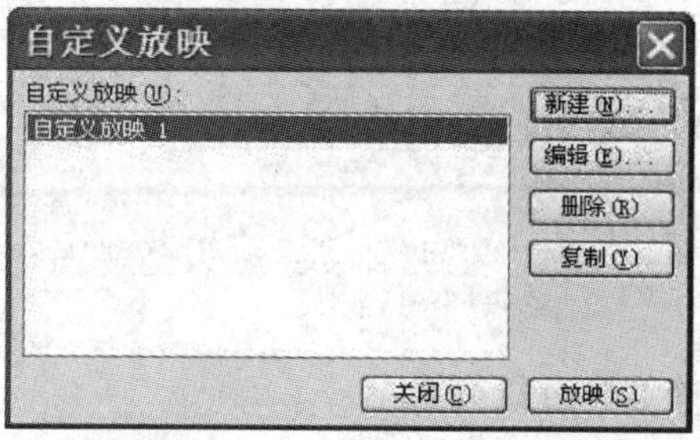

图5-29　"自定义放映"对话框

案例2　制作函数曲线

案例描述

在日常的工作和学习中经常会遇到画曲线的问题,本案例中,以数学公式(正弦函数)为例介绍曲线的画法,特别是通过自定义动画的设置,形象地展现函数自变量和函数值的动态变化效果，效果如图 5-30 所示。通过本案例的学习，应基本做到以下两点。

(1) 了解自定义动画的设置过程。

(2) 了解效果图的设置技巧。

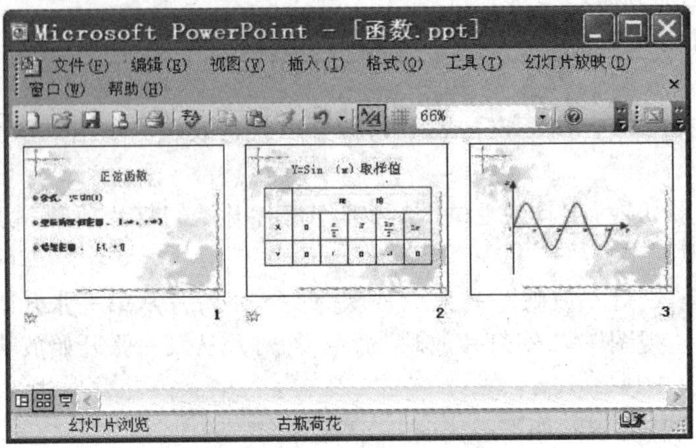

图 5-30 函数曲线的效果图

本案例需要完成以下操作。

(1) 建立文档。

(2) 应用幻灯片设计模板。

(3) 设置幻灯片切换方式。

(4) 设置幻灯片动画效果。

🕮案例实现

1. 建立文档

1) 建立第 1 张幻灯片

(1) 启动 PowerPoint 2003，打开任务窗格，选择“幻灯片版式”，在列表框中选择“标题和文本”版式。

(2) 在标题占位符中输入文本“正弦函数”。设置文字的格式为：宋体、44 磅、水平居中。

(3) 在文本占位符中输入下面几行文本：

公式：$Y = \sin (X)$

变量的取值范围：$(-\infty, +\infty)$

结果范围：$[-1, +1]$

设置文字的格式为：宋体、32 磅、左对齐。第 1 张幻灯片的效果如图 5-31 所示。

2) 建立第 2 张幻灯片

(1) 插入一张“标题和文本”版式的新幻灯片。

(2) 在标题占位符中输入“$Y = \sin(X)$ 取样值”。设置文字的格式为：宋体、50 磅、水平居中。

(3) 在文本占位符中插入一个 3 行 6 列的表格。

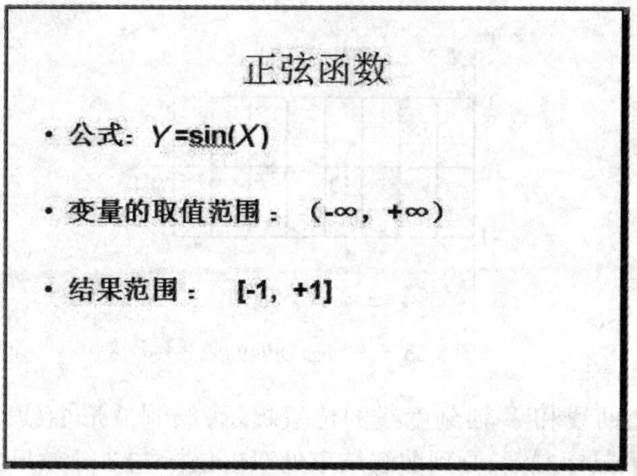

图 5-31　第 1 张幻灯片

(4)合并第 1 行中 2 到 6 列的单元格，在合并后的单元格中输入文字“取值”。

(5)在第 2 行的单元格中依次输入“X”、“0”、“ π/2”、“ π”、“3π/2”、“2π”。

(6)在第 3 行的单元格中依次输入“Y”、“0”、“1”、“0”、“ -1”、“0”。

(7)设置表格中数据的对齐方式为“水平居中”、“垂直居中”，适当调整表格的大小和位置，最后的效果如图 5-32 所示。

Y=sin (X) 取样值

	取　值				
X	0	$\frac{\pi}{2}$	π	$\frac{3\pi}{2}$	2π
Y	0	1	0	-1	0

图 5-32　第 2 张幻灯片

3)建立第 3 张幻灯片

(1)插入一张“标题和文本”版式的新幻灯片。

(2)选中文本占位符绘制二维坐标系。选择“绘图”工具栏中的“自选图形”→“线条”→“箭头”命令，在文本框中绘制两条相互垂直并且交叉的箭头。在 X 轴的箭头处插入一个文本框，输入字符“X”，同样的方法在 Y 轴箭头处输入字符“Y”，原点处输入数字“0”。

(3)使用辅助线(表格)绘制坐标轴刻度。插入一个 2 行 8 列的表格。适当调整表格的大小，并移动表格使得表格的左边线与 Y 轴重合，表格的第 1 行和第 2 行的分界线与 X 轴重合，然后利用自选图形中的画直线工具，在每个与 X 轴和 Y 轴的相交处分别画出刻度标记，然后在与 X 轴相交的 4 个主要刻度下方，利用“文本框”分别输入字符“π”、“2π”、“3π”、“4π”，在 Y 轴的两个主要刻度分别输入字符“1”和“ -1”。效果如图 5-33 所示。

(4)绘制正弦曲线。在“绘图”工具栏中，选择“自选图形”→“线条”→“曲线”命令，从

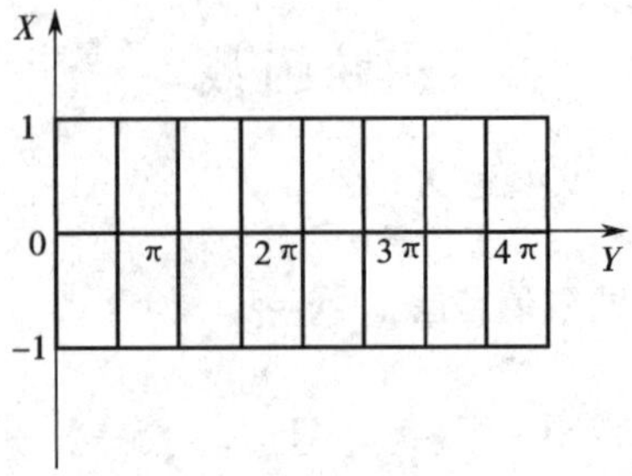

图 5-33 坐标轴刻度的效果图

原点开始根据高度辅助线和 X 轴刻度线的位置提示,绘制波形曲线。(提示:每画到一个"最值"位置时点一下鼠标左键,画到曲线结束处双击鼠标左键。)效果如图 5-34 所示。

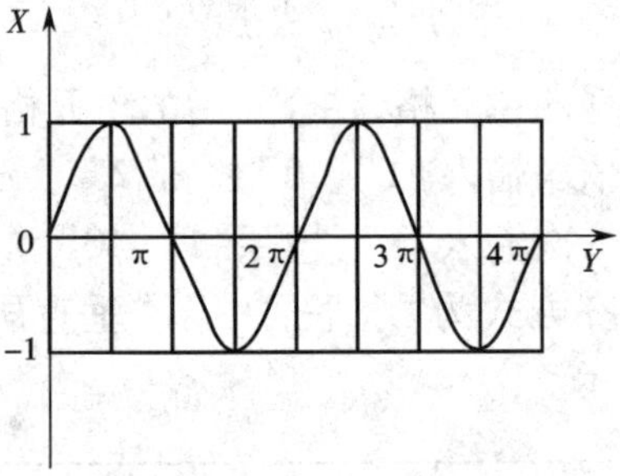

图 5-34 正弦曲线效果图

(5)删除辅助线。选中表格,按[Delete]键删除表格,一个完整的正弦曲线波形图就制作完成了。第 3 张幻灯片效果如图 5-35 所示。

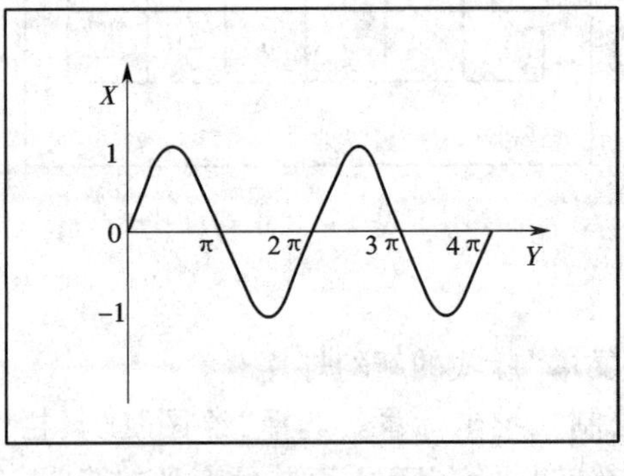

图 5-35 第 3 张幻灯片

(6)选中曲线,设置线条颜色为红色,线型为 3 磅。

2. 应用幻灯片设计模板

打开任务窗格,选择"幻灯片设计"命令,选择模板"古瓶荷花. ppt",选择"应用于所有的幻灯片"。

3. 设置幻灯片切换方式

(1)选中第 1 张幻灯片,选择菜单"幻灯片放映"→"幻灯片切换"命令,选择"盒状收缩”切换效果,“速度”为“慢速”,“声音”为“风声”。

(2)选中第 2 张幻灯片,如上选择“溶解”切换方式,“速度”为“慢速”,“声音”为“风声”。

(3)选中第 3 张幻灯片,如上选择“向上推出”切换方式,“速度”为“慢速”,“声音”为“风声”。

4. 设置幻灯片动画效果

1)设置第 1 张幻灯片的动画效果

(1)选中标题对象,选择菜单“幻灯片放映”→“自定义动画”命令。单击“添加效果”按钮,选择“进入”→“飞旋”效果。“开始”设为“之后”设为“速度”设为“快速”。

(2)选中文本对象,单击“添加效果”按钮,选择“进入”→“颜色打字机”效果。“开始”设为“之后”设为“速度”设为“快速”。

2)设置第 2 张幻灯片的动画效果

(1)选中标题对象,单击“添加效果”按钮,选择“进入”→“挥舞”效果。“开始”设为“之后”,“速度”设为“快速”。

(2)选中表格对象,单击“添加效果”按钮,选择“进入”→“向内溶解”效果。“开始”设为“之后”,“速度”设为“快速”。

3)设置第 3 张幻灯片的动画效果

(1)选中图形对象,单击“添加效果”按钮,选择“进入”→“旋转”效果。“开始”设为“之后”,“方向”设为“水平”,“速度”设为“中速”。

(2)选中正弦曲线对象,单击“添加效果”按钮,选择“进入”→“擦除”效果。“开始”设为“之后”,“方向”设为“自左侧”,“速度”设为“非常慢”。

(3)单击“播放”按钮,观看动画效果。

(4)选择菜单“文件”→“另存为”命令,将文件命名为“正弦函数. ppt”,保存在适当的位置。

📖知识技能要点

设计模板的应用

设计模板决定了幻灯片的主要外观,包括背景、预置的配色方案、背景图形等。在应用设计模板的时候,系统会自动对当前幻灯片或全部幻灯片应用设计模板文件中包含的各种版式、文字样式、背景等外观,但不会更改应用文件的文字内容。为演示文稿应用设计模板的步骤如下。

(1)选择菜单“格式”→“ 幻灯片设计”命令,打开“幻灯片设计”任务窗格。

(2)在任务窗格的下拉列表中,用鼠标指向要应用的设计模板项,此时在选项右侧出现一个下三角按钮,如图 5-36 所示,单击按钮打开快捷菜单。

(3)在菜单中根据需要选择相应的命令,如单击“应用于所有幻灯片”则该设计模板被应用到演示文稿所有的幻灯片中,如单击“应用于选定幻灯片”则该设计模板被应用到当前幻灯片上。

图 5-36 幻灯片模板设置窗口

案例 3 制作教学课件

📖案例描述

用课件进行教学可以做到直观、图文并茂。本案例所做的课件是教材“计算机基础知识”部分,通过设置超级链接可形象自如地链接到各个小节。在每一节都象征性地各制作了一张幻灯片,以后可以根据具体情况为每一节添加若干张幻灯片。效果如图 5-37 所示。

通过本案例的学习,应基本做到以下两点。

(1)掌握课件中动画效果的设置方法。

(2)掌握超链接的设置方法。

本案例需要完成以下操作。

(1)建立文档。

(2)设置动画效果。

(3)设置超链接。

📖案例实现

1. 建立文档

1)幻灯片母版的创建

(1)启动 PowerPoint 2003,打开任务窗格,选择“幻灯片版式”中的“空白”版式。

(2)选择菜单“视图”→“母版”→“幻灯片母版”命令,打开幻灯片母版页面。规划此页

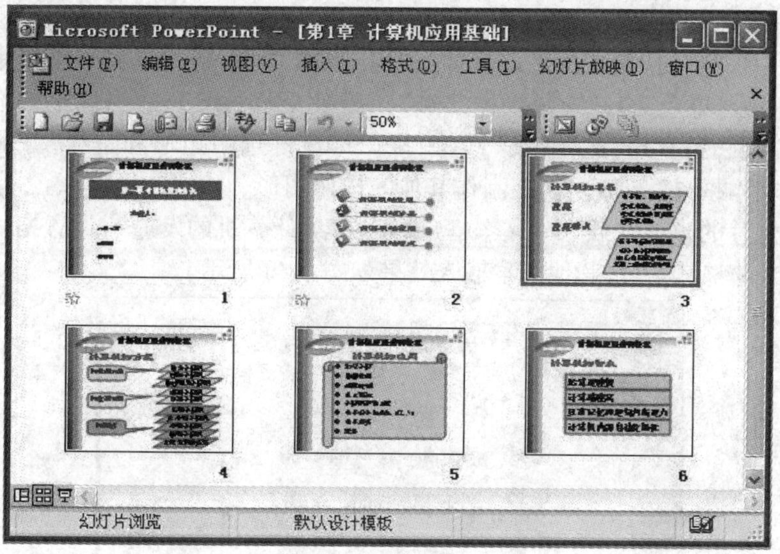

图 5-37　教学课件的效果图

面的版面。在页面的最上端插入一个文本框,并添加文本内容“计算机应用案例教程”,将文本框居中设置,设置文本内容的格式为华文中宋、36 磅。

(3)选择绘图工具栏上的“椭圆”按钮,画一个椭圆形,设置椭圆的填充颜色为青绿的渐变颜色,单击“绘图”工具栏的“三维效果样式”按钮的“三维效果样式 10”,单击鼠标右键添加文字“清华大学出版社”。设置文本框中文字的格式为白色、宋体、18 磅。适当调整其位置。关闭幻灯片母版页面。

(4)选择“绘图”工具栏上的“矩形”按钮,画一个矩形,设置矩形的填充颜色为浅蓝,在长条矩形上插入一个文本框,输入“第一章 计算机基础知识”,文本框中文字格式为白色、华文中宋、32 磅。在该幻灯片再插入两个文本框,分别输入相应的内容,适当调整其位置,效果如图 5-38 所示。

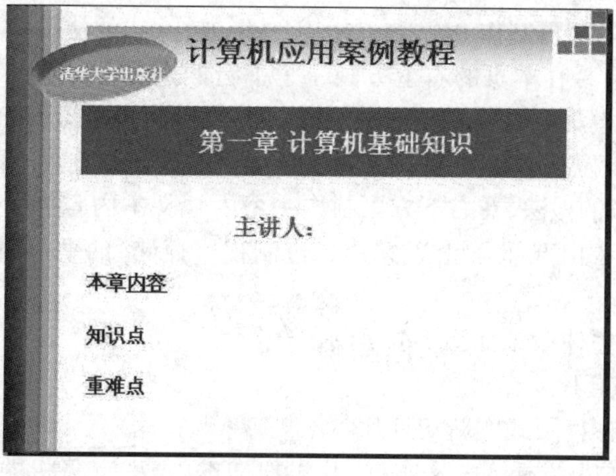

图 5-38　第 1 张幻灯片

2)建立第2张幻灯片

(1)插入一张"空白"版式的新幻灯片,利用绘图工具栏画一个矩形,设置矩形的填充颜色为浅绿,渐变为"单色",三维效果样式选"三维效果样式5",适当调整三维效果。利用"绘图"工具栏画一条直线,选"虚线"线型,按[Shift]键选中矩形和直线,单击鼠标右键选"组合",插入文本框,输入"1",同理制作其他的按钮图形。

(2)在幻灯片的直线上插入一文本框,输入内容"计算机的发展",设置格式为:隶书、40磅、蓝色。适当调整其位置,其他文本输入效果如图5-39所示。

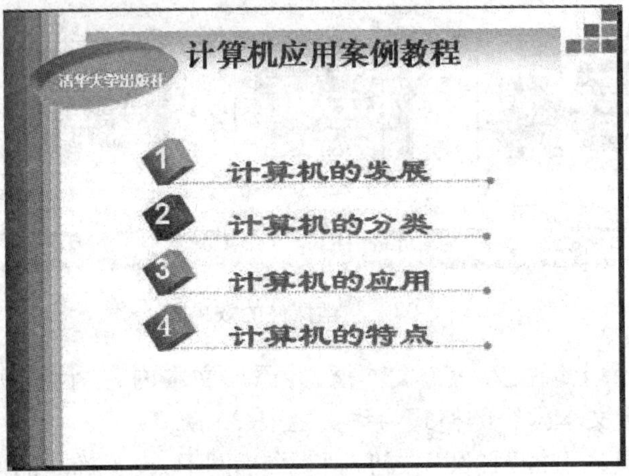

图5-39　第2张幻灯片

3)建立第3张幻灯片

(1)插入一张"空白"版式的新幻灯片。

(2)在幻灯片的左上方画文本框,输入内容:"计算机的发展",设置格式为:隶书、48磅、红色。适当调整其位置。

(3)参照步骤(2)再插入一个文本框,输入内容"发展",设置格式为:宋体、44磅、蓝色。适当调整其位置。

(4)按照(3)的做法,再制作一个文本内容为"发展特点"的文本框,其格式同上。

(5)利用绘图工具栏在本页的右上方画一个平行四边形,并添加文本内容"电子管、晶体管、集成电路、大规模集成电路和超大规模集成电路"。为图形设置填充颜色为灰色(也可任选一种颜色)。设置文本格式为宋体、28磅、加粗。适当调整其位置。

(6)按照步骤(5)的做法,在右下方再制作一个内含文本内容为"基于冯·诺依曼思想设计的计算机硬件核心由五部分组成,采用二进制程序存储"的平行四边形,其格式同步骤(5)。

第3张幻灯片的整体效果如图5-40所示。

4)建立第4张幻灯片

(1)插入一张"空白"版式的新幻灯片。

(2)在幻灯片的左上方插入一文本框,并添加文本内容"计算机的分类",设置格式为:隶书、48磅、红色。适当调整其位置。

(3)利用"绘图"工具栏,在本页的右上方分别画3个平行四边形,分别添加文本内容

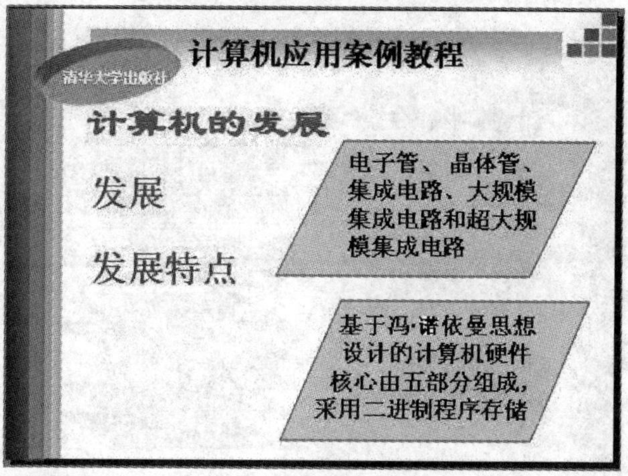

图 5-40　第 3 张幻灯片

“数字计算机”、“模拟计算机”、“数模混合计算机”。分别设置文本的格式为宋体、28 磅、加粗。将 3 个图形进行“组合”,选择组合后的图形设置填充颜色为“黄色”(可任选一种颜色)。适当调整其大小和位置。

(4)按照步骤(3)的做法,在右下方再制作两组平行四边形图形,一组画两个平行四边形,其文本内容分别为“通用计算机”、“专用计算机”;另一组画 5 个平行四边形,其文本内容分别为“巨型计算机”、“大/中型计算机”、“小型计算机”、“微型计算机”、“工作站和服务器”。按照步骤(3)的做法分别将两组图形进行组合,其填充颜色分别设置为绿色和淡紫色。其他格式同步骤(3)。

(5)利用“绘图”工具栏,在本页的左侧画一个“圆角矩形标注”图形,添加文本内容“按处理对象”,设置文本格式为宋体、28 磅、加粗、蓝色。其填充颜色为黄色(可任选一种颜色)。适当调整其位置。单击标注指向,将标注指向右侧的第一组图形。

(6)同样按照步骤(5)的做法,在上图的下面再分别画出两个圆角矩形标注图形,文本内容分别为“按使用范围”、“按规模”。其填充颜色分别为绿色、淡紫色。其他格式同步骤(5)。单击标注指向,将标注分别指向第 2、第 3 组图形。

第 4 张幻灯片的整体效果如图 5-41 所示。

5)建立第 5 张幻灯片

(1)插入一张“空白”版式的新幻灯片。

(2)利用“绘图”工具栏,在本页的正中位置画一个“横卷形”图形,输入内容“科学计算”、“数据处理”、“过程控制”、“人工智能”、“计算机辅助工程”、“电子设计自动化(EDA)”、“电子商务”、“娱乐”,并为文本添加一种项目符号。设置文本的格式为宋体、28 磅、加粗,并为“横卷形”图形设置填充颜色为浅蓝色(可任选一种颜色)。适当调整其位置和大小。

(3)在“横卷形”的上边框处插入一文本框,并添加文本内容“计算机的应用”,设置文本格式为隶书、48 磅、红色。适当调整其位置。

第 5 张幻灯片的整体效果如图 5-42 所示。

6)建立第 6 张幻灯片

(1)插入一张“空白”版式的新幻灯片。

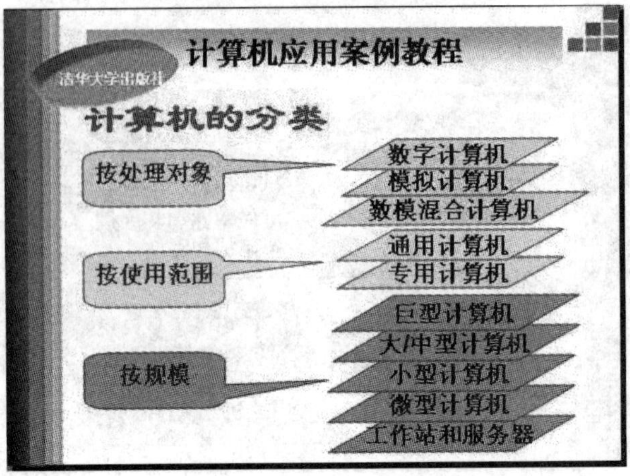

图 5-41 第 4 张幻灯片

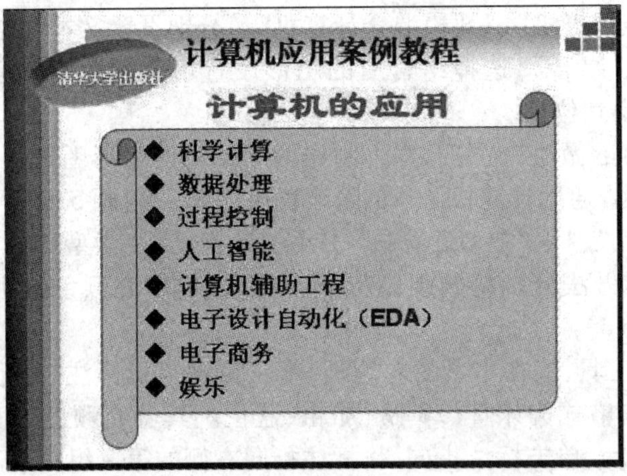

图 5-42 第 5 张幻灯片

(2)在左上方处插入文本框，输入内容“计算机的特点”，设置文本格式为隶书、48 磅、红色。适当调整其位置。

(3)选择“绘图”工具栏上的“矩形”按钮，在本页的正中位置分别画 4 个“矩形”图形，并分别添加文本内容“运算速度快”、“计算精度高”、“具有记忆和逻辑判断能力”、“计算机内部自动化操作”。设置文本的格式为宋体、40 磅、加粗。将 4 个图形进行“组合”。然后为组合后的图形设置填充颜色为浅蓝色(可任选一种颜色)。再为其设置“阴影样式 1”。适当调整其大小和位置。

第 6 张幻灯片的整体效果如图 5-43 所示。

2. 设置动画效果

1)设置第 2 张幻灯片的动画效果

(1)选中“计算机的发展”文本框对象，选择菜单“幻灯片放映”→“自定义动画”命令。

(2)单击“添加效果”按钮，在弹出的下拉菜单中选择“进入”→“擦除”效果。“开始”设置为“之前”，“方向”，“自左侧”设置为“速度”设置为“中速”。

(3)依次选中下面的 3 个文本对象，按照“计算机的发展”文本的做法，分别设置相同的

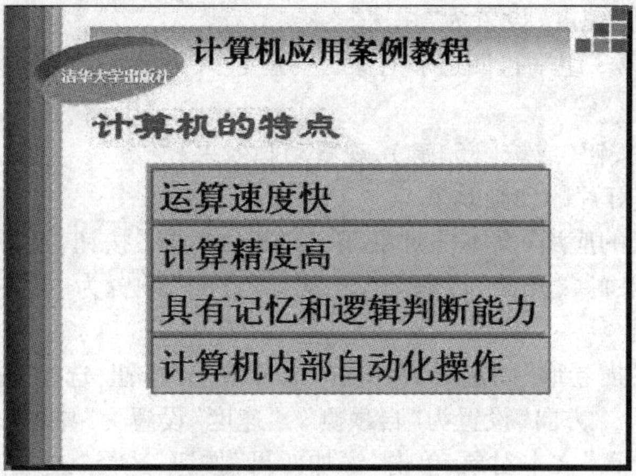

图5-43　第6张幻灯片

动画效果。

(4)单击“播放”按钮(或按[F5]键),观看动画效果。

2)设置第3张幻灯片的动画效果

(1)选中“计算机的发展”文本框对象,选择“进入”→“擦除”效果。“开始”设置为“之前”,“方向”设置为“自左侧”,“速度”设置为“中速”。

(2)选中“发展”文本框对象,选择“进入”→“飞入”效果。“开始”设置为“之后”,“方向”设置为“自左侧”,“速度”设置为“快速”。

(3)选中右边的第一个平行四边形对象,选择“进入”→“飞入”效果。“开始”设置为“之后”,“方向”设置为“自右侧”,“速度”设置为“快速”。

(4)选中“发展特点”文本框对象,选择“进入”→“飞入”效果。“开始”设置为“之后”,“方向”设置为“自左侧”,“速度”设置为“快速”。

(5)选中右边的第2个平行四边形对象,选择“进入”→“飞入”效果。“开始”设置为“之后”,“方向”设置为“自右侧”,“速度”设置为“快速”。

(6)单击“播放”按钮(或按[F5]键),观看动画效果。

3)设置第4张幻灯片的动画效果

(1)选中“计算机的分类”文本框对象,单击“添加效果”按钮,选择“进入”→“擦除”效果。“开始”设置为“之前”,“方向”设置为“自左侧”,“速度”设置为“中速”。

(2)选中“按处理对象”图形对象,选择“进入”→“伸展”效果。“开始”设置为“之后”,“方向”设置为“自左侧”,“速度”设置为“快速”。

(3)选中右边的第一组平行四边形对象,选择“进入”→“随机效果”效果。“开始”设置为“之后”。

(4)选中“按使用范围”图形对象,选择“进入”→“伸展”效果。“开始”设置为“之后”,“方向”设置为“自左侧”,“速度”设置为“快速”。

(5)选中右边的第2组“平行四边形”对象,选择“进入”→“随机效果”效果。“开始”设置为“之后”。

(6)选中“按规模”图形对象,选择“进入”→“伸展”效果。“开始”设置为“之后”,“方向”设置为“自左侧”,“速度”设置为“快速”。

(7)选中右边的第3组平行四边形对象,选择“进入”→“随机效果”效果。“开始”设置为“之后”。

(8)单击“播放”按钮(或按[F5]键),观看动画效果。

4)设置第5张幻灯片的动画效果

(1)选中“计算机的应用”文本框对象,单击“添加效果”按钮,选择“进入”→“擦除”效果(可以添加其他效果)。“开始”设置为“之前”,“方向”设置为“自左侧”,“速度”设置为“中速”。

(2)选中右边的“横卷形”图形对象,单击“添加效果”按钮,选择“进入”→“伸展”效果。“开始”设置为“之后”,“方向”设置为“自顶侧”,“速度”设置为“中速”。

(3)选中“科学计算”文本对象,单击“添加效果”按钮,选择“进入”→“擦除”效果。“开始”设置为“之后”,“方向”设置为“自左侧”,“速度”设置为“快速”。

(4)依次选中下面的7个文本对象,按照步骤(3)的做法,分别设置相同的动画效果。

(5)单击“播放”按钮(或按[F5]键),观看动画效果。

5)设置第6张幻灯片的动画效果

(1)选中“计算机的特点”文本框对象,单击“添加效果”按钮,选择“进入”→“擦除”效果。“开始”设置为“之前”,“方向”设置为“自左侧”,“速度”设置为“中速”。

(2)选中“运算速度快”文本框对象,单击“添加效果”按钮,选择“进入”→“随机”效果。“开始”设置为“之后”。

(3)依次选中下面的3个文本对象,按照步骤(2)的做法,分别设置相同的动画效果。

(4)单击“播放”按钮(或按[F5]键),观看动画效果。

3. 设置超链接

(1)选中第2张幻灯片,选中“计算机的发展”文本框,单击工具栏上的“插入超链接”按钮或选择“插入”→“超链接”命令,在打开的“编辑超链接”对话框中的“链接到”选择“本文档中的位置”,在“请选择文档中的位置”中选择第3张“计算机的发展”选项,单击“确定”按钮。

(2)按照步骤(1)的做法,将“计算机的分类”文本框对象链接到第4张幻灯片上。

(3)将“计算机的应用”文本框对象链接到第5张幻灯片上。

(4)将“计算机的特点”文本框对象链接到第6张幻灯片上。

(5)单击[F5]键或“幻灯片放映”→“观看放映”播放幻灯片,播放开始后用鼠标单击超链接对象,即可播放相应的幻灯片。

🕮知识技能要点

母版的应用

母版可以统一幻灯片的格式及外观。如果用户想要在演示文稿的每一张幻灯片上显示相同的图片、文本和特殊的格式,就可以向该母版中添加和设置相应的内容。

选择菜单“视图”→“母版”命令,其下有3个子菜单,它们是“幻灯片母版”、“讲义母版”和“备注母版”。

(1)幻灯片母版。此母版主要用于控制在幻灯片上输入的标题和文本的格式和位置。

(2)讲义母版。此母版主要用于添加或修改幻灯片在讲义视图中每页讲义上出现的页眉和页脚信息。

(3)备注母版。此母版主要用于控制备注页的版式以及备注文字的格式。

在实际应用中,经常需要修改幻灯片母版,修改幻灯片母版的操作步骤如下。

(1)选择菜单"视图"→"母版"→"幻灯片母版"命令,打开母版编辑区域。根据需要修改母版中的各个区域,主要包括以下各项。

编辑母版的各种区域,例如更改区域位置、大小、删除区域等。

设置母版的文本属性,例如修改字体、大小、颜色等。

设置母版的项目符号和编号格式/项目符号和编号,向母版中插入各种对象。

(2)修改完成后,单击"关闭母版视图"按钮。

案例 4　制作新年贺卡

📖案例描述

每逢节日,可亲手制作一个带有精彩动画和美妙音乐的电子贺卡,给亲朋好友送去祝福。花样繁多的电子贺卡适合不同的节日和人群,除了新年卡、圣诞卡以外,还有中秋卡、生日卡等。电子贺卡与传统的纸质贺卡相比,不仅环保、方便、快捷,而且给人更多的视听感受。本案例是利用 PowerPoint 2003 制作演示文稿的方法完成"新年贺卡"的制作,效果如图 5-44 所示。通过本案例的学习,应基本做到以下两点。

(1) 掌握幻灯片背景的设置方法。

(2) 掌握幻灯片背景音乐的设置方法。

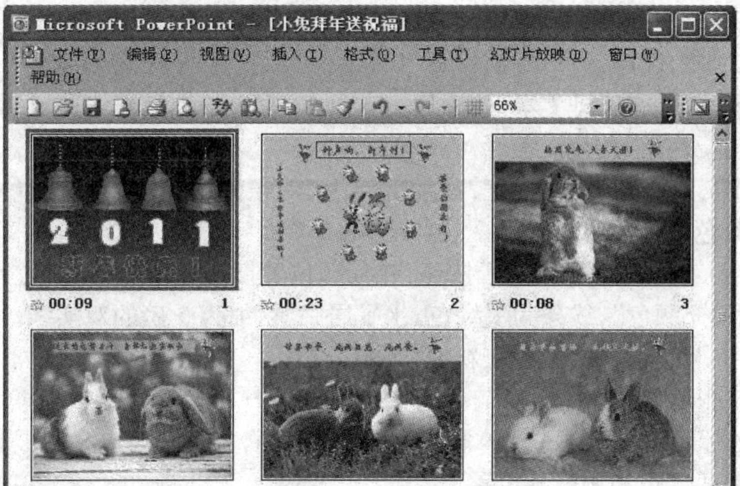

图 5-44　新年贺卡的效果图

本案例需要完成以下操作。

(1)设置幻灯片背景。

(2)建立文档。

(3)插入图片。

(4)设置动画效果。

(5)设置背景音乐。

(6)保存文件。

🕮案例实现

1. 设置幻灯片背景

1)设置第1张幻灯片背景

(1)启动 PowerPoint 2003,选择菜单“格式”→“背景”命令,选择对话框中“图片”选项卡,单击“选择图片...”按钮,选择事先准备好的图片。

(2)单击“背景”对话框中的“应用”按钮,将背景设置应用到当前幻灯片。

2)设置第2张至第6张幻灯片的背景

重复第1张幻灯片背景的制作方法,为第2张至第6张幻灯片选择适合的图片做背景。

3)对第3张和第5张幻灯片的背景进行处理

(1)在第3张幻灯片空白位置上单击鼠标,选中背景图片,向下拖动图片上方控制点,为该页标题留出位置。

(2)同样方法处理第5张幻灯片的背景。

2. 建立文档

1)制作第1张幻灯片

插入任意一种样式的艺术字,内容为“新年快乐”,将其移动到幻灯片的底部位置,适当调整其大小。

2)制作第2张幻灯片

(1)在左侧插入一个竖排文本框,添加文字内容“小兔给大家拜年送祝福啦!”设置文字格式为:华文新魏、28磅、红色。

(2)在右侧插入一个竖排文本框,添加文字内容“亲爱的朋友们!”设置文字格式为:华文新魏、36磅、红色。

(3)选择绘图工具栏上的“矩形”按钮,在标题位置插入一个矩形,设置自选图形格式:填充颜色为“无填充颜色”,线条为墨绿色、水平居中、粗细为5磅的双实线。添加文字内容“钟声响,新年到!”设置格式为:华文新魏、36磅、红色。

3)制作第3张幻灯片

在幻灯片的标题位置插入一文本框,输入内容“扬眉兔气　大吉大利!”设置格式为:华文新魏、36磅、红色。适当调整其位置。

4)制作第4张至第6张幻灯片

按照第3张幻灯片的做法,在标题位置分别输入文字内容:“迎春纳福贺新年　吉祥如意岁平安”、“世界和平、充满阳光、充满爱。”、“国家繁荣富强、低碳又减排。”设置格式为:华文新魏、32磅、红色。适当调整其位置。

3. 插入图片

1）为第 1 张幻灯片添加图片

（1）打开第一张幻灯片，选择菜单“插入”→“图片”→“来自文件”命令。

（2）分别插入“2”、“0”、“1”、“1”4 张图片，适当调整其位置。效果如图 5-45 所示。

图 5-45　第 1 张幻灯片

2）为第 2 张幻灯片添加图片

（1）打开第 2 张幻灯片，选择菜单“插入”→“图片”→“来自文件”命令。

（2）在标题两侧分别插入一只小兔子的图片。

（3）在幻灯片中心位置上插入一个由小兔子和福字的右半边组成的图片。

（4）再插入一只小兔子的图片，把这张图片复制 7 次，旋转多种角度放置在中心图片的周围。效果如图 5-46 所示。

图 5-46　第 2 张幻灯片

3）为第 3 张至第 6 张幻灯片添加图片

（1）在第 3 张幻灯片标题的右侧插入一张小兔子的图片。方法同步骤 2）。效果如图 5-47所示。

（2）按第 3 张幻灯片添加图片的方法，为第 4 张至第 6 张幻灯片添加图片。效果如图 5-48、图 5-49 和图 5-50 所示。

图 5-47　第 3 张幻灯片

图 5-48　第 4 张幻灯片

图 5-49　第 5 张幻灯片

图 5-50　第 6 张幻灯片

4. 设置动画效果

1）设置第 1 张幻灯片的动画效果

（1）选中“新年快乐”文本框对象，选择菜单“幻灯片放映”→“自定义动画”命令。

（2）单击“添加效果”按钮，在弹出的下拉菜单中选择“进入”→“缩放”效果。“开始”设置为“之后”，“显示比例”设置为“内”，“速度”设置为“非常快”。

（3）选中每个数字对象，单击“添加效果”按钮，在弹出的下拉菜单中选择“进入”→“飞入”效果。“开始”设置为“之前”，“方向”设置为“自顶部”，“速度”设置为“快速”。

（4）单击“播放”按钮（或按[F5]键），观看动画效果。

2）设置第 2 张幻灯片的动画效果

（1）选中标题文字“钟声响，新年到！”对象，单击“添加效果”按钮，在弹出的下拉菜单中选择“进入”→“飞入”效果。“开始”设置为“之后”，“方向”设置为“自底部”，“速度”设置为“中速”。

（2）选中标题文字两侧小兔子对象，单击“添加效果”按钮，在弹出的下拉菜单中选择“进入”→“飞入”效果。“开始”设置为“之前”，“方向”设置为“自底部”，“速度”设置为“中速”。

(3)选中“矩形”对象,单击“添加效果”按钮,在弹出的下拉菜单中选择“进入”→“轮子”效果。“开始”设置为“之后”,“辐射状”设置为“4”,“速度”设置为“中速”。

(4)选中“亲爱的朋友们!”文本框对象,单击“添加效果”按钮,在弹出的下拉菜单中选择“进入”→“上升”效果。“开始”设置为“之后”,“速度”设置为“慢速”。

(5)选中“小兔给大家拜年送祝福啦!”文本框对象,单击“添加效果”按钮,在弹出的下拉菜单中选择“进入”→“下降”效果。“开始”设置为“之后”,“速度”设置为“慢速”。

(6)选中围绕着福字周围的“小兔子”对象之一,单击“添加效果”按钮,在弹出的下拉菜单中选择“进入”→“飞入”效果。“开始”设置为“之前”,“方向”设置为“自八个方向之一”,“速度”设置为“中速”。

(7)选中“福字”对象,单击“添加效果”按钮,在弹出的下拉菜单中选择“进入”→“缩放”效果。“开始”设置为“之后”,“显示比例”设置为“内”,“速度”设置为“中速”。

(8)单击“播放”按钮(或按[F5]键),观看动画效果。

3)设置第3张幻灯片的动画效果

(1)选中“扬眉兔气　大吉大利!”文本框对象,单击“添加效果”按钮,在弹出的下拉菜单中选择“进入”→“飞入”效果。“开始”设置为“之后”,“方向”设置为“自右侧”,“速度”设置为“中速”。

(2)选中文字右侧“小兔子”图形对象,单击“添加效果”按钮,在弹出的下拉菜单中选择“进入”→“飞入”效果。“开始”设置为“之前”,“方向”设置为“自底部”,“速度”设置为“快速”。

(3)单击“播放”按钮(或按[F5]键),观看动画效果。

4)设置第4张幻灯片的动画效果

(1)选中“迎春纳福贺新年　吉祥如意岁平安!”文本框对象,单击“添加效果”按钮,选择“进入”→“飞入”效果。“开始”设置为“之前”,“方向”设置为“自右侧”,“速度”设置为“选择中速”。

(2)选中文字右侧“小兔子”图形对象,单击“添加效果”按钮,选择“进入”→“飞入”效果。“开始”设置为“之前”,“方向”设置为“自右侧”,“速度”设置为“中速”。

(3)单击“播放”按钮(或按[F5]键),观看动画效果。

5)设置第5张幻灯片的动画效果

(1)选中“世界和平、充满阳光、充满爱。”文本框对象,单击“添加效果”按钮,选择“进入”→“飞入”效果。“开始”设置为“之后”,“方向”设置为“自顶部”,“速度”设置为“中速”。

(2)选中文字右侧“小兔子”图形对象,单击“添加效果”按钮,选择“进入”→“飞入”效果。“开始”设置为“之前”,“方向”设置为“自顶部”,“速度”设置为“中速”。

(3)单击“播放”按钮(或按[F5]键),观看动画效果。

6)设置第6张幻灯片的动画效果

(1)选中“国家繁荣富强、低碳又减排。”文本框对象,单击“添加效果”按钮,选择“进入”→“飞入”效果。“开始”设置为“之后”,“方向”设置为“自顶部”,“速度”设置为“中速”。

(2)选中文字右侧“小兔子”图形对象,单击“添加效果”按钮选择“进入”→“飞入”效果。“开始”设置为“之前”，“方向”设置为“自顶部”，“速度”设置为“中速”。

(3)单击“播放”按钮(或按[F5]键)，观看动画效果。

5. 设置背景音乐

(1)在第1张幻灯片中，选择菜单“插入”→“影片和声音”→“文件中的声音”命令，打开“插入声音”对话框。

(2)选中迎接新年方面的音乐文件，单击“确定”按钮。

(3)在弹出的对话框中，单击“自动”按钮。

(4)在幻灯片中出现一个小喇叭图标，将其定位在合适的位置。

(5)插入声音文件后，在“自定义动画”任务窗格出现一个声音动画选项，按住左键将其拖动到第一项。

(6)再双击该动画方案，打开“播放声音”对话框，切换到“计时”选项卡下，在“重复”右侧的下拉菜单中，选择“直到幻灯片末尾”选项，单击“确定”按钮。

(7)按下[F5]功能键，可边听音乐边欣赏贺卡。

也可以通过选择菜单“插入”→“影片和声音”→“文件中的影片”命令，将一些视频文件插入到幻灯片中。

6. 保存文件

选择菜单“文件”→“另存为”命令，将文件命名为“新年贺卡. ppt”，保存在适当的位置。

🕮知识技能要点

背景音乐的修改

在实际应用中，经常需要对背景音乐进行播放设置，操作步骤如下。

(1)在“自定义动画”任务窗格中，双击声音的动画方案，打开“播放声音”对话框，在“效果”选项卡的“停止播放”区域中，选择“单击时”，单击鼠标即可停止音乐播放。

选择“当前幻灯片之后”，即在当前幻灯片播放完毕后，音乐停止。

选择“在□ 张幻灯片后”，即在播放第 *X* 张幻灯片后，音乐停止。所以可以设置一个较大数字的值，待全部幻灯片放映完后，音乐停止。

在“声音设置”选项下，勾选“幻灯片放映时隐藏声音图标”复选框，即可在放映幻灯片时隐藏声音图标。

(2)修改完成后，单击“确定”按钮。

第 6 章 计算机网络与 Internet 技术

计算机网络与 Internet 技术已经深入人们的日常生活，但是对于初次接触网络与 Internet 技术的用户来说，各种基础知识和专业术语会增加用户对运用网络与 Internet 技术的畏惧感。显然了解必要的计算机网络与 Internet 技术的基础知识非常重要。

案例 1 组建局域网

🕮案例描述

利用组建局域网的方法接入 Internet，这是共享网络硬件的常用方法，在实际办公网络连接中经常使用。

本案例需要完成以下操作。

(1)组建局域网。设置 IP 地址为 192.168.0.1 ~ 192.168.0.254 中的一个，注意在同一个网络中 IP 地址要保证唯一。子网掩码为 255.255.255.0。进行 Ping 命令测试。

(2)以简单方式设置“图片”文件夹为共享文件夹。

(3)将局域网接入 Internet。

🕮案例实现

1. 局域网的组建

组建局域网的硬件有计算机、集线器(或者交换器、路由器)、带水晶头的双绞线等。可采用星形连接，即通过双绞线把计算机连接到集线器上，连接完成后，开机通电，观察集线器上的指示灯，如对应端口的指示灯亮，则表明计算机到集线器的物理连接已接通。

1)IP 地址的设置

(1)右击桌面上的“网上邻居”图标，选择“属性”命令，打开“网络连接”窗口。在“网络连接”窗口中，右击“本地连接”，选择“属性”命令，打开“本地连接 属性”对话框，如图 6-1 所示。

(2)在“本地连接 属性”对话框中，勾选“Internet 协议(TCP/IP)”复选框，单击“属性”按钮，弹出“Internet 协议(TCP/IP) 属性”对话框，选中“使用下面的 IP 地址”单选按钮，输入 IP 地址和子网掩码，如 IP 地址为 192.168.0.10，子网掩码为 255.255.255.0，如图 6-2 所示，最后单击“确定”按钮。

注意在同一个网络中 IP 地址要保证唯一。

2)连接测试

单击“开始”→“运行...”，在弹出的“运行”对话框中输入“Ping”及 IP 地址，单击“确定”按钮。如果显示“Reply from 192.168.0.3:bytes = 32 time < 1ms ttl = 120”，则表示该计算机连接成功；如果显示“Request timed out”，则表示该计算机连接失败。

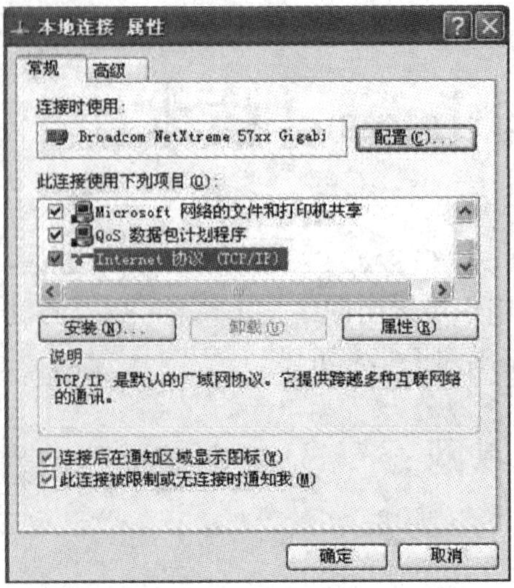

图 6-1 “本地连接 属性”对话框

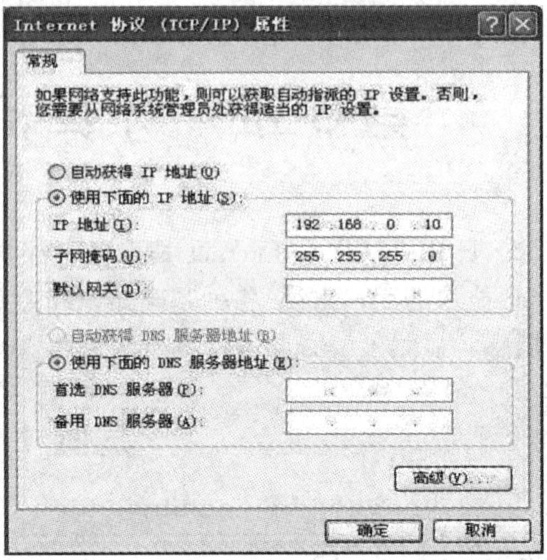

图 6-2 IP 地址的设置

2. 设置共享

1）添加“Microsoft 网络的文件和打印机共享”的服务

在设置资源共享前，必须确保已经添加了“Microsoft 网络的文件和打印机共享”服务，通过打开“本地连接 属性”对话框，可以查看是否添加了该服务，如图 6-3 所示，如果没有，应先进行安装。

2）设置共享方式

打开“我的电脑”，选择菜单“工具”→“文件夹选项”命令，在弹出的“文件夹选项”对话框中，选择“查看”选项卡，在“高级设置”列表框中，勾选“使用简单文件共享（推荐）”复选框，如图 6-4 所示。

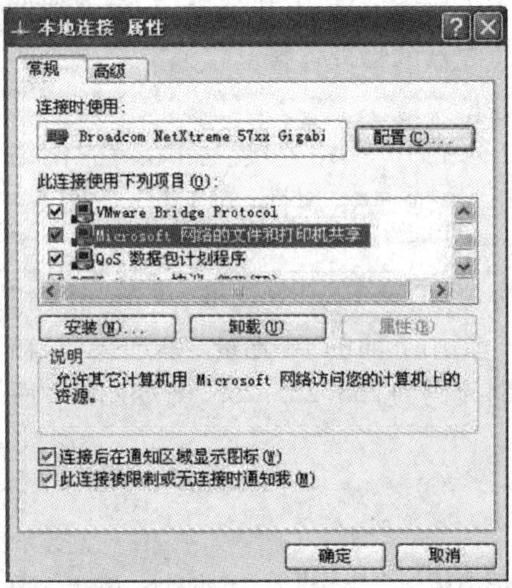

图 6-3 “本地连接 属性”对话框

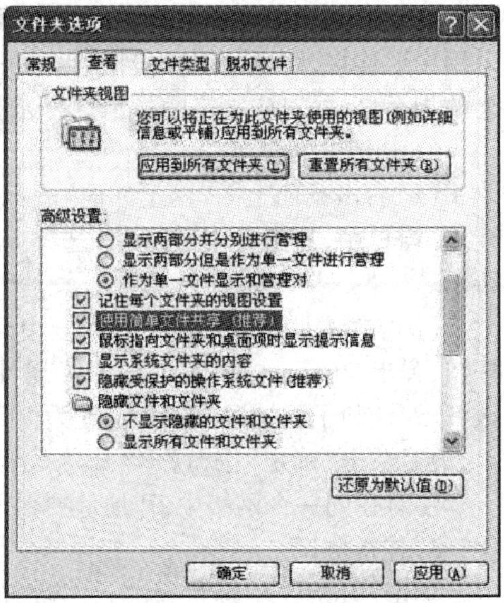

图 6-4 “文件选项” 对话框“查看”选项卡

3）设置共享

选择“图片”文件夹，单击右键，在弹出的快捷菜单中选择“共享和安全”命令，打开“图片 属性”对话框，如图6-5所示。选择“共享”选项卡，在“网络共享和安全”区域中，选中“在网络上共享这个文件夹”复选框，并输入共享的名称，如果允许网络用户修改共享的文件，可勾选“允许网络用户更改我的文件”复选框，单击“确定”按钮。

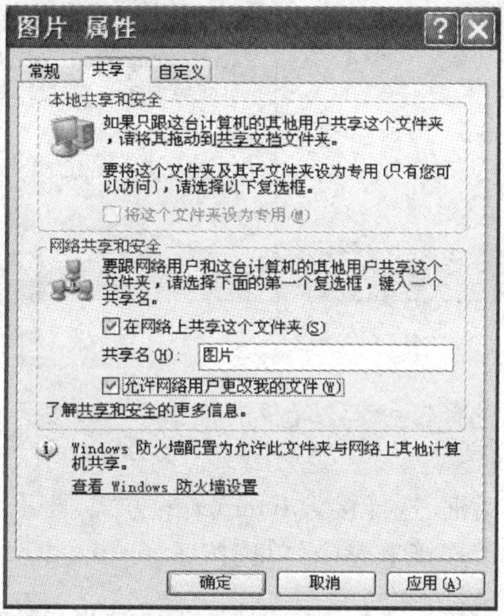

图6-5　“图片 属性”对话框“共享”选项卡

3. 将局域网接入 Internet

1）安装 ADSL 硬件

在申请办理了 ADSL 业务之后，提供业务的运营商会安装一台 ADSL MODEM，并将该 MODEM 通过电话线与公共电话网络相连，通过非屏蔽双绞线与计算机相连，同时提供一组上网的用户名和密码。各硬件的连接如图6-6所示。

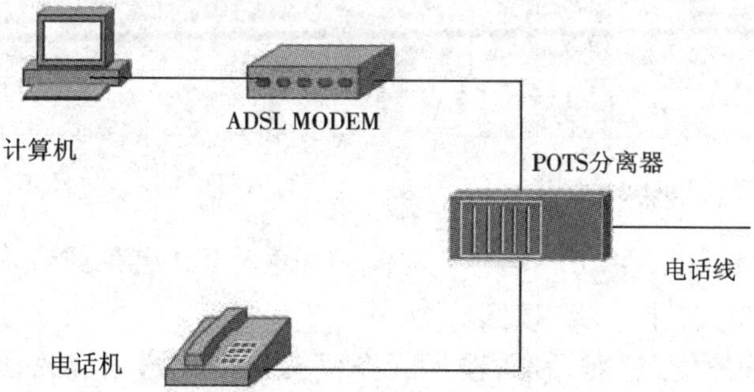

图6-6　ADSL 硬件连接

2）利用向导建立 ADSL 的拨号连接

打开“控制面板”，双击“网络连接”图标，在左侧的任务窗格中单击“创建一个新的连接”，弹出“新建连接向导”对话框，如图6-7所示。单击“下一步”按钮，弹出“网络连接类型”对话框，选中“连接到 Internet”单选按钮，如图 6-8 所示，单击“下一步”按钮。

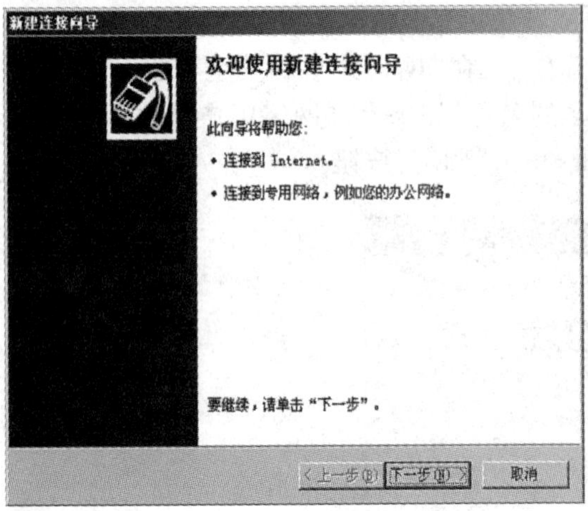

图 6-7 “新建连接向导”对话框

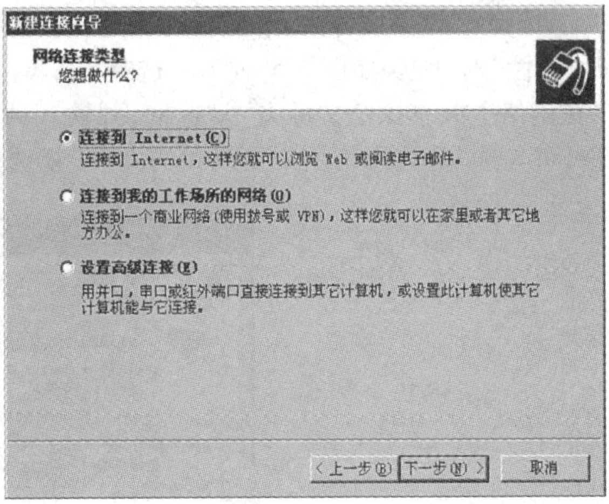

图 6-8 “网络连接类型”对话框

弹出“准备好”对话框，选择“手动设置我的连接”单选按钮，如图 6-9 所示，单击“下一步”按钮。

弹出“Internet 连接”对话框，选择接入 Internet 的方式，要采用 ADSL 方式接入，须选择“用要求用户名和密码的宽带连接来连接”单选按钮，如图 6-10 所示，单击“下一步”按钮。

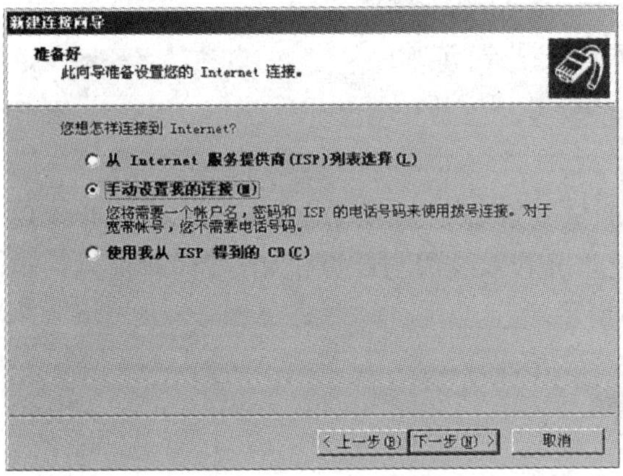

图 6-9 连接到 Internet 方式

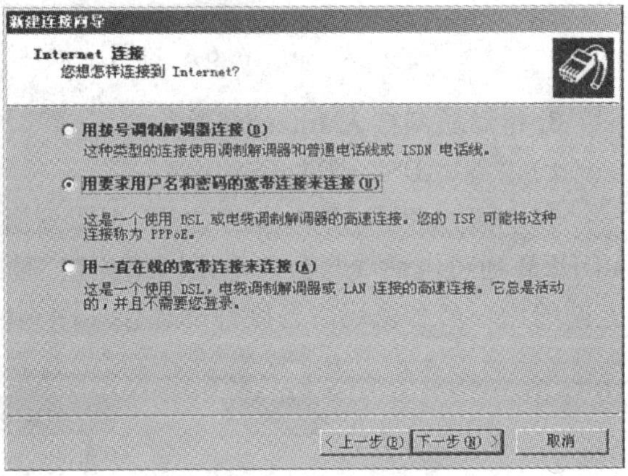

图 6-10 选择用户和密码方式

弹出“连接名”对话框，在“ISP 名称”文本框中输入 ISP 名称或者一个任意名称，如 ADSL，如图 6-11 所示，单击“下一步”按钮。

弹出“Internet 账户信息”对话框，输入服务商提供的用户名和密码，如图 6-12 所示，单击“下一步”按钮，在出现的对话框中，勾选“在我的桌面上添加一个到此连接的快捷方式”复选框，单击“完成”按钮，完成 ADSL 连接。

3)连接 ADSL

双击桌面的宽带连接图标，弹出“连接 ADSL”对话框，如图 6-13 所示，输入用户名和密码，单击“连接”按钮，就可以连接到 Internet 了。

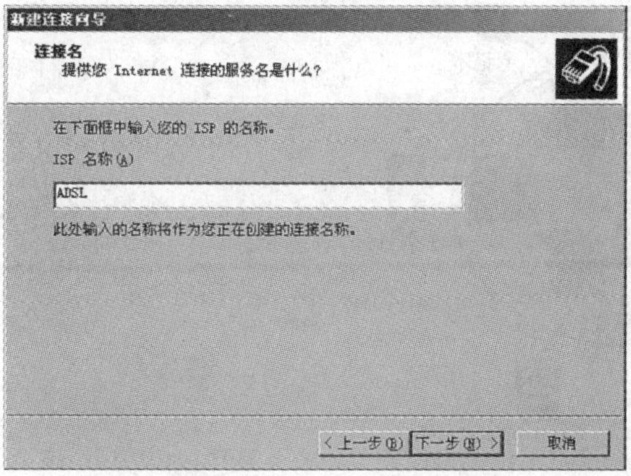

图 6-11　输入连接名

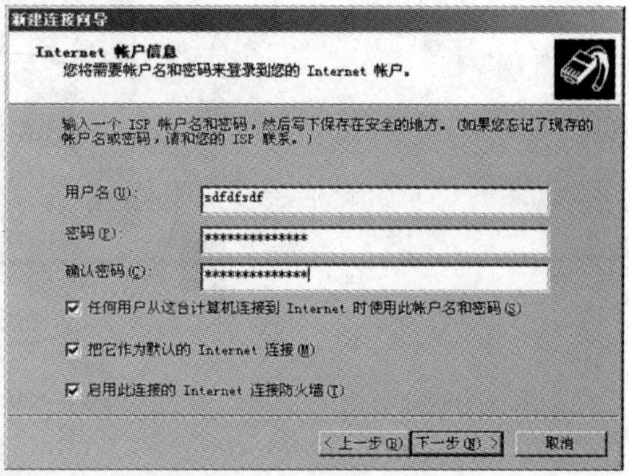

图 6-12　输入连接信息

图 6-13　“连接 ADSL”对话框

知识技能要点

1. 计算机网络的概念

所谓计算机网络就是将地理位置不同且具有独立功能的计算机(或计算机系统)通过通信设备和线路互相连接在一起,在网络操作系统的控制下,按照约定的通信协议进行信息交换,实现资源共享的系统。图 6-14 为计算机网络的简单示意图。

2. 计算机网络的功能

计算机网络可提供的主要功能有实现数据通信、资源共享、分布处理、均衡负荷和协同计算等,其中最主要的功能是数据通信、资源共享和分布处理。

1)数据通信

这一功能实现了计算机之间各种信息的快速传送以及对地理位置分散的设备进行集中管理与控制。

2)资源共享

资源共享包括硬件资源的共享、软件资源的共享和数据资源的共享,资源共享方式如图

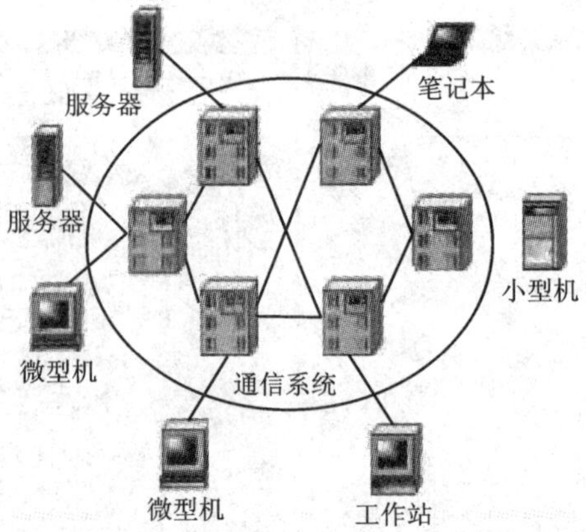

图 6-14　计算机网络的简单示意

6-15 和图 6-16 所示。

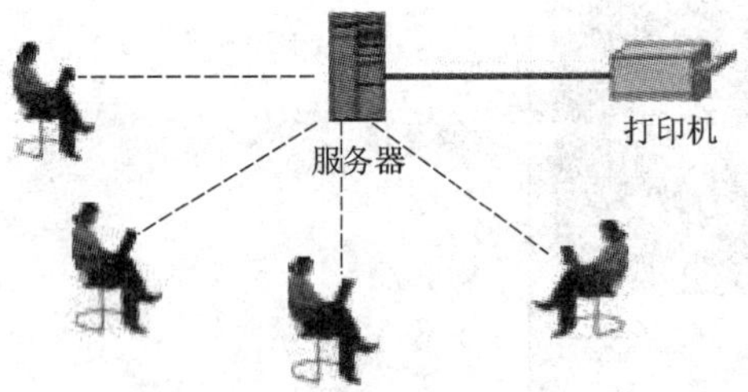

图 6-15　多用户共享打印机

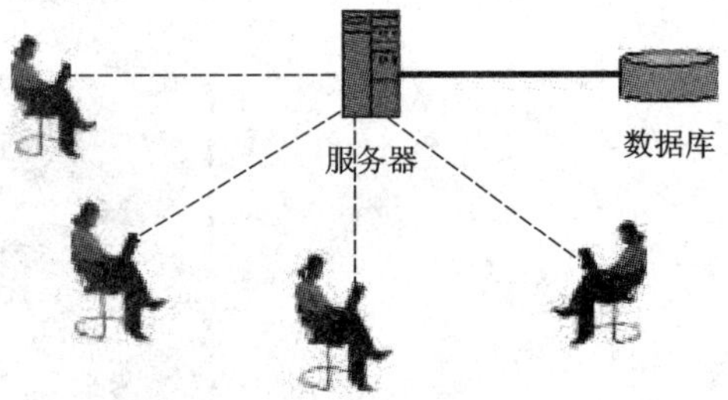

图 6-16　多用户共享数据库

3)分布处理

对综合性的大型问题采用合适的算法,将任务分散到网络中不同的计算机上去执行,各计算机协同完成各种处理任务。另一方面,当网络内某一计算机超负荷工作时,一些任务通过网络调度可将任务转给其他较空闲的计算机去处理,从而达到均衡使用网络资源,实现分布处理的目的。

3. 计算机网络的分类

计算机网络可以从不同的角度进行分类。从交换功能分有电路交换网、报文交换网、分组交换网和混合交换网,从拓扑结构分有集中式网络、分散式网络、分布式网络,从使用范围分有公用网和专用网,从覆盖范围分有局域网、城域网和广域网,从通信传播方式分有点对点传播方式网和广播式传播方式网,从通信线路划分有有线网和无线网。

1)按覆盖范围分

计算机网络按其地理位置和分布范围可以分成局域网、城域网和广域网。

(1)局域网(Local Area Network,LAN)。局域网是指将有限范围内的各种计算机、终端与外部设备互联成网络。局域网一般为一个单位所建,在单位或部门内部控制管理和使用,其覆盖范围没有严格的定义,一般认为在 10 km 以内。局域网的传输速率为 10 ~ 100 Mb/s,误码率低,侧重共享信息的处理。局域网是计算机网络中最活跃的领域之一。

(2)城域网(Metropolitan Area Network,MAN)。城市地区的网络常简称为城域网。城域网是介于广域网与局域网之间的一种高速网络。城域网设计的目标是满足几十千米范围内的大量企业、机关、公司的多个局域网互联的需求，以实现大量用户之间的数据、语音、图形与视频等多种信息的传输功能。

(3)广域网(Wide Area Network，WAN)。广域网也称为远程网，它所覆盖的地理范围从几十千米到几千千米。广域网覆盖一个国家、一个地区或横跨几个洲，形成国际性的远程网络。目前大家熟悉的Internet即典型的广域网例子。

2)按网络的拓扑结构分类

拓扑结构是指网络中各种设备的连接形式。根据拓扑结构的不同，计算机网络一般可分为总线形结构、星形结构和环形结构3种。在实际建造网络时，大量的网络是这3种拓扑结构的结合。

(1)总线形拓扑结构。总线形拓扑结构如图6-17所示，每一台工作站都共用一条通信线路(总线)，如果其中一个结点发送了信息，该信息会通过总线传送到每一个结点上。每台工作站在收到信息时，先分析该信息的目标地址是否与本地地址相一致，若一致，则接收此信息，否则拒绝接收。

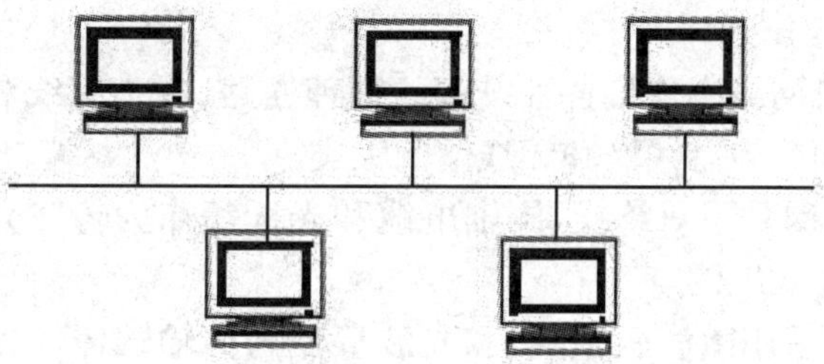

图6-17　总线形拓扑结构

总线形拓扑结构的主要特点是结构简单，布线容易，建网成本较低，系统扩充性较好，当某个工作结点出现故障时不会造成整个网络的故障，可靠性高。主要缺点是任何一条通信线路的故障都会使得整个网络不能正常运行。另外总线的长度有一定的限制，一条总线也只能连接一定数量的结点。

(2)星形拓扑结构。星形拓扑结构以一台计算机为中心机，通过集线器(Hub)或交换机连接若干客户机而成，一个工作站要传输数据到另一个工作站都要通过中心结点，如图6-18所示。中心结点出现故障时会造成全网瘫痪。

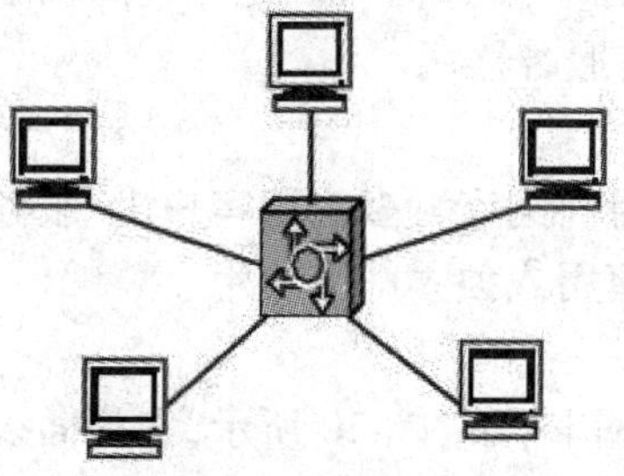

图6-18　星形拓扑结构

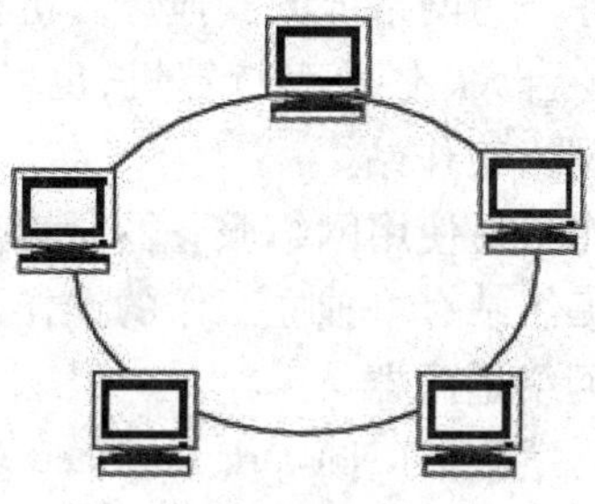

图6-19　环形拓扑结构

星形拓扑结构的优点是网络扩展容易，控制和诊断方便，访问协议简单。由于每个设备都用一根线路和中心结点相连,如果某一台工作站出现故障,不会对整个网络造成大的影响。星形拓扑结构也存在着缺点,如过分依赖中心结点,成本高。

(3) 环形拓扑结构。环形拓扑结构是由若干中继器通过点到点的链路首尾相连成一个闭合的环,如图6-19所示。环形拓扑结构使用电缆形成环形连接,每个中继器与两条链路相连,由于环形拓扑的数据在环路上沿着一个方向在各结点间传输,这样中继器能够接收一条链路上来的数据,并以同样的速度串行把数据送到另一条链路上,而不在中继器中缓冲。每个工作站对环的使用权是平等的,所以也存在着"争用"和"冲突"的问题。

环形拓扑结构有以下优点:①路由选择控制简单,因为信息流是沿着固定的一个方向流动的,两个站点仅有一条通路;②电缆长度短,环形拓扑所需电缆长度和总线拓扑结构相似,但比星形拓扑短;③适用于光纤,光纤传输速度高,而环形拓扑是单方向传输,十分适用于光纤这种传输介质。

环形网络的缺点是结点故障引起整个网络瘫痪;在环路上数据传输是通过环上的每一个站点进行转发的,如果环路上的一个站点出现故障,则该站点的中继器不能进行转发,相当于环在故障结点处断掉,造成整个网络都不能工作。

3)按传输介质进行分类

传输介质是计算机网络中连接各种设备的物理通路,分为有线和无线两大类。计算机网络按其传输介质不同分为有线网和无线网两大类。

(1)有线网。有线网采用双绞线、同轴电缆和光纤等作为传输介质。目前大多数的计算机网络都采用有线方式组网。

(2)无线网。网络采用微波、红外线和光波等作为传输载体。目前无线网技术正发展迅速,前景美好。

4. 计算机网络的硬件组成

计算机网络主要由通信子网和资源子网两部分组成。通信子网负责全网中的信息传递和交换,资源子网负责全网的数据处理业务,并向网络用户提供网络资源和网络服务,其中网络资源含硬件资源和软件资源。

一般情况下,某一局域网通常由服务器、工作站、网络适配器、集线器和传输线等基本部件组成,由于网络的扩展性和互联性,还可能用到调制解调器、中继器、网桥、路由器、网关等。

1)服务器

服务器为网络上的其他计算机提供服务和共享资源。服务器可以是一台高档个人计算机或是一台大、中 小型计算机,也可以是一台专用网络服务器。

2)网络工作站

工作站是使用网络服务器所提供服务的计算机,目前网络大多采用客户机/服务器工作方式。工作站有可独立工作的操作系统,可选择上网使用或独立网络使用。

3)网络适配器

网络适配器(Network Interface Adapter,NIA)简称网卡,如图6-20所示,它是插入主板总线插槽上的一个硬件设备,用于实现联网计算机和网络电缆之间的物理连接。

4)集线器

集线器属于网络物理层互联设备,它的主要功能是提供多根双绞线或其他传输介质的连接端口,每个端口可通过传输介质和计算机中的网卡相连,如图 6-21 所示。

图 6-20　网络适配器

图 6-21　集线器

5)路由器

路由器如图 6-22 所示,用在具有两个以上的同类网络器互联上。位于某两个局域网中的两个工作站之间通信时存在多条路径,路由器能根据网络上的信息拥挤情况选择最近、最空闲的路径来传送信息。

路由器的主要功能有识别网络层地址、选择路由、生成和保存路由表等。常见的路由器有 Cisco 公司和 Bay 公司的系列产品。

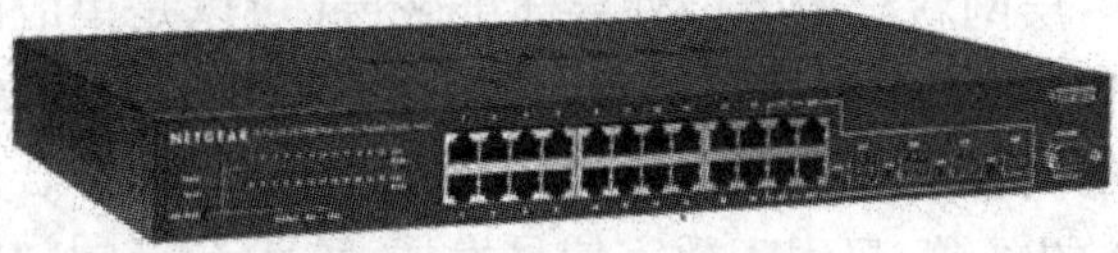

图 6-22　路由器

6)中继器

在计算机网络中,当网络段超过最大距离时,就需要增设中继器。中继器对信号中继放大,扩展了网络段的距离。例如细缆的最大传输距离为 185 m,增加 4 个中继器后,网络段距离可延伸至约 1 km。

7)网桥

网桥可连接两个同一类型操作系统的网络。它的作用有两个,即隔离和转发。当信息仅在局域网 A 中传送,此时网桥起隔离作用,该信息不允许传至另一局域网 B。当信息要从局域网 A 发至局域网 B 中的某站点时,网桥则又起转发作用。

8)网关

当具有不同操作系统的网络互联时,一般需采用网关。如局域网与大型机互联,局域网与广域网互联,均要用到网关。网关除了具有路由器的全部功能外,还能实现不同网络之间的协议转换。

9)调制解调器(Modem)

由于计算机中使用的是数字信号,而电话线路上传输的信号是模拟信号,因此,当计算机通过电话线连接时,必须使用一种信号转换设备。调制解调器的作用就是将计算机的数字信号转换成能在电话线上传输的模拟信号,在接收方则把传来的模拟信号再还原成数字信号。有了调制解调器和电话线,可以进行两地的计算机之间通信。目前家庭用户常采用电话拨号方式连入“因特网”。

调制解调器按结构可分为内置式和外置式两种。内置式调制解调器是一块可以直接接在计算机扩展槽中的电路板,具有体积小、价格便宜等优点。外置式调制解调器一般通过计算机的串行口经电缆来连接,具有安装方便、可靠性高等优点。

10)传输介质

网络传输介质是指用来传输计算机信息的通信线路,传输介质在很大程度上决定了网络数据传输速率的大小。常见的传输介质有以下几种。

(1)双绞线。组建局域网所用的双绞线一般由 4 对线(即 8 根线)组成,其中每根线的材质有铜线和铜包的钢线两类。一般来说,双绞线电缆中的 8 根线是成对使用的,而且每一对都相互绞合在一起,绞合的目的是为了减少对相邻线的电磁干扰。双绞线分为屏蔽双绞线(STP)和非屏蔽双绞线(UTP)。当它与 RJ-45 接头连接时,可遵循 EIA/TIA 568B 的标准来制作接头。如果制作的是交叉线,可按以下顺序排列。

一 端: 白橙/橙/白绿/蓝/白蓝/绿/白棕/棕。

另一端:白绿/绿/白橙/蓝/白蓝/橙/白棕/棕。

(2)同轴电缆。同轴电缆的中央是铜质的芯线(单股的实芯线或多股绞合线),外包一层绝缘层,绝缘层外用一层网状金属丝做外导体屏蔽层(可以是单股的,屏蔽层把电线很好地包起来),再往外是外包皮的保护塑料层。

目前,用于局域网的同轴电缆通常有两种,一种是专门用在符合 IEEE 802.3 标准以太网环境中、阻抗为 50 Ω 的电缆,只用于数字信号发送,称为基带同轴电缆;另一种是用于频分多路复用(FDM)的模拟信号发送、阻抗为 75 Ω 的电缆,称为宽带同轴电缆。

(3)光纤。光纤是一种细小、柔韧并能传输光信号的介质,一根光缆中包含有多条光纤。在光纤上,有光脉冲信号表示 1,没有光脉冲信号表示 0。光纤通信系统由光端机、光纤(光缆)和光纤中继器组成。光端机又分成光发送机和光接收机。而光中继器用来延伸光纤或光缆的长度,防止光信号衰减。光发送机将电信号调制成光信号,利用光发送机内的光源将调制好的光波导入光纤,经光纤传送到光接收机。光接收机将光信号变换为电信号,经放大、均衡判决等处理后送给接收方。

光纤和同轴电缆结构相似,只是没有网状屏蔽层,其中心是传播光的玻璃芯。光纤分为单模光纤和多模光纤两类。

由于光纤的数据传输率高(目前已达到 1 Gb/s)、传输距离远(无中继传输距离达几十至上百千米)的特点,所以在计算机网络布线中得到了广泛应用。但是光纤也存在一些缺点,就是光纤的切断和将两根光纤精确地连接所需要的技术要求较高。

(4)微波。微波通过高频率的无线电波来传输信号。一般每隔 50 km 设一中继站,通过接力的方式来传输信息。微波通信的容量大,建设费用较低,可以用在一些地形较复杂、不易架设线路的地区使用。

(5)卫星。由于 3 颗同步地球卫星可以覆盖全球范围内的地区,因此可利用卫星作为中继站来传输无线电信号。卫星通信的优点是容量大,距离远。目前国际通信大多是采用卫星通信来传输信息的。

5. 计算机网络的软件

网络软件是实现网络功能不可缺少的软环境。为了协调系统资源,需通过软件对网络资源进行全面的管理、调度和分配,并采取一系列安全保密措施,防止用户对数据和信息不合理地访问,避免数据和信息的破坏与丢失。网络软件主要包括以下几种。

1)网络操作系统

网络操作系统是网络的心脏和灵魂,负责管理和调度网络上的所有硬件和软件资源,使各个部分能够协调一致地工作,为用户提供各种基本网络服务,并提供网络系统的安全性保障。网络操作系统运行在被称为服务器的计算机上,并由联网的计算机用户(客户)共享。常用的网络操作系统有 Windows 2000/2003 Server、Netware、UNIX、Linux 等。

2)网络通信协议

在网络中,为了使网络设备之间能成功地发送和接收信息,必须制定相互都能接受并遵守的语言和规范,这些规则的集合就是网络通信协议,如 TCP/IP、SPX/IPX、NetBEUI 等。

3)网络数据库系统

网络数据库系统是建立在网络操作系统之上的一种数据库系统,可以集中驻留在一台主机上(集中式网络数据库系统),也可以分布在每台主机上(分布式网络数据库系统)。它向用户提供存取、修改网络数据库数据的服务,以实现网络数据库的共享。

4)网络管理软件

网络管理软件用来对网络资源进行管理和对网络进行维护。

5)网络工具软件

网络工具软件用来扩充网络操作系统的功能,如网络通信软件、网络浏览器、网络下载软件等。

6)网络应用软件

网络应用软件基于计算机网络应用而开发,并为网络用户解决实际问题,如铁路联网售票系统、物流管理系统、连锁超市销售管理系统等。

6. 计算机网络体系结构

1)网络协议

在计算机网络中用于规定信息的格式以及如何发送和接收信息的一套规则、标准或约定称为网络协议,简称协议。协议的 3 个要素是语法、语义和时序。协议通常包括所传输数据的格式、差错控制方案以及在计时与时序方面的有关约定。一般说来,同一网络中的各主机应遵守相同的协议才能相互通信。例如,Internet 使用的协议是 TCP/IP。

语法:规定了进行网络通信时数据的传输和存储格式以及通信中需要哪些控制信息。

语义:规定了进行网络通信的具体内容以及发送主机或接收主机所要完成的工作。

时序:规定计算机操作的执行顺序以及通信过程中的速度匹配。

2)数据封装

封装就是在用户数据前面加上网络协议规定的头部和尾部。在网络通信中,数据往往是多层次封装的。

3)TCP/IP 网络协议

TCP/IP 是 Internet 网络通信协议集的总称,含有上百个协议。TCP 和 IP 是整个 TCP/IP 协议集中两个最基本的网络通信协议,是互联网络信息交换、规则、规范的集合。

TCP/IP 将整个 Internet 网络体系由低至高分为网络接口层、网络层、传输层、应用层 4 个层次。

TCP 是传输控制协议，它向网络互联的计算机提供基本的通信连接等服务。

IP 是网际协议，即 Internet 协议，它为互联的网络及互联的计算机提供通信等服务。

TCP/IP 协议在数据传输过程中主要完成以下功能。

(1) Internet 采用分组交换技术作为通信方式，TCP 协议先把数据分成若干数据报，并给每个数据报加上一个 TCP 信封（即报头），上面写上数据报的编号，以便在接收端把数据还原成原来的格式。

(2) IP 协议把每个 TCP 信封再套上一个 IP 信封，在上面写上接收主机的地址。有了 IP 信封就可以在物理网络上传送数据了。IP 协议还具有利用路由算法进行路由选择的功能。

(3)上述信封可以通过不同的传输途径（路由）进行传输，由于路径不同以及其他原因，可能出现接收的先后顺序颠倒、数据丢失、数据重复等问题。这些问题由 TCP 协议来处理，它具有检查和处理错误的功能，必要时还可以请求发送端重发。因此可以说，IP 协议负责数据的传输，而 TCP 协议负责数据传输的可靠性。

7. 参考模型

OSI/RM（开放系统互联参考模型）是由 ISO 为把计算机网络互联起来，达到相互交换信息、资源共享、分布应用的目的而提出的网络参考模型。

该参考模型将计算机网络体系结构划为 7 个功能层次，分别为物理层、数据链路层、网络层、传输层、会话层、表示层和应用层，并规定了每层功能以及不同层之间的协调方法。

(1)物理层。网络层是 OSI/RM 的最底层，其主要任务是确定与传输媒体的接口特性，即机械特性、电气特性、功能特性和规程特性。该层将信息按位计算机从主机经传输介质送往另一台主机，以实现主机之间的比特流传输。

(2)数据链路层。链路是一条无源的点到点的物理线路段，中间没有任何其他的交换结点。数据链路除了有物理线路外，还必须有通信协议来控制这些数据的传输。若把实现这些协议的硬件和软件加到链路上，就构成了数据链路层。现在最常用的方法是使用适配器（即网卡）来实现这些协议。一般的适配器都包括数据链路层和物理层这两层的功能。

(3)网络层。网络层的主要功能是以数据链路层的无差错传输为基础，为网络内任意两个设备间的数据交换提供服务，并进行路径选择和拥塞控制。该层接收来自源主机的报文，把它转换为报文分组，然后按路径选择算法确定的路径送到指定目标主机，之后再还原成报文。

(4)传输层。传输层也称运输层或传送层。从通信和信息处理的角度看，传输层向它上面的应用层提供通信服务，它属于面向通信部分的最高层，同时也是用户功能中的最低层。传送层的主要功能是为应用进程之间提供端到端的逻辑通信（网络层是为主机之间提供逻辑通信），同时传输层还对收到的报文进行差错检测。传输层需要有两种不同的传输协议，即面向连接的 TCP 和无连接的 UDP。

(5)会话层。会话层又称为对话层，它是用户到网络的接口。该层的主要任务是为不同系统中两个用户进程建立会话连接，并管理它们在该连接上的对话，使它们之间按顺序正确地完成数据交换。

(6)表示层。表示层主要处理用户数据格式和数据表示的问题,即提供交换数据的语法,把结构化的数据从源主机的内部格式表示为适于网络传输的比特流,然后在目的主机端将它们译码为所要表示的内容。此外,该层还需完成数据压缩与恢复、数据加密与解密等功能。

(7)应用层。应用层是OSI/RM模型的最高层。应用层的具体任务就是规定应用进程在通信时所遵循的协议。

8. IP 地址与域名系统

Internet 中的所有计算机均称为主机,为了在互联网上实现主机之间的通信,每台主机必须有一个全网唯一的地址。这个 Internet 地址有两种形式:一种是机器可识别的地址,用数字表示,即 IP 地址(IP 地址就像每个人的身份证号);另一种是便于人们看懂的、用字符表示,即域名(域名就像每个人的姓名)。

1)IP 地址

IP 地址是标示一台 TCP/IP 主机的唯一逻辑地址,由 32 位二进制数组成,表示为以圆点为分隔符的 4 个十进制数,每一个数对应于 8 位二进制数,每个数的范围为 0 ~ 255。如 32 位的二进制地址 11011010 01101111 01101100 010000000,便可写成 218.111.108.128。

IP 地址由网络地址和主机地址两部分组成。其中网络地址标示一个网络,而主机地址标示这个网络中的某一台主机。目前因特网地址采用 IPv4 方式,根据网络规模和应用的不同,IP 地址分为 A ~ E 5 类,常用的是 A、B、C 3 类,如表 6-2 所示。

表 6-2　Internet 上的地址类型

类别	首字节	网络地址	主机地址	地址范围
A 类	0	7 位	24 位	0.0.0.0 ~ 127.255.255.255
B 类	10	14 位	16 位	128.0.0.0 ~ 191.255.255.255
C 类	110	21 位	8 位	192.0.0.0 ~ 223.255.255.255
D 类	1110	多播地址		224.0.0.0 ~ 239.255.255.255
E 类	11110	目前尚未使用		240.0.0.0 ~ 247.255.255.255

A 类地址中,第 1 个字节表示网络地址,后 3 个字节表示主机,网络地址空间占 7 位,可提供使用的网络地址是 126 个,可提供的主机地址为 16 777 214 个。主机地址由该网络的管理者自行分配,A 类地址适用于大型网络。例如,一台主机的 IP 地址为 18.181.0.21,是 A 类地址,其中 18 是网络地址,181.0.21 表示该网络中的一台主机地址。

B 类地址中,前 2 个字节表示网络地址,后 2 个字节表示主机地址,网络地址空间占 14 位,有 16 383 个 B 类网络地址,每一个网络最大主机数为 65 534。B 类地址适用于中型网络。例如,一台拥有 B 类地址的主机的 IP 地址可表示为 166.111.8.248,其中 166.111 是网络地址,8.248 表示该网络中的一台主机地址。

C 类地址中,前 3 字节用来表示网络地址,最后 1 个字节表示主机地址。网络空间占 21 位,允许 221 个不同的 C 类网络,每一个网络最大主机数是 254。它适用于小型网络,最多可连接 256 台主机。例如,一台主机 IP 地址为 202.204.208.71,其中 202.204.208 是网络地址,71 表示该网络中的一台主机地址。

2)子网

在实际应用中,为了提高IP地址的使用效率,可以再对一个网络划分出子网,即可采用借位的方式,从主机位的最高位开始借位变为新的子网位,所剩余的部分仍为主机位。这使得IP地址的结构分为3部分:网络位、子网位和主机位。引入了子网概念后,网络位加上子网位才能全局唯一地标示一个网络。

3)子网掩码

当主机接在Internet中进行通信时,为了使路由器能自动地从IP地址中分离网络地址和主机地址,需专门定义一个网络掩码(也称子网掩码)。

子网掩码是一个32位二进制数,用圆点分隔成4段。表6-3为各类IP地址默认的子网掩码,其中值为1的位用来确定网络号,值为0的位用来确定主机号。

表6-3 各类IP地址子网掩码

地址类	子网掩码(十进制表示)	子网掩码(二进制表示)
A	255.0.0.0	11111111 00000000 00000000 00000000
B	255.255.0.0	11111111 11111111 00000000 00000000
C	255.255.255.0	11111111 11111111 11111111 00000000

对于上述规定的网络掩码,将它和IP地址进行"与"逻辑运算(当两个对应二进制位相"与"时,只有同为"1"时结果才得"1",否则为"0"),即可获得IP地址中的网络地址部分,从而能区分出不同的网络。例如,"01010001"和"11111111"相"与"后,结果仍为"01010001";"01010001"和"00000000"相"与",则结果为"00000000"。

子网掩码使得IP地址具有一定的内部层次结构,这种层次结构便于IP地址的分配和管理。

按照IP地址的结构和分配原则,可以在Internet上方便地寻址,方法为:先按IP地址中的网络标示号找到相应的网络,再在这个网络上利用主机ID找到相应的主机。由此可看出IP地址并不只是一个计算机的代号,而是指出了某个网络上的某台计算机。当组建一个网络时,为了避免该网络的IP地址与其他网络上的IP地址发生冲突,必须为该网络向InterNIC组织申请一个网络标示号,也就是整个网络使用一个网络标示号,然后再给该网络上的每个主机设置一个唯一的主机号码,这样网络上的每台主机都拥有一个唯一的IP地址。此外,国内用户可以通过中国互联网络信息中心(CNNIC)来申请IP地址和域名。

4)域名系统(DNS)

域名系统的基本任务是将文字表示的域名,如www.sina.com.cn转换成IP协议能够理解的IP地址格式,如转换为218.30.108.64,这个过程亦称为域名解析。域名解析的工作通常由域名服务器完成。

域名系统是一种包含主机信息的逻辑结构,它并不反映主机所在的物理位置。同IP地址一样,全世界没有重复的域名。域名是以多个英文字母或数字组成,由"."分隔为几部分,例如"百度"搜索引擎的域名为"www.baidu.com"。

域名系统采用层次结构,按地理区域和机构区域进行分层。在书写时用圆点(.)将各个层次域分开,从右到左依次为顶级域名、第二层域名等,最左的一个字段为主机名。例如,

www. sina. com. cn 是新浪网网址，其中 www 是 Web 服务器主机，sina 指新浪公司名，com 指商业机构域名，cn 指中国国家域名。

最高层次是顶级域，又叫主域，它的下面是子域，子域下面可以有主机，也可以再分子域，直到最后是主机。要在整个 Internet 中识别特定的主机，必须用全称域名。

常见顶级域名分为国家级域名和机构级域名。常见的顶级域名代码如表 6-4 所示。

表 6-4　常见的顶级域名代码

代码	机构名称	代码	国家（或地区）名称
com	商业机构	cn	中国
edu	教育机构	ca	加拿大
gov	政府机构	de	德国
int	国际组织	fr	法国
mil	军事机构	hk	中国香港
net	网络服务机构	jp	日本
org	非营利机构	uk	英国

另外，无论一个单位、机构还是个人要想在 Internet 上有一个合法的域名，需要在授权中心登记注册。目前，国际上的授权中心是 ICANN（国际域名管理机构），国内的授权中心是 CNNIC（中国互联网络信息中心），可以到那里申请注册域名，每年需缴纳一定的管理费用。

8. Internet 简介

Internet 网络，即国际计算机互联网，是由全世界数以万计的计算机网络互相连接而成的世界上最大、覆盖面最广的计算机网络，也称为国际网。今天的 Internet（互联网）就是全球最大的、开放的、由众多网络互联而成的网络。

Internet 源于美国，它的前身是只连接了 4 台主机的 ARPANET。它于 1969 年由美国国防部高级研究计划局（ARPA）作为军用实验网络而建立。1989 年，由 CERN 开发成功的 WWW（ Word Wide Web，万维网），为 Internet 实现广域超媒体信息截取/检索奠定了基础。从此，Internet 开始进入迅速发展时期。

1994 年 5 月 19 日，中国科学院高能物理研究所成为我国第一个正式接入 Internet 的中国内地机构；1995 年中国科技网（CSTNET）正式接入 Internet；1996 年 1 月，中国公用计算机互联网（CHINANET）正式开通，通过 CHINANET，用户可以方便地接入国际 Internet，享用 Internet 上的丰富资源和各种服务。

目前我国已经建成了 9 个骨干网，分别是中国公用计算机互联网、中国科技信息网、中国教育科研网、中国网通宽带网、中国联通互联网、中国移动互联网、中国卫星集团互联网、中国长城网和中国国际经济贸易互联网。

9. Internet 的主要服务功能

Internet 提供的服务功能很多，常见的服务有网页浏览、搜索信息、FTP 文件传输、发送电子邮件等。

1)网页浏览

(1)万维网。万维网是一个基于 Internet 的动态分布的多平台交互式图形超文本信息系统。WWW 上的信息均按页面进行组织,称为 Web 页。每个 Web 站点都有一个主页,它是该 Web 站点的信息目录表或主菜单。万维网实际上是一个由千千万万个 Web 页面组成的信息网。用户通过 Web 浏览器软件(如 Windows 系统中 IE 6.0 浏览器)可以浏览 Web 站点的信息。

(2)Web 浏览器与 Web 服务器。Web 浏览器是网络应用软件,它能把在 Internet 上找到的各类文件翻译成网页形式并呈现在用户面前。Web 服务器接受用户通过浏览器发出的请求、查询命令后向浏览器传送 Web 页面;浏览器发送用户请求的信息并将服务器传输过来的 Web 信息显示在屏幕上。

(3)HTML 语言。页面文件是由 HTML(Hypertext Markup Language,超文本标记语言)语言编写,包含一些 HTML 标记定义的页面元素,浏览器在处理页面文件时遇到这些标签会按照一定的格式进行处理,这样就形成了实际看到的网页。

(4)HTTP。浏览器浏览网页使用 HTTP(Hypertext Transmission Protocol)超文本传输协议)。

(5)URL(Uniform Resource Locator,统一资源定位器)。URL 就是 Web 地址,俗称网址。URL 格式为"协议//主机标志(:端口)/(路径/文件名)",例如 http://www.people.com.cn/GB/138812/index.html。

2)信息搜索

搜索引擎是某些网站免费提供的用于网上信息查找的程序,是一种专门用于定位和访问 Web 网页信息、获取用户希望得到的资源的导航工具。

搜索网站提供的信息查询方式主要有 3 种。

(1)归类信息。如最新消息、当前热点信息等。

(2)专题浏览。将所有普通信息分为若干大类,如艺术、商业和经济、计算机和互联网、教育、娱乐、政府、健康、新闻、休闲和运动等,每一大类又分为多个小类。可用鼠标单击链接词进入相关专题,非常方便。

要想查词信息,在搜索引擎中进行关键词检索是最快速、最方便的方式,只需在搜索引擎的搜索框内输入查词关键字常用的中文搜索引擎,如

Yahoo(http://www.yahoo.com.cn)

Google(http://www.google.com)

百度(http://www.baidu.com)

3)FTP 文件传输

文件传输协议(FTP)是 Internet 上使用广泛的文件传送协议,它允许 Internet 上的用户将一台计算机上的文件传送到另一台计算机上。

把文件从 FTP 服务器传输到本地计算机的过程称为下载;将本地计算机中的文件传输到 FTP 服务器上的过程称为上传。

在 Internet 上有两类 FTP 服务器。一类是普通的 FTP 服务器,连接到这种服务器上,用户必须具有合法的用户名和口令;另一类是匿名 FTP 服务器,连接到这种服务器上,不需要用户名和口令。

4)电子邮件服务

电子邮件是一种利用计算机网络交换电子信件的通信手段，利用电子邮件可以发送和接收文字、图像、语音等多种形式的信息。

使用电子邮件的前提是拥有自己的电子信箱，即E-mail地址。E-mail地址的组成是：用户名@电子邮件服务器名。

例如，jzymatn@163.com表示在网易网站的邮件服务器上申请的邮箱。

10. 网线与RJ－45接头的连接方法

网线与RJ-45接头的连接方法如下。

(1)剥皮。在距离网线端部2～5 cm处用网线钳子的剥皮口将网线外皮切断，剥下这段外皮，让芯线露出来，如图6-23所示。

(2)排线。按照568A或568B标准中的线序将各芯线排好，如图6-24所示。

(3)剪齐。将排好的线捋直后用拇指和食指捏住，然后在距离外皮1.5 cm左右处用网线钳子的剪齐口剪齐，如图6-25所示。

图6-23　剥皮

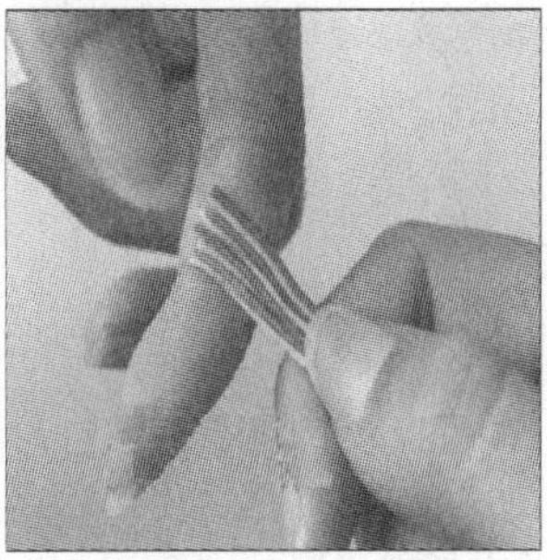

图6-24　排线

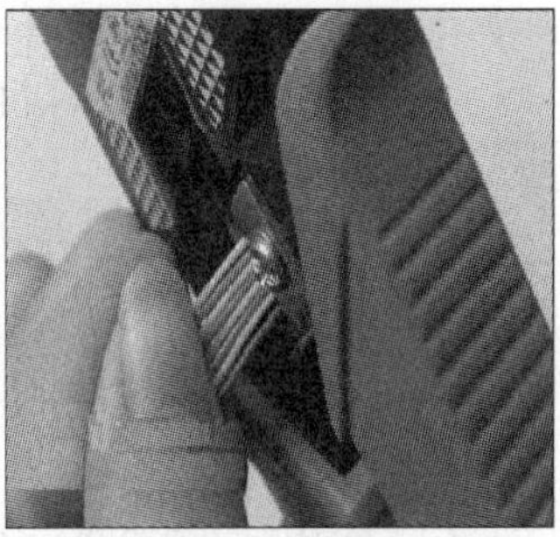

图6-25　剪齐

(4)插入RJ－45接头。用拇指和食指捏住剪齐后的线，插入另一只手拿着的一个RJ－45接头中，如图6-26所示。

(5)压制。检查RJ－45接头中的线序，确认无误后，将其插入网线钳子的压线口中，用力压制，如图6-27所示。

(6)测通。将一根网线两端的接头都连接好后，用测线器测试通路及线序，如图6-28所示。如果测试结果无误，一根网线就做好了。如果测试不通或线序不对则需要剪掉接头重做。

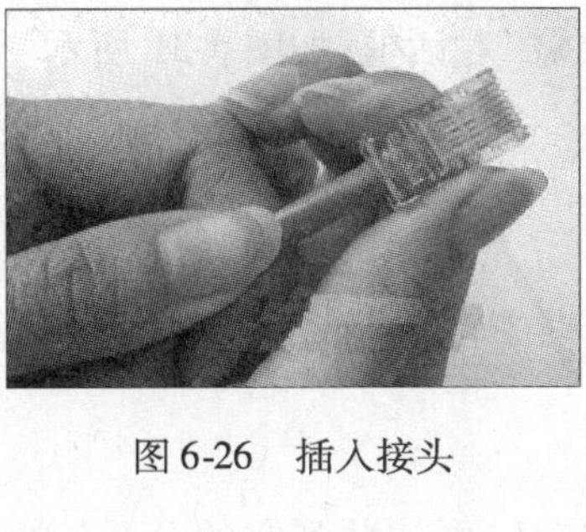

图6-26　插入接头

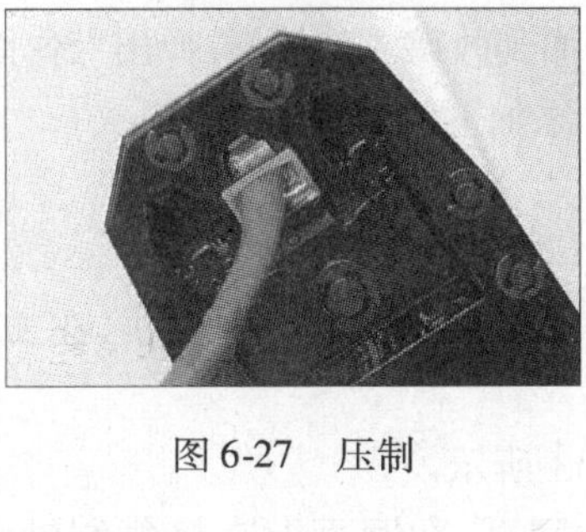

图6-27　压制

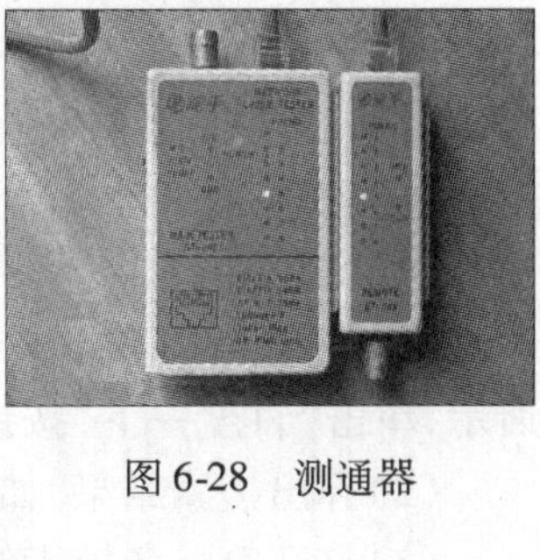

图6-28　测通器

案例 2 IE 浏览器的设置

案例描述

学会 IE 浏览器的设置,可以加快浏览网页的速度,提高工作效率。

本案例需要完成以下操作。

(1)使用 IE 浏览器,打开网站 http://www.hao123.com,并设为主页。

(2)打开 http://www.163.com 的首页,以“网易”的文件名对网页进行保存。

(3)打开 http://www.pconline.com.cn,将该网址保存到“收藏夹”中。

(4)打开 http://www.baidu.com,搜索“轴承信息”,并把搜索到的信息以 Word 文档的格式进行保存,取名为“轴承”。

(5)打开 http://www.baidu.com,搜索 MP3 歌曲——《义勇军进行曲》,并下载到 Net 文件夹中。

(6)打开 http://www.baidu.com,搜索“鸟”的图片,并保存一 张图片到 Net 文件夹中,取名为“鸟”。

案例实现

1. IE 浏览器的应用

1)设置主页

(1)打开 IE 浏览器, 在地址栏中输入“http://www.hao123.com”,按[Enter]键,打开网页。

(2)选择菜单“工具”→“Internet 选项”命令,弹出“Internet 选项”对话框,选择“常规”选项卡,在“主页”区域中,单击“使用当前页”按钮,如图 6-29 所示,单击“确定”按钮。

2)保存网页

(1)打开 http://www.163.com 的首页。

(2)选择菜单“文件”→“另存为”命令,弹出“保存网页”对话框,如图 6-30 所示,在“文件名”文本框中输入“网易”,选择保存位置及保存类型后,单击“保存”按钮。

3)将网址保存至收藏夹

(1)打开 http://www.pconline.com.cn。

(2)选择菜单“收藏”→“添加到收藏夹”命令,弹出“添加收藏”对话框,如图 6-31 所示,修改名称,选择创建位置,单击“添加”按钮,完成操作。

2. 搜索应用

1)复制文本

(1)打开 http://www.baidu.com,单击“网页”选项,在文本框中输入“轴承”,如图 6-32 所示,单击“百度一下”按钮。

(2)弹出搜索结果,如图 6-33 所示。

(3)打开第一条搜索结果的网页,在网页上直接复制轴承信息,再粘贴到空的 Word 文档中,并另存为“轴承.doc”。

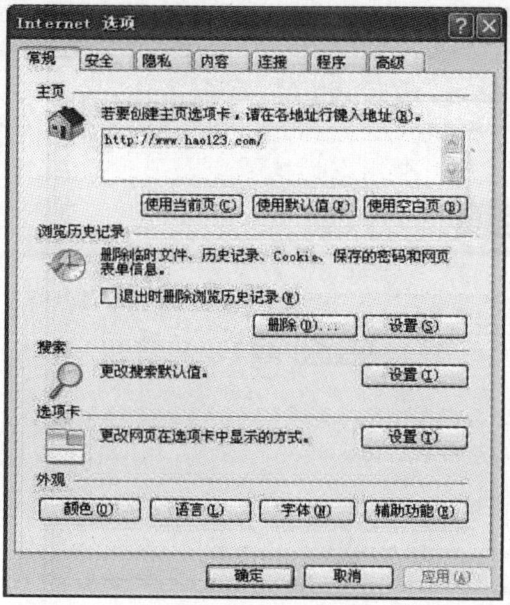

图 6-29　主页设置

图 6-30　“保存网页”对话框

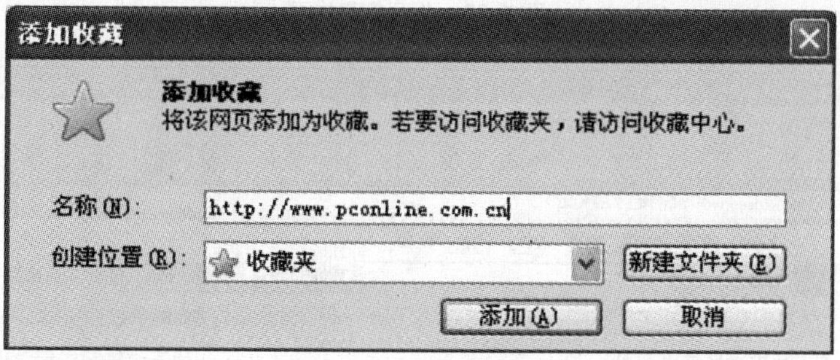

图 6-31　“添加收藏”对话框

2）下载歌曲

（1）打开 http://www.baidu.com，选择“MP3”选项，在文本框中输入“义勇军进行曲”，如图 6-34 所示，单击“百度一下”按钮。

（2）弹出搜索结果，如图 6-35 所示。

（3）单击“义勇军进行曲”，找到链接，下载并保存。

3）下载图片

（1）打开 http://www.baidu.com，选择“图片”选项，在文本框中输入“鸟”，如图 6-36 所示，单击“百度一下”按钮。

（2）弹出搜索结果，如图 6-37 所示。

（3）选择第一张图片，右击，选择“图片另存为”命令，弹出“保存图片”对话框，在“文件名”文本框中输入“鸟”，选择保存位置及保存类型，如图 6-38 所示，单击“保存”按钮。

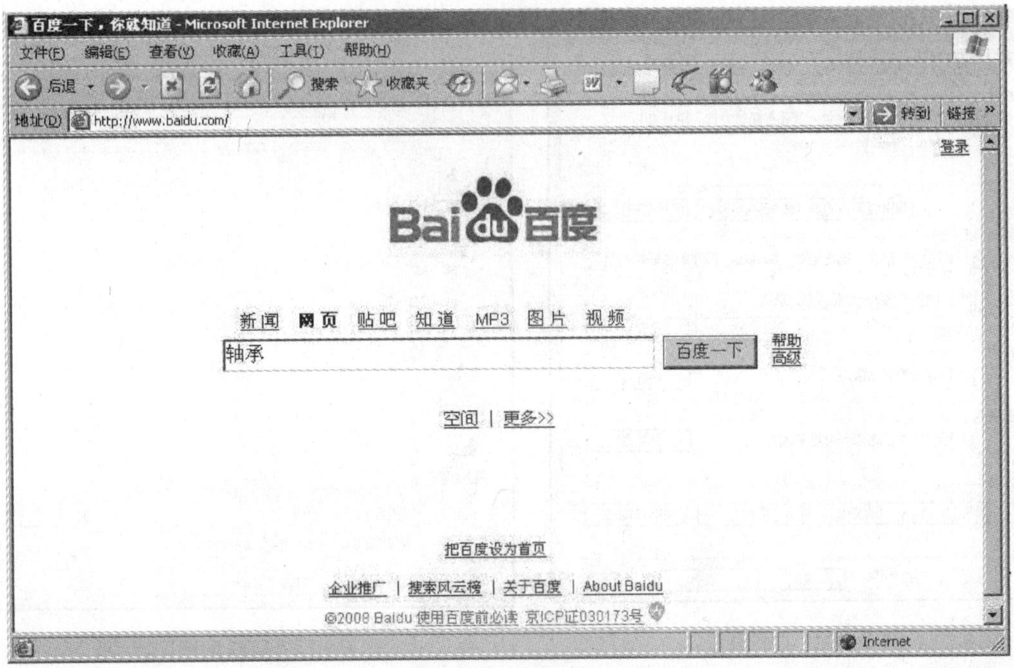

图 6-32 “百度”首页

图 6-33 搜索结果页面

图 6-34　搜索 MP3 首页

图 6-35　搜索结果页面

图 6-36　搜索图片首页

图 6-37　搜索结果页面

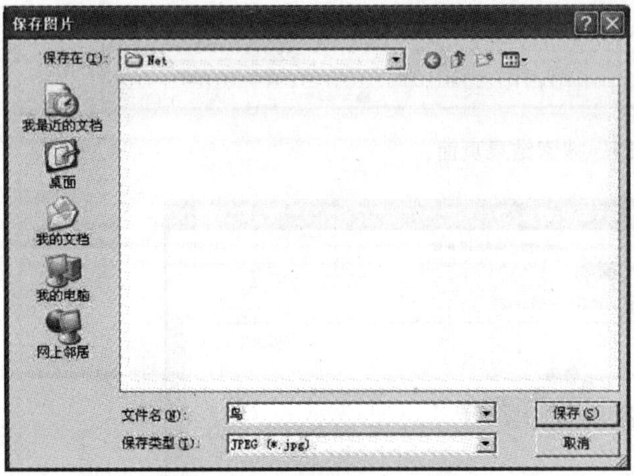

图 6-38　“保存图片”对话框

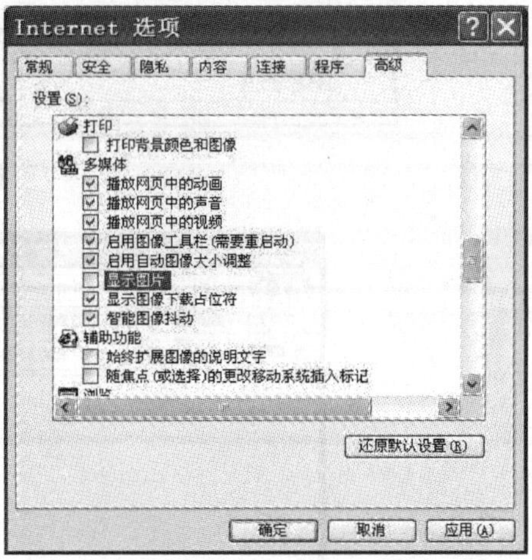

图 6-39　“高级”选项卡的设置

🕮知识技能要点

1. 加快浏览网页

目前的网页上往往包含许多图片、视频、动画和背景声音等，这些多媒体内容在使网页丰富多彩的同时，也使网页的显示速度变得很慢。为了节省页面的下载时间，可选择性地关闭这些多媒体效果,能够明显地加快网页的显示速度。

双击“控制面板”的“Internet 选项”图标,打开“Internet 属性”对话框,单击“高级”选项卡,在“设置”区域列表框中的“多媒体”项取消“显示图片”复选框,如图6-39所示,单击“确定”或者“应用”按钮,则浏览区中的Web页只显示文字,应该显示图片的位置仅给出一个小图标,动画、视频、声音等的设置方法与图片类似。

提示:如果更改了某些高级选项又不知道如何恢复原来的设置时,只需在“Internet属性”对话框中单击“还原默认设置”按钮即可。

2. 使用收藏夹可以脱机浏览

当访问到某一网页时,感觉非常好,为了方便以后再次访问,可以将该网页收藏。方法是:在当前页面下选择菜单“收藏”→“添加到收藏夹”命令。以后再访问该页面时,则可以直接在“收藏”菜单下找到该网页。

3. 利用“历史记录”浏览以前访问过的网页

历史记录可以记录最近一段时间访问过的网页信息,用户可以通过单击“历史”按钮来打开“历史记录”浏览器,然后通过单击要浏览的网址快速打开网页。

在“Internet 选项”对话框的“常规”选项卡中,可以设置访问过的网页在历史记录中的存放天数。单击“清除历史记录”按钮,可以清除最近一段时间访问 Internet 所留下的网页信息。如果想让上网记录不被计算机记录下来,那么可以在“历史记录”栏中单击“清除历史记录”按钮,并将“网页保存在历史记录中的天数”设置为“0”。

案例3　电子邮件的收发

🕮案例描述

用 E-mail 收发信件有两种方法,一种是通过网站直接收发,另一种是通过邮件软件收发。前者每次都要登录网站,速度较慢;后者则可以一次性设定,收发邮件方便。常用的邮件软件有 Outlook Express。

本案例需要完成以下操作。

(1)在 www. 126. com 上注册一个手机号 E-mail 邮箱,并记住密码。已注册用户不用再申请。

(2)打开 www. 126. com,登录126手机邮箱,向自己的QQ邮箱发送一封邮件。

邮件的主题:“计算机资料”

邮件内容:“你好! 现转发计算机资料,望查收!”

邮件附件:D:\图片\练习. doc

(3)打开自己的QQ邮箱,查看收到的126手机邮件,并下载其中的附件到“D:\图片”文件夹中,取名“资料”。

(4)创建用户。用户名为小周,邮箱地址为13912345678@126. com(手机邮箱),126站点的POP3接收邮件服务器为pop. 126. com,SMTP发送邮件服务器为smtp. 126. com。

(5)管理OE联系人。添加同学小张的xiaozhang@163. com邮箱到“联系人”中。

(6)给周老师发一封邮件,抄送给李老师,下面是相关内容。

邮件地址:Zhou@ 163. com

抄送地址:Li@ 163. com

主题:讨论会

内容:“周二下午开讨论会!”

附件:D:\基础项目\任务二十五\讨论. doc

案例实现

1. 注册邮箱

打开 IE 浏览器,在地址栏输入 www. 126. com,按向导要求注册邮箱,如图 6-40 所示。

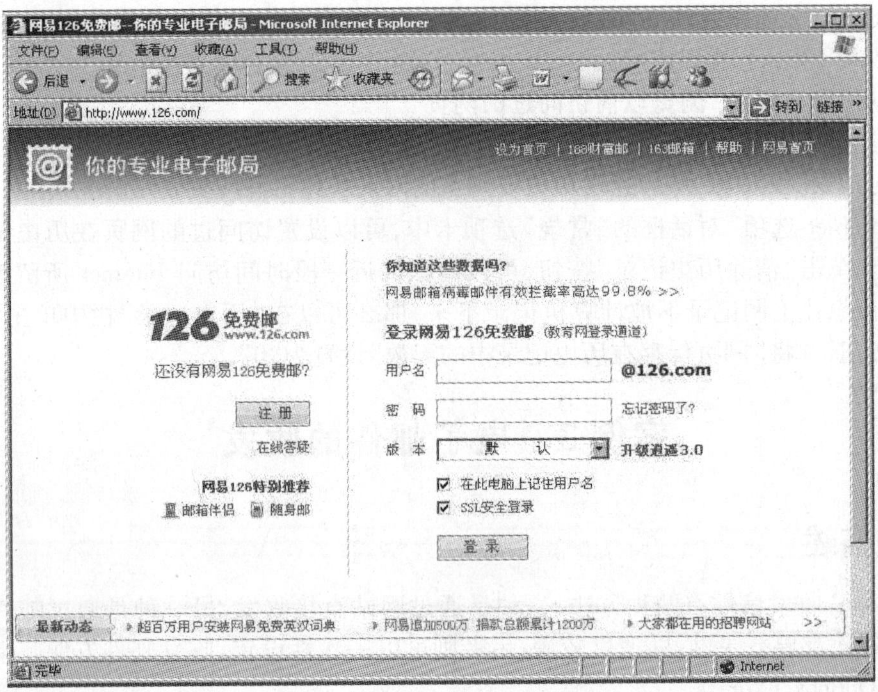

6-40 申请电子邮箱的界面

2. 收发邮件

(1)启动 IE,登录手机 126 邮箱,如图 6-41 所示。在收件人文本框中输入自己的 QQ 邮箱地址;在主题文本框中输入“计算机资料”;在内容文本框中输入“你好! 现转发计算机资料,望查收!”,并添加附件:D:\图片\练习. doc,单击“发送”按钮。

(2)打开自己的 QQ 邮箱,单击“收件箱”,打开收到的 126 手机邮件。

(3)在附件中,单击“下载”,弹出“文件下载”任务窗格,在“文件下载”任务窗格中,单击“保存”按钮,弹出“另存为”对话框,选择保存位置为“D:\图片\”文件夹,命名“资料”,单击“保存”按钮。

3. 利用 Outlook Express 收发邮件

1)创建用户

(1)选择菜单“开始”→“所有程序”→“Outlook Express”命令,启动 Outlook Express,如图 6-42 所示。

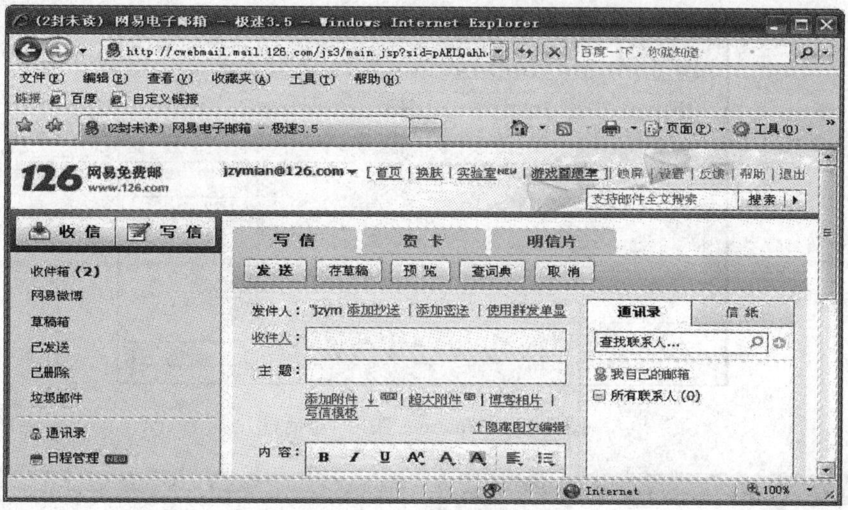

图 6-41　邮箱页面

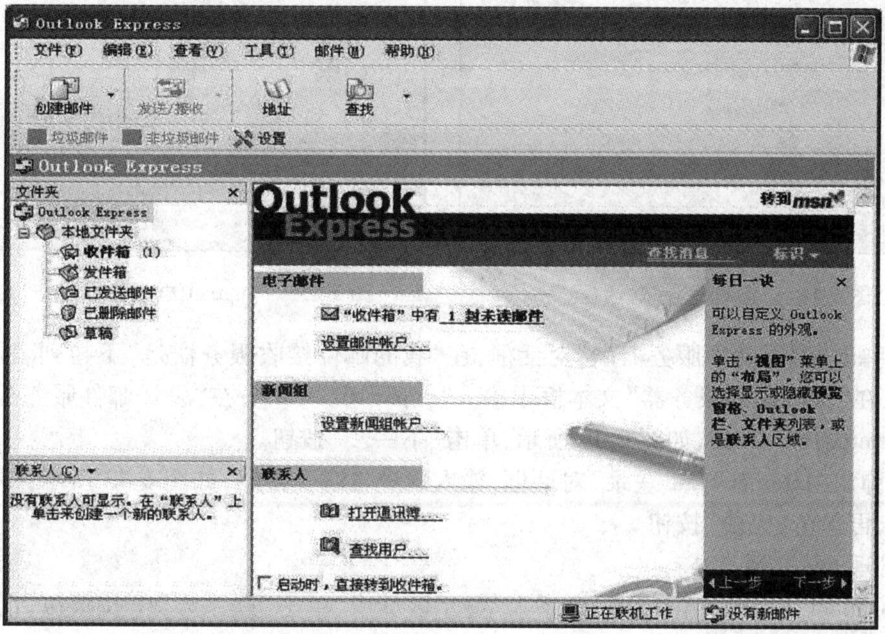

图 6-42　Outlook Express 界面

(2)选择菜单“工具”→“账户”命令,弹出“Internet 账户”对话框,选择“邮件”选项卡,如图 6-43 所示。

(3)单击右边的“添加”按钮,打开子菜单,选择“邮件”选项,弹出“您的姓名”对话框,在“显示名”文本框中输入自己的名字或者昵称“小周”,如图 6-44 所示,单击“下一步”按钮。

(4)弹出“Internet 电子邮件地址”对话框,输入邮箱地址 13912345678@163.com,如图 6-45 所示,单击“下一步”按钮。

图 6-43 “Internet 账户”对话框

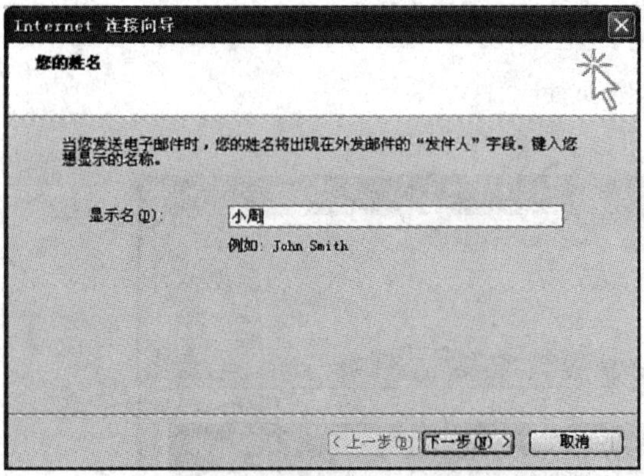

图 6-44 “您的姓名”对话框

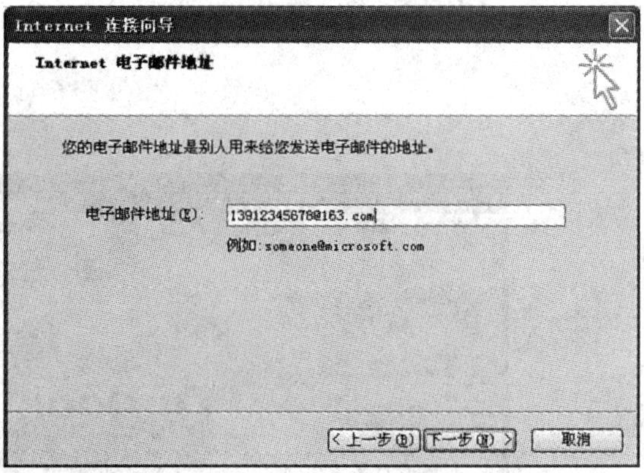

图 6-45 “Internet 电子邮件地址”对话框

(5)弹出“电子邮件服务器名”对话框，在“我的邮件接收服务器是”下拉列表框中选择“POP3”；在“接收邮件服务器”文本框中输入“pop3. 163. com”；在“发送邮件服务器”文本框中输入“smtp. 163. com”，如图 6-46 所示，单击“下一步”按钮。

(6)弹出“Internet Mail 登录”对话框，输入账户名以及密码，如图 6-47 所示，单击“下一步”按钮，再单击“完成”按钮。

2)管理 OE 联系人

在“Outlook Express”窗口的“联系人”显示区域中，单击“联系人”下拉菜单，选择“新建联系人”命令，弹出“属性”对话框，如图 6-48 所示。填写相应信息后，单击“确定”按钮，完成添加联系人的操作。

3)发送邮件

(1)新建邮件。单击工具栏上的“创建邮件”按钮，或者选择菜单“文件”→“新建”→“邮件”命令，弹出新邮件窗口。

(2)填写收件人地址、抄送地址、主题、内容等。如果要同时发送给多个人，可以在“收件人”或者“抄送”文本框中输入多个 E-mail 地址，地址之间采用逗号或者分号进行分隔。

(3)添加附件。选择菜单“插入”→“文件附件”命令，或单击工具栏中的“附件”按钮，选择所需要添加的文件，完成附件的添加。

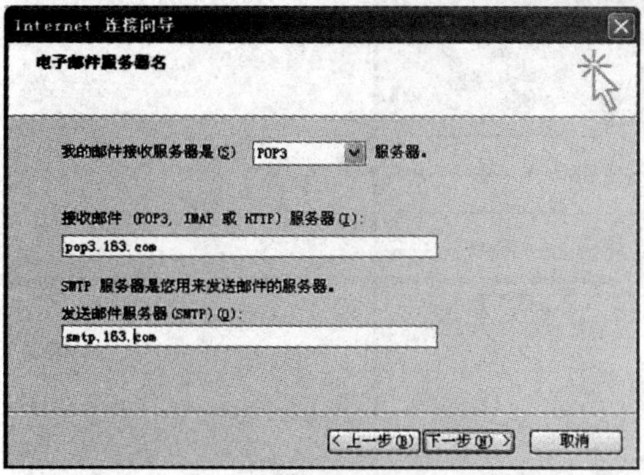

图 6-46　“电子邮件服务器名”对话框

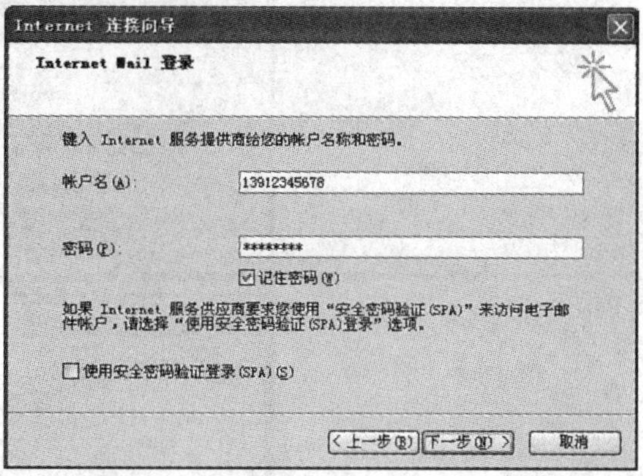

图 6-47　“Internet Mail 登录”对话框

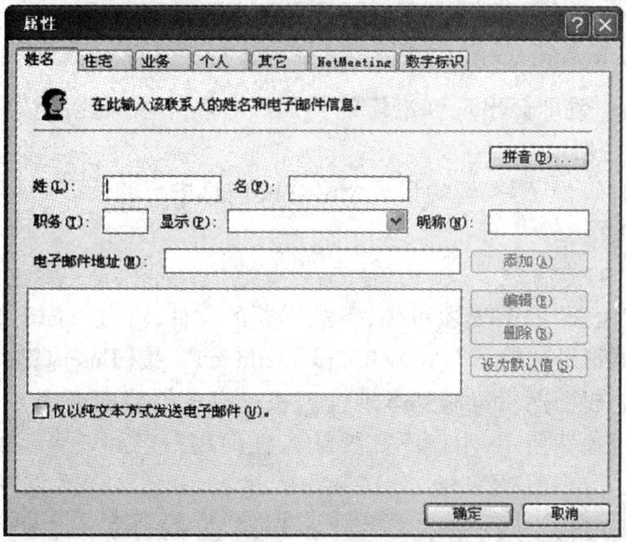

图 6-48　“属性”对话框

(4)发送。单击工具栏中的“发送”按钮，发送邮件，如图 6-49 所示。

🕮知识技能要点

1. 即时通信服务

即时通信(IM)服务(有时称为网上聊天软件)，它可以在 Internet 上进行即时的文字信息、语音信息、视频信息等的交流，还可以传输各种文件。常用的即时通信软件有我国腾讯公司的 QQ 和美国微软公司的 MSN。

2. 利用电子公告板交流信息

BBS 是电子公告板系统(Bulletin Board System)的英文缩写，BBS 用电子通信手段“张贴”各种公告和信息。

通过网络直接访问 BBS 的方法如下。

(1)在 IE 浏览器地址栏中输入 BBS 地址，如 http://bbs.cunzone.com(中央民族大学

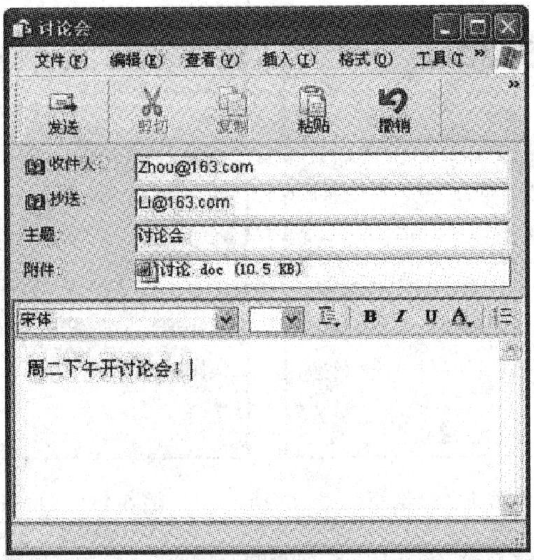

图 6-49　发送邮件

BBS 论坛),按［Enter］键即会出现该论坛的界面。匿名登录只能阅读帖子,而不能发表帖子,发表帖子必须要注册。

(2)在论坛中选择自己感兴趣的目录及喜欢的信息进行阅读。

3. FTP 文件传输

FTP 可实现文件的传输。

例如访问“北京大学”的 FTP 服务器,下载需要的文件,可进行如下操作。

(1)在 IE 浏览器地址栏输入“ftp://ftp.pku.edu.cn”,按［Enter］键。

(2)搜索需要的文件,然后复制到本地计算机。浏览器界面如图 6-50 所示。允许匿名登录的 FTP 服务器可免费使用,用户不需要输入任何用户名和口令,就可以享受服务器提供的免费软件资源。

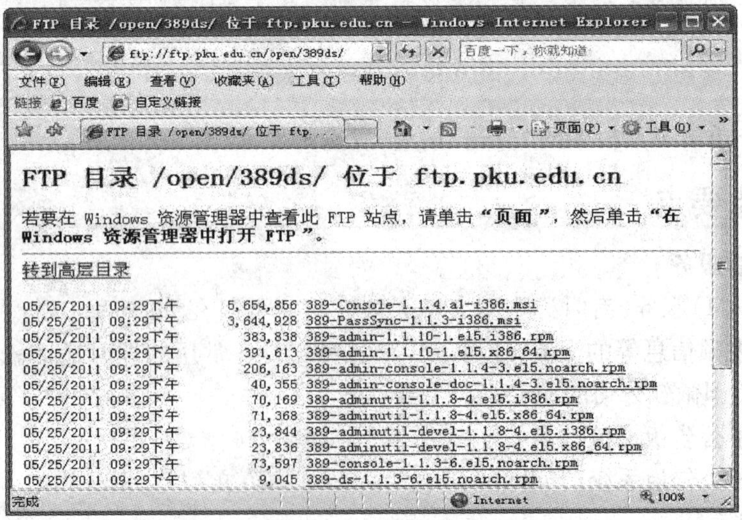

图 6-50　FTP 下载文件

附录 A　常用字符与 ASCII 代码对照表

ASCII 值	字符	控制字符	ASCII 值	字符	ASCII 值	字符	ASCII 值	字符	ASCII 值	字符	ASCII 值	字符	ASCII 值	字符	ASCII 值	字符
000	null	NUL	032	(space)	064	@	096	`	128	Ç	160	á	192	└	224	α
001	☺	SOH	033	!	065	A	097	a	129	Ü	161	í	193	┴	225	β
002	☻	STX	034	"	066	B	098	b	130	é	162	ó	194	┬	226	Γ
003	♥	ETX	035	#	067	C	099	c	131	â	163	ú	195	├	227	π
004	♦	EOT	036	$	068	D	100	d	132	ä	164	ñ	196	─	228	Σ
005	♣	END	037	%	069	E	101	e	133	à	165	Ñ	197	┼	229	σ
006	♠	ACK	038	&	070	F	102	f	134	å	166	ª	198	╞	230	μ
007	beep	BEL	039	'	071	G	103	g	135	ç	167	º	199	╟	231	τ
008	backspace	BS	040	(	072	H	104	h	136	ê	168	¿	200	╚	232	Φ
009	tab	HT	041	)	073	I	105	i	137	ë	169	⌐	201	╔	233	θ
010	换行	LF	042	*	074	J	106	j	138	è	170	¬	202	╩	234	Ω
011	♂	VT	043	+	075	K	107	k	139	ï	171	½	203	╦	235	δ
012	♀	FF	044	,	076	L	108	l	140	î	172	¼	204	╠	236	∞
013	回车	CR	045	-	077	M	109	m	141	ì	173	¡	205	═	237	ø
014	♫	SO	046	.	078	N	110	n	142	Ä	174	«	206	╬	238	∈
015	☼	SI	047	/	079	O	111	o	143	Å	175	»	207	╧	239	∩
016	▶	DLE	048	0	080	P	112	p	144	É	176	░	208	╨	240	≡
017	◀	DC1	049	1	081	Q	113	q	145	æ	177	▒	209	╤	241	±
018	↕	DC2	050	2	082	R	114	r	146	Æ	178	▓	210	╥	242	≥
019	‼	DC3	051	3	083	S	115	s	147	ô	179	│	211	╙	243	≤
020	¶	DC4	052	4	084	T	116	t	148	ö	180	┤	212	╘	244	⌠
021	§	NAK	053	5	085	U	117	u	149	ò	181	╡	213	╒	245	⌡
022	▬	SYN	054	6	086	V	118	v	150	û	182	╢	214	╓	246	÷
023	↨	ETB	055	7	087	W	119	w	151	ù	183	╖	215	╫	247	≈
024	↑	CAN	056	8	088	X	120	x	152	ÿ	184	╕	216	╪	248	°
025	↓	EM	057	9	089	Y	121	y	153	Ö	185	╣	217	┘	249	•
026	→	SUB	058	:	090	Z	122	z	154	Ü	186	║	218	┌	250	·
027	←	ESC	059	;	091	[	123	{	155	¢	187	╗	219	█	251	√
028	∟	FS	060	<	092	\	124	¦	156	£	188	╝	220	▄	252	^{n}
029	↔	GS	061	=	093	]	125	}	157	¥	189	╜	221	▌	253	^{2}
030	▲	RS	062	>	094	^	126	~	158	P_t	190	╛	222	▐	254	■
031	▼	US	063	?	095	_	127	⌂	159	ƒ	191	┐	223	▀	255	Blank'FF'

注:128 ~ 255 是 IBM - PC(长城 0520)上专用的,表中 000 ~ 127 是标准的 ASCII 值。

附录 B　全国计算机一级考试试题 A

一、选择题

1. 计算机之所以能按人们的意志自动进行工作,最直接的原因是因为采用了(　　)。

A. 二进制数制　B. 高速电子元件　C. 存储程序控制　D. 程序设计语言

2. 微型计算机主机的主要组成部分是(　　)。

A. 运算器和控制器　B. CPU 和内存储器

C. CPU 和硬盘存储器　D. CPU、内存储器和硬盘

3. 一个完整的计算机系统应该包括(　　)。

A. 主机、键盘和显示器　B. 硬件系统和软件系统

C. 主机和它的外部设备　D. 系统软件和应用软件

4. 计算机软件系统包括(　　)。

A. 系统软件和应用软件　B. 编译系统和应用系统

C. 数据库管理系统和数据库　D. 程序、相应的数据和文档

5. 微型计算机中,控制器的基本功能是(　　)。

A. 进行算术和逻辑运算　B. 存储各种控制信息

C. 保持各种控制状态　D. 控制计算机各部件协调一致地工作

6. 计算机操作系统的作用是(　　)。

A. 管理计算机系统的全部软、硬件资源,合理组织计算机的工作流程,以充分发挥计算机资源的效率,为用户提供使用计算机的友好界面

B. 对用户存储的文件进行管理,方便用户

C. 执行用户键入的各类命令

D. 为汉字操作系统提供运行的基础

7. 计算机的硬件主要包括:中央处理器(CPU)、存储器、输出设备和(　　)。

A. 键盘　B. 鼠标　C. 输入设备　D. 显示器

8. 下列各组设备中,完全属于外部设备的一组是(　　)。

A. 内存储器、磁盘和打印机　B. CPU、软盘驱动器和 RAM

C. CPU、显示器和键盘　D. 硬盘、软盘驱动器、键盘

9. 五笔字型输入法属于(　　)。

A. 音码输入法　B. 形码输入法

C. 音形结合的输入法　D. 联想输入法

10. 一个 GB2312 编码字符集中的汉字的机内码长度是(　　)。

A. 32 位　B. 24 位　C. 16 位　D. 8 位

11. RAM 的特点是(　　)。

A. 断电后,存储在其内的数据将会丢失

B. 存储在其内的数据将永久保存

C. 用户只能读出数据,但不能随机写入数据
D. 容量大但存取速度慢
12. 计算机存储器中,组成一个字节的二进制位数是(　　)位。
A. 4　　B. 8　　C. 16　　D. 32
13. 微型计算机硬件系统中最核心的部件是(　　)。
A. 硬盘　　B. I/O 设备　　C. 内存储器　　D. CPU
14. 无符号二进制整数 10111 转换成十进制整数,其值是(　　)。
A. 17　　B. 19　　C. 21　　D. 23
15. 一条计算机指令中,通常应包含(　　)。
A. 数据和字符　　B. 操作码和操作数
C. 运算符和数据　　D. 被运算数和结果
16. kB(千字节)是度量存储器容量大小的常用单位之一,1 kB 实际等于(　　)。
A. 1 000 个字节　　B. 1 024 个字节
C. 1 000 个二进位　　D. 1 024 个字
17. 计算机病毒破坏的主要对象是(　　)。
A. 磁盘片　　B. 磁盘驱动器　　C. CPU　　D. 程序和数据
18. 下列叙述中,正确的是(　　)。
A. CPU 能直接读取硬盘上的数据
B. CPU 能直接存取内存储器中的数据
C. CPU 由存储器和控制器组成
D. CPU 主要用来存储程序和数据
19. 在计算机技术指标中,MIPS 用来描述计算机的(　　)。
A. 运算速度　　B. 时钟主频　　C. 存储容量　　D. 字长
20. 局域网的英文缩写是(　　)。
A. WAN　　B. LAN　　C. MAN　　D. Internet

二、Windows 基本操作题

1. 将考生文件夹下 FIN 文件夹中的文件 KIKK. HTML 复制到考生文件夹下文件夹 DOIN 中。
2. 将考生文件夹下 IBM 文件夹中的文件 CARE. TXT 删除。
3. 将考生文件夹下 WATER 文件夹删除。
4. 为考生文件夹下 FAR 文件夹中的文件 START. EXE 创建快捷方式。
5. 将考生文件夹下 STUDT 文件夹中的文件 ANG. TXT 的隐藏和只读属性撤销,并设置为存档属性。

三、汉字录入题

Web 页是一个分布式的多种信息组合在一起的多媒体信息系统。在 Web 页中,我们可以将所有不同类型的数据组合在一个文档中,并能够被其他用户所访问。这些被组合在一起的数据可以是文档、声音、视频等多种类型。一些组织或机构通常将有关自己的产品、服务及联系方法等信息放在一个多媒体系统中,形成一个 Web 页。

四、Word 操作题

在考生文件夹中,存有文档 WT2. DOC,其内容如下。

【文档开始】

面向对象方法基于构造问题领域的对象模型,以对象为中心构造软件系统。它的基本方法是用对象模拟问题领域中的实体,以对象间的联系刻画实体间的联系。因为面向对象的软件系统的结构是根据问题领域的模型建立起来的,而不是基于对系统应完成的功能的分解,所以,当对系统的功能需求变化时并不会引起软件结构的整体变化,往往仅需要一些局部性的修改。例如,从已有类派生出一些新的子类以实现功能扩充或修改,增加删除某些对象等。总之,由于现实世界中的实体是相对稳定的,因此,以对象为中心构造的软件系统也是比较稳定的。

【文档结束】

(1)按要求完成下列操作:新建文档 WD2. DOC,插入文件 WT2. DOC 的内容,设置为小四号仿宋_GB2312 字体,分散对齐,所有"对象"设置为黑体、加粗,存储为文件 WD2. DOC。

(2)新建文档 WD2A. DOC,插入文件 WD2. DOC 的内容,将正文部分复制 2 次,将前两段合并为一段,并将此段分为 3 栏,栏宽相等,栏宽为 3. 45 厘米,栏间加分隔线。存储为文件 WD2A. DOC。

(3)制作 3 行 4 列表格,列宽 2 厘米,行高 1 厘米。填入数据,水平方向上文字为居中对齐,数字为右对齐,并存储为文件 WD2B. DOC。

	一	二	三
甲	160	215	765
乙	120	432	521

(4)在考生文件夹下新建文件 WD2C. DOC,插入文件 WD2B. DOC 的内容,在底部追加一行,并将第 4 行设置为黄色底纹,统计 1、2、3 列的合计添加到第 4 行,存储为文件 WD2C. DOC。

五、Excel 操作题

(1)打开工作簿文件 EX. XLS(内容如下),将工作表 sheet1 的 A1:D1 单元格合并为一个单元格,内容居中;计算"总计"行的内容,将工作表命名为"人员开支情况表"。

某企业人员开支情况表

人员类型	数量	工资额度(万元)
人员类型	22	18.4
市场销售	52	55.6
研究开发	30	14.7
售后服务	17	18.3
总计		

(2)取"人员开支情况表"的"人员类型"列和"工资额度"列单元格的内容(不包含"总计"行)建立"簇状条形图",*Y* 轴上的项为人员类型(系列产生在"列"),标题为"人员开支情况图",插入表的 A9:D22 单元格区域内。

六、PowerPoint 操作题

(1)在幻灯片的主标题处键入“世界是你们的”;字体设置成加粗、66 磅。插入第 2 张幻灯片,标题处键入“携手创世纪”,文本处键入“让我们同舟共济,与时俱进,创造新的辉煌!”。第 2 张幻灯片的文本部分动画设置为“右下角飞入”。

(2)使用“Cactus”演示文稿设计模板修饰全文;全部幻灯片的切换效果设置为“随机”。

七、上网题

启动 Internet Explorer,访问网站 http://www.sina.com.cn,选择此 Web 页上的一张图片,将其作为壁纸。

答　案

一、选择题

1. C　2. B　3. B　4. A　5. D　6. A　7. C　8. D　9. B　10. C　11. A　12. B　13. D　14. D　15. B　16. B　17. D　18. B　19. A　20. B

二、Windows 基本操作题

略

三、汉字录入题

略

四、Word 操作题

略

五、Excel 操作题

略

六、PowerPoint 操作题

略

七、上网题

略

附录C 全国计算机一级考试试题B

一、选择题

1. 用高级程序设计语言编写的程序称为(　　)。

A. 目标程序　B. 可执行程序　C. 源程序　D. 伪代码程序

2. 操作系统是计算机系统中的(　　)。

A. 核心系统软件　B. 关键的硬件部件

C. 广泛使用的应用软件　D. 外部设备

3. 在微机的配置中常看到"处理器 PentiumⅢ/667"字样,其中数字667表示(　　)。

A. 处理器的时钟主频是667 MHz

B. 处理器的运算速度是667 MIPS

C. 处理器的产品设计系列号是第667号

D. 处理器与内存间的数据交换速率是667 kB/s

4. 下列关于计算机病毒的叙述中,正确的选项是(　　)。

A. 计算机病毒只感染.exe和.com文件

B. 计算机病毒可以通过读写软盘、光盘或Internet网络进行传播

C. 计算机病毒是通过电力网进行传播的

D. 计算机病毒是由于软盘片表面不清洁而造成的

5. 十进制整数100化为二进制数是(　　)。

A. 1100100　B. 1101000　C. 1100010　D. 1110100

6. 目前网络传输介质中传输速率最高的是(　　)。

A. 双绞线　B. 同轴电缆　C. 光缆　D. 电话线

7. 第一台电子计算机是1946年在美国研制的,该机的英文缩写名是(　　)。

A. ENIAC　B. EDVAC　C. EDSAC　D. MARK－II

8. 为了防止病毒传染到保存有重要数据的3.5英寸软盘片上,正确的方法是(　　)。

A. 关闭盘片片角上的小方口　B. 打开盘片片角上的小方口

C. 将盘片保存在清洁的地方　D. 不要将盘片与有病毒的盘片放在一起

9. 在微机中,1 MB准确等于(　　)。

A. 1 024×1 024个字　B. 1 024×1 024个字节

C. 1 000×1 000个字节　D. 1 000×1 000个字

10. 运算器的组成部分不包括(　　)。

A. 控制线路　B. 译码器　C. 加法器　D. 寄存器

11. 如果鼠标器突然失灵,则可用组合键(　　)来结束一个正在运行的应用程序(任务)。

A. [Alt]＋[F4]　B. [Ctrl]＋[F4]

C. [Shift]＋[F4]　D. [Alt]＋[Shift]＋[F4]

12. 在微机的硬件设备中，既可以做输出设备，又可以做输入设备的是(　　)。

A. 绘图仪　B. 扫描仪　C. 手写笔　D. 磁盘驱动器

13. 二进制数00111101转换成十进制数为(　　)。

A. 57　B. 59　C. 61　D. 63

14. RAM具有的特点是(　　)。

A. 海量存储

B. 存储在其中的信息可以永久保存

C. 一旦断电，存储在其上的信息将全部消失且无法恢复

D. 存储在其中的数据不能改写

15. 计算机硬件的组成部分主要包括：运算器、存储器、输入设备、输出设备和(　　)。

A. 控制器　B. 显示器　C. 磁盘驱动器　D. 鼠标器

16. 计算机存储器中，一个字节由(　　)位二进制位组成。

A. 4　B. 8　C. 16　D. 32

17. 用高级程序设计语言编写的程序，要转换成等价的可执行程序，必须经过(　　)。

A. 汇编　B. 编辑　C. 解释　D. 编译和连接

18. 下列各指标中，(　　)是数据通信系统的主要技术指标之一。

A. 重码率　B. 传输速率　C. 分辨率　D. 时钟主频

19. 把内存中的数据传送到计算机的硬盘，称为(　　)。

A. 显示　B. 读盘　C. 输入　D. 写盘

20. 要更改Exchange的配置，必须打开控制面板中的(　　)。

A. 电子邮件　B. 调制解调器　C. 辅助选项　D. 多媒体

二、Windows基本操作题

* * * * * * * * * *本大题共有5小题* * * * * * * * * *

1. 将考生文件夹下SOCK文件夹中的文件XING.WPS删除。

2. 在考生文件夹下DULY\SEED文件夹中建立一个名为WOMAN的新文件夹。

3. 将考生文件夹下WANG\LIU文件夹中的文件CAR.DOC复制到考生文件夹下ZHANG文件夹中。

4. 将考生文件夹下TONG文件夹中的文件QUSSN.MAP设置成隐藏和存档属性。

5. 将考生文件夹下TESS文件夹中的文件LAO.DOC移动到考生文件夹下SANG文件夹中，并改名为YE.C。

三、汉字录入题

1682年8月，天空中出现了一颗用肉眼可见的亮彗星，它的后面拖着一条清晰可见、弯弯的尾巴。这颗彗星的出现引起了几乎所有天文学家们的关注。当时，年仅26岁的英国天文学家哈雷惊讶地发现，这颗彗星好像不是初次光临地球的新客，而是似曾相识的老朋友。后来此类彗星被定名为哈雷彗星。

四、Word操作题

* * * * * * * * * *本大题共有2小题* * * * * * * * * *

1. 在考生文件夹下打开文档WT03.DOC，其内容如下。

【文档开始】

手机代替像机只是时间问题？

从10万到30万,再从30万到130万,随后从130万到200万、300万甚至是目前的500万,手机的像素在随着时间的前进而不断提高。当人们对手机的要求越来越高的时候,手机的功能也越来越丰富,如今手机不仅替代了MP3的角色,同时在拍照功能方面的不断提升也令它受到更多人的关注。当卡尔·蔡司、施耐德等专业镜头运用在手机上,当手机的像素越来越高,不禁有人发出这样的疑问,是不是有一天手机将代替相机?

相信不少朋友都会说,手机代替相机,至少是卡片DC是一件必然的情况,就如同谁也没有想到当初仅作为通信使用的手机如今拥有拍照、音乐、看电影等多种娱乐功能。而目前也有不少手机厂商推出拍照手机,而这些手机的摄头像素也在不断提升。据了解,在2010年,800万像素的手机将占领很大一部分拍照手机市场,也许这也是未来拍照手机的一个发展趋势。

【文档结束】

完成下列操作并以WD03A.DOC为名存储文档。

(1)将文中所有“像机”替换为“相机”;将标题段文字(“手机代替像机只是时间问题?”)设置为三号楷体_GB2312、蓝色、倾斜、居中并添加黄色底纹,并设置段后间距为18磅。

(2)将正文第1段(“从10万到30万……代替像机?”)和第2段(“相信不少朋友……发展趋势。”)合并成一段,并将合并后的段落首行缩进0.8厘米,并分为等宽的两栏,栏宽为7厘米。

2. 在考生文件夹下打开Word文档WT03A.DOC文件,其内容如下。

【文档开始】

畅销品牌,第1名,第2名,第3名,第4名,第5名

洗衣机,荣事达,海尔,小天鹅,西门子,惠尔浦

电冰箱,海尔,西门子,伊莱克斯,美菱,新飞

电视机,海尔,长虹,TCL,创维,海信

空调,格力,海尔,美的,春兰,美菱

【文档结束】

完成以下操作。

(1)将文档中所提供的文字转换成一个5行6列的表格,再将表格设置文字对齐方式为底端对齐,水平对齐方式为右对齐。

(2)在表格的最后增加1行,设置不变,其行标题为“微波炉”,再将“微波炉”3个字设置成红色底纹,表格内单实线设置为0.75磅实线,外框单实线设置为1.5磅实线,并以WD03B.DOC为名保存文档。

五、Excel操作题

********本大题共有2小题********

1. 打开工作簿文件EX.XLS(内容如下),将工作表Sheet1的A1:D1单元格合并为一个单元格,内容居中,计算“销售额”列的内容(销售额=数量×单价)及“总计”行,将工作表命名为“设备销售情况表”。

某公司设备销售情况表

设备名称	数量	单价	销售额
数码相机	18	3 200	
打印机	10	1 332	
扫描仪	4	983	
总计			

2. 取"设备销售情况表"的"设备名称"列和"销售额"列的单元格内容(不包括"总计"行),建立"柱形棱锥图",X 轴上的项为设备名称(系列产生在"列"),标题为"设备销售情况图",插入表的 A8:F18 单元格区域内。

六、PowerPoint 操作题

(1)第 1 张幻灯片版式为"标题幻灯片",输入主标题"第 1 章",设置字体、字号为黑体、48 磅;输入副标题"计算机应用基础",设置字体、字号为楷体_GB2312、44 磅。第 2 张幻灯片版式为"项目清单",输入标题内容"一、主要内容",设置字体、字号为隶书、40 磅,输入文本内容是:

"(1)计算机的发展史

(2)计算机的应用和分类

(3)计算机系统组成

(4)键盘和鼠标操作"

设置字体、字号为黑体、36 磅、居中。

(2)将整个演示文稿设置为"Ribbons",所有幻灯片中的各对象的动画效果全设置成"左下角飞入",全文幻灯片切换效果设置为"向左擦除"。

七、上网题

(1)某考试网站的主页地址是 HTTP://NCRE/1JKS/INDEX. HTML。打开此主页,浏览"英语考试",在页面查找"五类专升本考生可免试入学北外"页面内容,并将它以文本文件的格式保存到 C 盘根目录下,命名为"1jswks03. txt"。

(2)接收并阅读由 Qian@ 163. com 发来的 E-mail,并立即回复,回复主题为"准时接机"。回复内容是"我将准时去机场接您"。

答案

一、选择题

1. C 2. A 3. A 4. B 5. A 6. C 7. A 8. B 9. B 10. B 11. A 12. D 13. C 14. C 15. A 16. B 17. D 18. B 19. D 20. A

二、Windows 基本操作题

略

三、汉字录入题

略

四、Word 操作题

略

五、Excel 操作题

略

六、PowerPoint 操作题

略

七、上网题

略

参考文献

[1] 戴士弘.高职教改课程教学设计案例集[M].北京:清华大学出版社,2007.
[2] 裴来芝.计算机应用基础案例教程[M].北京:机械工业出版社,2011.
[3] 王晴.新编计算机应用基础案例教程[M].长春:吉林大学出版社,2009.
[4] 谢书玉.计算机应用基础案例教程[M].北京:北京航空航天大学出版社,2009.
[5] 白香芳.计算机应用基础案例教程[M].北京:清华大学出版社,2010.
[6] 孙文力.计算机应用基础案例教程[M].2版.北京:北京大学出版社,2011.
[7] 赖利君.Office办公软件案例教程[M].北京:人民邮电出版社,2008.